U0594968

高校体育教学方法改革与创新研究

宁文晶　沙　菲　张　妍　著

吉林出版集团股份有限公司

全国百佳图书出版单位

图书在版编目（CIP）数据

高校体育教学方法改革与创新研究/宁文晶，沙菲，
张妍著 . — 长春：吉林出版集团股份有限公司，2023.8
ISBN 978 - 7 - 5731 - 4193 - 4

Ⅰ . ①高…　Ⅱ . ①宁…　②沙…　③张…　Ⅲ . ①体育教
学－教学研究－高等学校　Ⅳ . ①G807.4

中国国家版本馆 CIP 数据核字（2023）第 172181 号

高校体育教学方法改革与创新研究
GAOXIAO TIYU JIAOXUE FANGFA GAIGE YU CHUANGXIN YANJIU

著　　者　宁文晶　沙　菲　张　妍
出 版 人　吴　强
责任编辑　朱子玉
装帧设计　李艳艳
开　　本　787mm×1092mm　1/16
印　　张　10.75
字　　数　275 千字
版　　次　2023 年 8 月第 1 版
印　　次　2023 年 11 月第 1 次印刷
出　　版　吉林出版集团股份有限公司
发　　行　吉林音像出版社有限责任公司
　　　　　（吉林省长春市南关区福祉大路 5788 号）
电　　话　0431 - 81629679
印　　刷　吉林省信诚印刷有限公司

ISBN 978 - 7 - 5731 - 4193 - 4　　定　　价　58.00 元

前　言

　　高校教育是一项延续性的综合教育，高校作为大学生群体走向未来工作岗位之前最后阶段的系统性校园教育机构，不但承载了教授专业技能及专业知识的教学任务，更承载着大学生个人在走向社会前最后一阶段的人格教育的重任。体育教学是高校体育教育的核心构成，高校体育教学发展的历史轨迹呈现出鲜明的、多方面的变化。同时，随着科学技术的发展，社会对人才培养提出了更高的要求，因而针对高校体育教学的研究也十分活跃。高校体育教学研究的各方面都有许多创新，如体育教学理念、目标、方法、模式、评价、管理等，都在体育教学实践中得以不断发展、改进和创新，形成了具有中国特色的体育教学理论体系。

　　本书采用理论研究与实践应用相结合的方法，从高校体育教学的基本知识出发，深入且全面地研究了当前我国高校体育教学发展的现状与趋势；在就其现状与发展趋势有一准确认知的基础上，从改革创新的角度出发，立足于学生身心健康发展以及学生体育学习兴趣的培养，研究了包括领会教学法、异步教学法、多元反馈教学法等多种新型体育教学方法在高校体育教学中的创新应用；着重研究了这些新型体育教学方法的创新应用效果与思路。本书对高校体育教学工作者以及相关领域的研究人员具有一定的参考价值。

　　本书在编写过程中，吸纳了许多与体育教学方法研究相关的最新信息，借鉴和参考了国内外许多专家学者的最新研究成果，在此一并表示感谢。由于作者水平有限，书中存在不当之处在所难免，恳请广大读者在使用中多提宝贵意见，以便本书做进一步的修改和完善。

作　者

2022 年 12 月

目 录

第一章 导论

第一节 高校体育教学的发展

一、现代体育教学发展背景分析

(一) 社会经济的发展

体育的改革与发展要依托社会的进步和经济的发展，因此，社会经济的发展对体育及体育教学的发展具有重要的作用。社会和经济的不断进步是现代体育及体育教学发展的重要现实背景，具体表现在以下几个方面。

1. 经济的发展促进高校体育设施建设

目前，我国对高校教学设施的投入力度不断加大，学校体育教学的物质环境得到极大完善，对学校体育教学的发展具有重要的促进作用。

2. 社会"文明病"的出现

科技的发展改变了人们的生活方式，在体力劳动大大减少而饮食质量提高的基础上，包括学生群体在内的许多人体力活动越来越少，身体机能逐渐衰退，再加上日常生活中过多地摄入动物脂肪、高蛋白及糖类，导致肥胖、冠心病、高血脂等现代"文明病"多发。因此，重视学生的体育教学，改善学生体质势在必行。

3. 社会压力不断加大

当前社会生活节奏快，竞争激烈，人们的心理压力也越来越大。以大学生为例，他们面临课业负担、就业压力以及人际交往等问题，许多大学生有着不同程度的心理问题（如性情孤僻、压抑、情绪失常等），参加体育运动往往能够有效缓解个体的精神压力。因此，对于大学生来说，加强体育锻炼具有重要意义。[①]

(二) 教育事业的发展

高校体育的发展与改革是整个教育体系发展改革的重要部分，教育事业的不断发展是高校体育发展的重要背景之一。

教育事业是我国各项事业当中最重要的一项，对国家的综合国力和未来前景有重要影

---

① 薛文忠，杨萍. 健康、传承、弘扬［M］. 长春：东北师范大学出版社，2019.

响。随着人们对教育事业认识的不断加深，国家也采取一系列措施加强教育事业的发展。例如，《中国教育改革和发展纲要》指出，要进一步转变教育思想，对教学内容和教学方法进行改进，克服教育过程中存在的不同程度的脱离经济建设和社会发展需要的现象。再如，《中共中央国务院关于深化教育改革全面推进素质教育的决定》也强调了健康体魄是青少年为祖国和人民服务的基本前提，是我们中华民族旺盛生命力的体现。此外，《全民健身计划纲要》指出，全民健身计划以全国人民为实施对象，以青少年和儿童为重点，学校要全面贯彻党的教育方针，努力做好学校体育工作。这一系列措施不仅能够有效地促进教育事业的发展，也为高校体育的发展与改革提供了依据。

当前，作为素质教育改革中一个重要方面，在政府的指导、国家的支持、社会多方面的关注下，高校体育教学工作无论是在教学观念上，还是在教学形式、教学内容上，都取得了新突破。

（三）体育事业的发展

当前，我国体育事业的良好发展态势在全国各地都营造出了良好的体育氛围，对带动高校体育的持续发展有着重要的推动作用。

一方面，我国运动员在国际体育赛事中的辉煌成就激发了人民群众对体育事业的兴趣；另一方面，体育产业的蓬勃发展对于体育人才也有着更加强烈的需求，这些都促使学校体育进行更为深入的改革。

二、现代体育教学发展问题分析

（一）教学观念落后

目前，高校体育教学的观念相对于体育事业的发展仍然显得落后，更没有将终身体育教育等意识落到实处。具体表现为：以教师为中心的教学模式仍在体育教学中存在，导致学生一直处于被动的学习状态之中；体育知识的传授常常是通过教师的讲解和示范进行，教学模式僵化，忽视学生的可持续发展。

（二）教学目标不明确

高校体育教学往往过于重视竞技体育项目，导致课程设置不符合促进学生终身体育观念的形成及全面推行高校学分制的要求。在高校体育教学过程中，教师往往以掌握某项运动技术为目标，大大降低了教学的要求和标准，从而影响了体育教学质量。

（三）教学内容与方法单一

从目前高校体育的教学内容来看，竞技项目所占的比重明显地妨碍了高校体育教学任务的完成和教学目标的实现。过分追求竞技化必然会导致忽略学生的身体素质发展，教学陷入程式化训练的误区当中，与增强体质的目的背道而驰。

我国体育教学长期以来一直采用的是讲解、示范、练习、预防与纠正错误、巩固与提高的教学方法，这种落后的、单一的教学手段和方法会使学生在学习中始终无法掌握主动权，不利于学生体育学习积极性的提高。

（四）教学评价舍本逐末

教学评价是对教学效果的检测。在实际的体育教学当中，体育教学评价由于设计的考核标准过于重视体育成绩而走向了简单的一刀切的误区，不能根据学生的具体情况进行详细的分析评价，为学生的良性发展带来诸多不利因素。

（五）教师专业水平不高

目前，我国高校的体育教师都是在传统运动技术的教学模式中培养起来的，从其本身特点来看，都是属于技术型、训练型的，而且其掌握的知识都非常陈旧，自身的科研能力通常较弱，工作随意性较大，教学过程中的创新意识更是无从谈起，这些凸显了体育教师整体上专业水平不足的问题。

三、现代体育教学发展对策分析

（一）以终身体育为体育教学发展指导思想

终身体育是指将体育纳入自己的生活，并伴随自己的一生。终身体育思想的树立和形成能有效地促进我国体育教学的发展。

树立终身体育观念是高校体育教学目标改革的指导思想，也是高校体育教学发展的落脚点。终身体育能否实现在很大程度上取决于这种观念是否树立和能力是否形成。当下，树立终身体育的观念要求教师正确地引导学生科学地认识和理解体育的价值，端正学习体育的态度，积极学会体育锻炼的技能，掌握体育锻炼效果评价的方法，形成终身体育能力，为终身体育锻炼奠定基础。

（二）以课程目标调整为体育教学发展重点

把增强学生体质、提高学生的健康水平作为体育教学的首要目标，这是由体育的本质属性决定的。调整体育教学课程目标需要从以下两个方面入手：

首先，注重学生的个性发展。体育教师应尊重学生在体育教学中的主体地位，将促进学生的个体发展作为促进当前体育教学发展的重要切入点，培养学生的竞争意识和创造能力，发展学生健康的个性。

其次，重视体育知识、技能和方法的掌握。体育的知识、技能和方法是构成学生体育素养的基本要素，具有积极的体育动机和良好的体育素养能为学生今后从事体育锻炼打下良好的基础。

（三）以丰富教学内容为体育教学发展途径

丰富体育教学内容、实现体育教学内容的不断创新是促进体育教学发展的重要途径，要求体育教师在教学中重视以下三点。

1. 突出体育教学内容的科学性和逻辑性

在体育教学课程设计的不同阶段，体育教学内容都应符合教育的内在规律和学生的身心发育特点，与学生的身心发展规律相符。

2. 重视体育教学内容的多样性和趣味性

一方面，多样性的体育教学能够为学生提供较充分的选择范围，而不是每个学生都必须学习统一的内容；另一方面，增加体育教学内容的趣味性有助于提高学生的学习积极性和主动性，引导学生认识体育教学内容学习及体育锻炼的价值。

3. 提高体育教学内容的通用性和民族性

首先，体育教学内容的通用性是指教学内容具有统一的规范，适用于各种类型的学生，它是现代高校体育教学内容的主体。其次，体育教学内容的民族性是指教学内容中应吸收那些学生喜闻乐见、兴趣浓厚、具有明显地方色彩的民族或乡土体育运动项目。

（四） 建立综合性体育教学体系

学生是体育教学的主体，因此体育教学要围绕促进学生的全面发展建立起综合性的体育教学体系。具体来说，综合性体育教学体系的建立必须以满足学生个体发展需要和社会需要为前提。实际上，学生的个体需要和社会需要是辩证统一的。社会需要从某种意义上说就是所有个体发展的需要。而从体育的角度来说，体育教学应能够促进学生个体身体素质的全面发展和良好心理健康状态、个性心理特征的形成，使学生发展成一个融知识、品格、能力为一体的综合性人才。

第二节　高校体育教学的现状

一、我国高校体育教学存在的问题分析

随着国际合作交流的逐步深入，国外一些好的体育教学方法和理论逐渐被我国各高校采用或借鉴，一些研究者也提出了多种体育教学方法，其中不乏真知灼见，对我国高校体育教学实践产生了十分有益的影响。

目前，我国高校体育课分为两种类型：传统体育教学和体育教学俱乐部。大部分高校都成立了体育教学俱乐部，学生在大学四年里根据自己的时间，合理地、自觉自愿地选择参加俱乐部教学活动。体育教学俱乐部实行跨年级授课方式，即大一、大二为体育必修课，大三、大四为体育选修课，但是由于体育项目设置较少，学生在选项方面受到了很大的限制，不利于学生体育学习和终身体育意识的培养。此外，还有一部分高校仍然采用"普及与提高相结合"的教学模式，大一是体育基础课，大二是体育选项课（必修课），大三、大四是选修课。这种教学模式有一个很大的弊端，即大一的体育教学内容基本上是在重复学习中学的体育内容，无法激发学生学习体育的积极性。

（一） 观念误区

培养人才、科学研究和社会服务是高等学校的三大社会功能，而高校体育在高校中处于配角的位置，这和人们的观念有着密不可分的关系。从高校领导者的角度来说，他们在一定程度上存在着轻视体育教学的倾向，认为体育教学只是教学体系中普通的一个小环节，没有充分认识到高校体育在培养全面发展的高素质人才中的重要作用。大学阶段是青少年人生

观、价值观形成的关键时期，高校体育是培养年轻一代终身体育意识与终身体育锻炼习惯的重要手段。从学生角度来说，很大一部分学生上体育课仅仅是为了获得必要学分，认为体育课可有可无，随着高等教育学业的完成，体育锻炼就几乎停止或者极少进行体育锻炼，更谈不上终身体育理念的形成。

（二）教学内容繁杂重复且欠缺合理性

我国高校体育课程内容设置大部分以达标为第一要务，大纲对学生要学习的体育项目做了规定，使得体育教学内容偏多，在规定时间内难以完成，造成每个项目只能是走马观花式的学习，效果不佳。中小学学习过的竞技体育内容到大学又要重复地学习，使学生对体育课的认识变成了只有走、跑、跳、投等几个有限的项目。高校对一些健身效果好、趣味性强、群众基础广的体育运动项目没有进行合理设置，分不清主次，多是以提高运动技能和身体素质为主的项目，休闲体育、生活体育、民族体育等相关的内容涉及较少，不便于学生形成终身体育的思想和能力，使得大学生毕业后没有一两个适合自己的运动项目，长此以往就会造成与体育渐行渐远，对学生的终身体育能力的培养十分不利。高校体育教学还存在教学内容过多过杂的情况，主要是指高校体育教学必修课的内容过于臃肿繁杂，甚至可以说是中小学体育教学小而全特点的延续。当前，高校体育教学如果仍然按照此种培养模式继续发展下去，所造成的后果必然是不可设想的。同时，由于参与的项目过多，运动项目的频繁变化会造成学生疲于应付，这十分不符合体育运动技术的发展规律。[①] 其最终后果必将是，某些大学生上了几年的体育课，却没有一项自己喜欢的项目，更没有在体育上发展出自己的一技之长，甚至连最基本的体育锻炼方法都不能掌握。

高校体育理论课在课程设置中没有占到一定的比例，学生对其了解不深，导致学生缺乏对体育卫生保健知识、运动损伤与治疗、自我评价与自我监测、运动处方等体育理论的掌握，从而不利于学生根据自身情况进行科学合理的锻炼与保健。大多数高校对体育教学的要求都以实践为主，以致忽视了体育的理论知识，认为只要具体的实践达到了要求即可，其实这样打破了理论结合实践的教学规律，不利于学生进一步的学习与发展。

（三）体育教学中未能贯彻终身体育意识

体育终身化主要是指开展终身体育，终身体育是近年来出现的新理念，主要是指学校在体育教学中，应教会学生如何锻炼身体，让学生在走向社会、走上工作岗位之后，能够熟练运用在校时所学到的体育技术和技巧去科学、有效地锻炼身体。然而，目前的高校体育教学中，仍然未能完全将终身体育的理念贯穿到教学的全过程之中，往往会忽视人还会继续社会化的过程，没有认识到体育终身化已经打破了学校体育的原有时空界限，导致学校难以把终身体育的实施方法落实到每一名大学生的大学体育学习之中。

（四）考核单一

高校体育教学现在实行的考核主要是考查学生对体育基本知识的了解和掌握的情况，考查学生对运动技能的掌握情况以及学生的运动成绩。但是这种考核过于直观，没有对考评的实质彻底认识清楚。从考评的目的来看，考核是为了引导和促进教学，从而让教学达到教育

---

① 陈轩昂．新时期高校体育教学的改革与发展［M］．北京：航空工业出版社，2019.

的目标。高校体育教学的目标是促进学生进行体育锻炼，从而形成人的终身体育的理念，而不仅仅是表面的课堂上的成绩。在当前高校体育教学中，考试作为评价大学生体育成绩的唯一方式，也限制了学生体育特长的发挥和学生个性发展。单纯的体育成绩考核内容也与《大学生体育合格标准》《国家体育锻炼标准》等并不完全匹配，这种考核方式也没有充分调动学生的积极性，特别是体育能力较差的学生的积极性。体育基础差的学生虽然付出了很大努力去训练，但却难以取得较好的成绩，而身体条件优越的学生却很容易取得优异的成绩，这种评价方式严重挫伤了学生的积极性。

（五）体育教学评价缺乏科学性

体育教学评价主要是针对高校体育教学的效果进行监督和检查，其最终目的在于更合理地对高校体育教学进行宏观性的指导，促进体育教学工作管理的科学化。然而，目前我国高校体育教学的评价方法单一，缺乏科学性。通过考试的方法，对学生体育知识和运动技能的掌握情况进行检查，却忽视了对学生体育意识和体育情感的考察。此外，评价主体主要是体育教师，较为单一，缺乏全面性。体育教学评价的单一、片面，无法全面合理地对体育教学工作进行考核，制约了体育教学评价指导、调控作用的发挥，进而影响了体育教学的发展。

（六）场地不足，学生个体差异大

运动场地的因素对高校体育教学的影响越来越明显。近年来，随着我国高等教育的迅速发展，我国高校在校生的数量不断增加。高校的扩招在一定程度上满足了社会发展对大量人才的需求，但是短期内的扩招也给高校带来了众多的困难。短期内学生数量大幅增长，学校在教学设施、体育场馆等方面无法满足学生的需求。体育运动场地随着班级的增多显得捉襟见肘，有的体育课程甚至因为场地不足而缩减课时甚至取消，或者是换成对场所条件要求不高的项目。

由于大学阶段片面追求考证、就业，大学生几乎把所有的在校时间都投入专业课的学习，学生平时不上体育课，更谈不上参加体育锻炼。学生身体素质呈下降趋势，运动技能水平差，而且体育知识、运动技能水平等方面的个体差异非常大。同时，部分大学生体育基础差和大学生个体差异大的因素将进一步影响高校体育教学，给高校体育教学带来诸多困难。

（七）师生关系欠缺民主性

当前，大学体育教学仍然主要遵循陈旧的教学方法和思路来开展，以致教师无法帮助每名学生都选择最适合于自己特点的体育运动项目，导致尽管学生对某一运动缺乏兴趣，但是又必须按照教学计划的要求完成学习，这实际上是一种限制学生参与正常体育活动的高压式体育教学。而且，高校体育课堂教学中经常出现体育教师一人说了算，学生只能服从的情况，这种教学关系体现出师生之间的关系不民主、不平等，其结果必然会限制学生学习的积极性，影响大学生体育锻炼的效果。

（八）学生参与体育课程过少

当下，部分高校对体育课程不够重视，学生很少能够自觉地参加体育课程的学习，也很少有其他的体育锻炼方式。尽管高校一般每年都会召开运动会及举行篮球、排球、足球等一系列体育比赛，但是，这些比赛一般都以院系为参加单位，能够参加的大多是体育水平较高的学生，而绝大多数大学生并没有参加这些群体性体育竞赛或活动的机会。

二、我国高校体育教学问题的原因分析

（一）以教师为教学核心、忽视了学生的主体性

我国高校体育教学，重视功利性价值，从根本上否定了学生的独立性和创造性，学生主体性发展受到限制。体育教学任务表现出重视知识传授、忽视学生个性的发展，教师是体育课的主导者，学生被动地接受学习，从而忽视了学生体育能力和个性的培养，使得学生的主动性和积极性被极大地压制。高校传统的公共体育教学是以教师为主体，"灌输式"的教学模式，这使得学生始终处于被动接受知识的地位，学生的学习积极性和创造性受到了遏制。这也束缚住了高校体育教师的思维逻辑和方式方法，在较大程度上影响了高校体育教学改革的创新和发展。最重要的是，高校公共体育课程教学改革，必须充分强调适应学生个性发展的要求，以发展学生的主体性为首要目的，促进学生综合能力的不断提升，以使学生身体和心理都得到全方位的促进和成长。

（二）忽略运动技能的基础性教学

由于一味地强调"终身体育"的教学方法，我国高校体育教学忽略了最基础的运动技能，并没有真正贯彻学有所用的教学思想，因此更加谈不上终身体育。这一急于求成的功利性教学就会导致我们在体育课教学改革中会出现意想不到的教学偏差。因此，在高校体育教学改革中，我们必须遵从循序渐进和推动学生全面发展这一基本原则。树立正确的指导思想，不能让体育教师在教学指导思想上产生混乱。体育教师对体育教学理论认识的不足，会导致学生学习兴趣降低，因此，就会形成恶性循环，导致忽略"以运动技能为基础"的基本准则要求，从而无法掌握体育教学中最基本的运动技能。

（三）高校体育课教学内容形式单一

在现阶段高校体育课教学中，教师普遍存在一个问题，那就是轻视理论知识教学的问题，而且相当严重。教师选择的教学内容应该与时俱进，不断扩大学生的知识面，而且要重视这一教学内容的实际应用性，提高学生的体育文化水平；教师也可以组织安排或引导学生参与丰富多彩、生动活泼、富有朝气与活力的课后活动及各种闲暇体育活动。开展闲暇体育不仅能够丰富校园文化体育生活，而且能够营造育人的校园环境氛围。

三、我国高校体育教学问题的对策

（一）加强管理，正确定位

高校领导要实现教育思想和教育观念的转变，树立正确的体育思想和体育观念，改变片面忽视高校体育教育，把体育教育仅仅看作学生形式上的必修课，只要有了就可以的观念。体育教育不是摆设或附属品，体育教育是培养高素质的全面发展人才的助推器。高校要深入学习《全民健身计划纲要》《全国普通高等学校体育课程教学指导纲要》《大学生体育合格标准》《国家体育锻炼标准》等体育教学指导文件，面向社会的发展，面向未来，解放思想，站在为我国的现代化建设培养合格人才的高度重视高校体育教育，培养大学生的终身体育观

念，促进大学生身心的健康发展，推动大学生整体素质的提高。

高校要结合自身的教学管理现状，加强对体育教学的管理。具体而言，高校可以采用各种奖励措施，鼓励体育教师不断创新，在管理上探索出适合各校学生情况的教学方法，形成教学与管理相互促进的局面，有力地推动整个高校体育教育的发展。

（二）改进内容方法

高校体育教学要实现从应试教育向素质教育转变，要以终身教育、素质教育、全民健身为导向，培养学生的终身体育意识；要增加体育教学中的实用性运动技能，引导学生逐渐喜欢上体育课，在平时的学习和生活中形成体育锻炼的良好习惯，提高学生的身心素质。从现代教育的角度来看，我们对体育的传统理解和解释必须扩展。现代学校体育的内涵是指促进受教育者身心和谐发展，因此，体育不仅包含着智德美三育，而且从体育的基本内容和主要任务来看，应该是智德美三育、营养保健、身体技术技巧和身心健康发展这四个方面的统一。所以，高校体育教学的内容在这四个方面都要有所涉及，而不仅仅是身体技术技巧方面的内容占绝大多数课时。各高校要结合自身的实际情况，增加营养、保健和身心健康方面的教学内容。

高校体育要以终身体育为指导思想，增强学生的身体素质，养成竞争、进取、文明健康的生活方式；要改变传统教学中不合理的教学模式，避免采用完全以教师为中心，学生完全听从教师安排的教学方法。在教学过程中，教师要发挥学生的主观能动性，采用引导法调动学生的参与积极性，激发学生的兴趣，发挥学生的特长，有的放矢，师生相互促进，营造浓厚的学习氛围，从而让体育教学达到预先设计的目的，收到良好的效果。

（三）改进考核

高校体育教学中对学生的考核要以学生的全面发展为目的，改变现有的单一考核方法和评价制度。体育教学评价必须重视整个体育教学过程，注意客观反映体育教学对学生身心的影响，创设开放的考试环境。改变以往那种以体能和技能来反映教学效果的评价方法，制定出能够准确体现培养学生创新意识和能力的科学评价体系。体育成绩考核既要包括对学生基本运动能力的测试，又要包含对学生基础理论和创新能力的测试。由于学生的个性差异较大，高校应调整好理论课时与实践课时的比例，并且根据职业方向灵活设计并加强实训指导工作和顶岗实习的监管等途径，构建起良性的共融的实训指导链，以提高学生的职业能力。

（四）加强师资队伍建设

体育教师队伍的素质状况如何，将直接影响素质教育的质量。随着我国素质教育的逐步深入，高校体育教师队伍建设显得至关重要，一支政治素质过硬、综合素质优良、结构优化、业务水平较高的高校体育教师队伍是我国推行素质教育的保证。因此，高校在师资队伍建设上要做好以下几个方面的工作：一是在体育教师的任用、职务、聘任、考核、晋升、培养、培训、工资待遇、奖惩等师资队伍管理的主要环节上，由过去单纯依靠行政手段管理转向依法管理，还要树立竞争的观念，建立健全竞争激励机制，优化教师结构；二是注重骨干教师队伍建设，加强青年教师队伍建设，促进青年教师迅速成长；三是加强继续教育，提高高校体育教师的学历层次；四是更新观念，重视体育教学学术水平的提高。

（五）加大体育场馆设施投资，合理利用现有资源

尽快完善高校体育场馆基础设施。各级政府、主管部门和高校领导应重视学校体育场馆设施的基础建设，积极争取多渠道筹措资金，加大高校体育场馆设施开发的力度。优先建设高校体育教学最紧缺、最急需的场馆，逐步完善场馆基础设施。同时，高校要合理开发和利用现有体育场馆资源，保证高校体育教学活动的顺利进行。

（六）转变教学思想，树立终身体育观念

我国高校体育教学应该从指导思想着手，转变观念，把"终身体育，健康第一"作为高校体育发展的方向，把培养学生终身从事体育活动的能力和习惯作为体育教学的指导思想。坚持向学生实施终身体育的教育，以增进学生健康为目标，把体育教学的方向从追求外在的技能水平掌握转移到全面追求学生身心协调发展上来，充分发挥高校公共体育教学的优势，把体育教学与社会、未来衔接起来，突出高校体育教学的功能，使学生终身受益，这是高校体育科学化、社会化的发展趋势。

（七）改革教材内容，发挥学生主体作用

要解决高校体育教学内容竞技化的问题，必须从改革教材出发，使体育教材的内容向活泼体育、快乐体育、终身体育转化，从而发挥学生主体作用。改革教材内容，就是要使高校体育教学的教材、内容适应学生身心发展的需要，使竞技体育、快乐体育、终身体育的内容合理搭配，使学生在上课的过程中发挥其主体作用，使学生的学习态度、行为质量都得到提高，从而在体育教学中收到事半功倍的效果。教学内容的选择要突出全面化、终身化，教材选择要从实际出发，重视体育实践课中的理论渗透。

（八）探索、构建符合我国高校自身特点的体育教学模式

我国高校体育教学改革既不能单纯地破旧立新，也不能固守传统、抱残守缺，而是要积极地从自身条件出发，不断改革完善现有的教学模式，探索并建立起适应时代发展要求，适应大学体育要求，符合自身特点的体育教学模式；从转变教师的思想观念入手，优化体育课程，树立终身体育目标，培养学生终身体育意识，使之掌握锻炼身体的科学方法。高校在体育教学中建立多种类型的体育课程，能够满足不同层次、不同水平、不同兴趣学生的体育需要；在体育教学中引入竞争机制，调动广大教师教学的积极性，增强教师的责任感和紧迫感，充分发挥教师个体的创造活力，使教学质量由过去的被动要求转为主动提高。

第三节 高校体育教学模式的现状

一、体育教学模式概念解析

（一）教学模式

虽然不论在中国还是外国的高校教学实践中，很早就已经有了教学模式的雏形，但是教学模式这一理论直至 20 世纪 50 年代才开始正式出现。苏联的巴班斯基认为："不同的教学

方法和教学形式相互组合会出现不同的教学模式。"美国的乔伊斯和威尔在《教学模式》一书中指出："教学模式是构成课程和课业、选择教材、提示教师活动的一种范例或计划。"我国的一些学者则认为："教学模式是具有一定理论逻辑轮廓，并且为了保证教学目标的完成而构建的相对稳定的教学结构，这个教学结构具有相似性、完整性、直观性和假设性。"虽然不同的人对教学模式的具体定义有着不同的看法，但是他们所描述的教学模式有着共同点，即教学模式是由一定的教学思想或理论来做指导，由教学方法、教学目标、教学内容、教学流程构成的比较稳定的教学体系。

教学模式是根据教学规律总结出来的，其可以被运用到诸多学科之中。和其他学科相比，体育的教学模式是根据体育思想和体育教学内容总结出来的，具有体育自身的特点。

（二）体育教学的教学目标

所有教学模式的最终目的都是要达成一定的教学目标，所以说教学目标是教学模式的核心因素，其决定着教学模式的设计目标，影响着教学模式中的操作流程和策略运用。比如，在体育健康教学模式中，教师设置的所有教学流程和教学内容都要以促进学生参与体育运动为目标，并在教学中教会学生如何正确进行体育运动，养成良好的体育运动习惯，帮助学生在日后的学习和工作中拥有更好的身体素质和精神状态。

（三）体育教学的指导思想

体育教学中的指导思想是体育教学模式的基础，它构成了体育教学模式的框架，可以帮助教师来规定自己的教学内容和教学方法。例如，现在很多体育教师都在使用的快乐体育教学模式的指导思想就是"快乐"，教师根据这个中心思想来具体设置每个教学环节的主题和细节内容，体育教师可以将一些游戏引入体育教学，实现教学内容与游戏的完美融合，使学生在游戏中学习体育、感受体育精神。

二、当前高校主要采取的体育教学模式分析

（一）三基式

三基式教学模式在我国是比较传统的体育教学模式，其主要以班集体为单位，教师面对这一班级的学生进行教学。在这种教学模式中，教师的作用能够比较彻底地发挥出来，教师便于管理，学生的基础也比较扎实。

但是，该模式由于主要以班级为单位，因此忽略了学生对学习内容的需求，不利于学生个性的形成，也不利于培养学生的现代体育观念。随着我国体育教育制度的不断更新，这种教学模式已经逐渐被淘汰，目前只有极少的高校还在使用此种方法。

（二）分层次式

分层次式体育教学模式主要是根据学生的心理和生理的不同情况进行划分，在统一教学体系的指导下，根据他们的差异来设置教学内容和教学方法，进行区别性教学。此种教学模式使学生能够根据自己的具体情况进行合理选择，促进学生自身的个性发展，使学生在原有的基础上能够发挥自己的能力，并达到最佳的学习效果。但是，在这种模式下，很多高校的教学内容往往是中学教学内容的简单重复，不利于培养学生的体育精神和锻炼方式，并且分

层方法不明确，操作性不强。

（三）混合式

混合式体育教育模式是指，高校在为学生提供必修体育课的同时，也提供一定的选修课，学生可以从这些必修课和选修课中选择自己喜欢的课程进行学习。此种体育教学模式不仅可以提高学生的学习积极性，而且有助于促进学生个性的全面发展，使他们在学习体育基础知识的同时还能发展出自己的体育技能。但是，这种教学模式对学校而言负担较重，所以选择这种模式的学校，一般需要一定的体育教师和设备资源。

（四）三段式

三段式体育教学模式是指，高校根据学生的不同学习阶段设定不同的体育课程。一般使用这种教学模式的学校将高校体育课程分为三段：大一学生主要学习基础体育课程，大二学生学习专项体育选修课，大三和大四学生选择学习体育选修课。这种教学模式主要培养学生的体育相关知识，并可以有效提高学生的体育能力，同时培养他们的锻炼习惯。但是，这种教学模式难以发挥学生的个性，不过这种模式方便学校快速实施，所以被高校广泛采用。

（五）选择式

选择式体育教学模式是指，学校只固定体育教师队伍，不论是上课时间还是授课内容都由学生根据自身特点来选择。这样能够充分调动学生学习的积极性和参与性，也能充分地激发学生的创造性，引导学生主动参与到整个教学过程之中，使教师能够更好地对学生因材施教，培养学生的体育精神和体育能力。这种模式对教师的要求比较高。选择式体育教学模式在外国已经开始普及，在我国虽然处于萌芽阶段，但随着时间的推移，该模式将会被更多的高校采用。

（六）并列式

并列式体育教学模式是指，针对三段式体育教学模式而进行的一种体育课程设置改革，即在大学一、二年级时，同时开设基础课、专项课和选修课。这种改革的目的是希望对具有体育专项特长的学生因材施教，避免"一刀切"的弊端，从而能够更有针对性地培养高等体育人才。同时，该种模式大大增强了学生学习的自主性，让学生可以根据自身的爱好和特长来选择课程。目前，20%左右的高校在采用这种教学模式。当然，这种模式也有它的缺点，就是其课程划分仍然过于笼统和宽泛，同时会耗费体育教师大量的时间和精力。此外，学生由于过分追求学习成效，往往会忽视体育基本知识、方法和技能的培养。

（七）选项式

与上述几种传统的体育教学模式相比，选项式体育教学模式是一种新型的体育教学模式。这种教学模式能够给予学生更大的自主性和选择空间，给予学生根据自己的兴趣、爱好、身体条件以及学校的实际教学环境，选择体育项目进行学习的空间。这种教学模式比并列式模式对体育课程的区分更为精细，也更加有利于教师树立健康教育的教学观念，能够促使学生形成终身体育的意识。但是，这种模式由于更加强化学生自主性，容易造成学生在选择体育科目时出现盲目性，从而不能系统地掌握体育基本知识、基本技术和基本技能。

（八）俱乐部式

俱乐部式体育教学模式是当前体育教学改革的一大热点，也是近年兴起的一种体育教学模式，这种模式是在借鉴欧美等先进国家体育教学经验的基础上形成的。它学习俱乐部的组织方式，学生可以以学期或学年为单位，自主选择某一体育俱乐部接受某方面的体育专项训练。这种教学模式给予了学生更多的自主性，学生可以随时根据兴趣选择专项内容，体现了教育部印发的《全国普通高等学校体育课程教学指导纲要》中提倡的"三自主"教学要求。"三自主"指的是学生应该具有自主选择课程内容、自主选择任课教师、自主选择上课时间的自由度。当然，这种教学模式也存在一定的缺陷，它很容易将俱乐部活动与体育课训练相互混淆，致使教师的指导作用逐渐淡化，消减体育学科的知识性、技术性、实践性以及系统性。同时，俱乐部教学模式对于场地、器材、设施等硬件设施的要求比较高，并不是每一所高校都具备将这种模式普及化的条件。当前，此种教学模式的管理体制尚不健全，训练效果参差不齐，还不能被大多数体育工作者所接受。

三、高校体育教学模式的现状及存在的问题

随着我国高校体育教学改革不断推进，虽然很多高校引进了很多外国的先进教育理论和教学方法，但是我国高校体育教学的整体理念、教学内容和教学方法等诸多方面依然没有摆脱原有的传统教学理论。

（一）教学内容

目前，我国部分高校使用的体育教材仍然非常传统和单调，虽然有些教材已经纳入了当前较为流行的项目，但是真正有实力和能力开设这样课程的学校依然非常少。所以，现在大部分高校体育教材的教学内容依然是田径、球类、武术等，大部分学生从小学和中学便已经学习了这些内容，如果在大学体育课依然接触这些内容，难免会挫伤学生学习的积极性，甚至会使学生产生厌学情绪，轻视体育运动。

（二）教学方法

当前，很多学校采用的体育教学方式依然是传统的教师为学生讲解要点、拆分动作，然后由学生重复动作这一套，枯燥的教学方式使学生很难提起学习兴趣，不利于激发学生的积极性，也不利于学生参与到体育课堂当中，从而很难达到应有的教学效果。而且很多教师在讲解中非常注重动作是否做到位，技术是否熟练掌握，过分强调结果而忽视了学生在学习过程中的努力，使体育课教学被束缚了手脚，学生难以在体育课中发挥自己的个性和特长，不利于学生自身的发展。

（三）教学评价

很多学校都将《国家体育锻炼标准》作为唯一的评价方式来评价学生的体育能力。然而，这种评价方式往往忽视了学生自身的条件素质，使评价方式过于单调，无法得出公平、公正的结果，挫伤了学生的积极性。例如，有些学生先天身体素质较好，不需要特别的锻炼便可以达到很好的效果；然而，有些学生身体素质较差，只有非常努力才能勉强达标，这种"一刀切"的评价方式，看不到学生在达标过程中的努力，使一些学生感到失望，从而对体

育产生抵触心理。

（四）硬件设施

目前，很多高校虽然已经开始注重体育教学，但实际上还是将体育作为一种"副科"来看待。在学校其他专业已经开始使用较为先进的教学设备和器材的时候，体育科目依然使用20世纪陈旧的教育器材，使很多新型课程和活动项目难以被真正地引进到校园当中，不利于体育在学校的全面发展。

（五）体育教学过程"单向化""技术化"

在当前的高校体育教学中，"注入式"教学现象非常普遍，具体表现为：重教师教，轻学生练；重技术，轻理论；重共性，轻个性；等等。高校体育教学过分苛求运动动作技术的掌握，并以此为最终目的。此种情况导致体育教学成为"为技术而技术"的教育，这种传统的教学严重束缚了学生的手脚，压制了学生学习的积极性和主动性。

（六）以"达标化"为中心

"达标化"就是过分看重学生的体育能力是否达到《国家体育锻炼标准》。"达标"的，体育成绩就合格，反之则不合格。部分高校至今仍把"达标"作为高校体育教育工作的出发点和归宿。显然，把"达标"作为体育教育的出发点，一切为了"达标"，势必限制体育教育内容的广度并导致体育教育过程日趋封闭。把"达标"作为教育的归宿，唯"达标"至上，其结果必然导致高校体育工作的中心和教育的目标出现偏移。

第四节 高校体育教学的功能分析

一、有利于培育和发展学生良好的体适能

体适能在我们的日常生活中非常重要，它是衡量一个人适应正常生活所需要的身体能力的指标。由此可以看出，培养和发展学生的体适能，不仅能促进个人的身体健康，而且能提高其对各种环境的适应能力。体适能发展得越好，其健康水准也就越高，也就越接近于全人健康的境界。高校体育课程通过各种教学设施和锻炼活动发展学生的体适能。一方面，为他们身心的健康发展奠定了良好基础，为国家塑造了有用之才；另一方面，从社会的角度来说，也提高了全民的健康素质，减轻了医疗负担。所以，高校体育教学在提升国力方面起着积极作用。

二、有利于提升学生的体育文化素养

作为载体，学校体育特别是高校体育是我国体育文化传播的主渠道。众所周知，体育运动是一种极富激情和活力的活动，通过参与各项体育活动，人们可以从中获得人格、气质、修养等方面的熏陶、陶冶。体育不仅仅是运动员的专利，它也应该成为一个人终身的一种文化素养，这对于提高人们的生活质量，实现健康而完美的人生具有至关重要的作用。体育文化素养是素质教育的重要内容，它是由一个人的体育知识、体育技能以及体育意识、兴趣和习惯等因素决定的。大学生正处在人生观、世界观、价值观初步形成和完善的时期，一方面

积累了一些社会生活经验，掌握了一些系统的科学知识，对自然、社会以及人生等问题形成了自己的看法，但另一方面也存在着知识和经验的局限性，对事物的看法往往不够准确和深刻，有时甚至十分片面，这时的教育对他们有着非常重要的帮助作用。而且，他们热情奔放，对生活充满活力，渴求知识，接受能力强，正是学习体育知识、技能的良好时期，也是增进体育意识、培养体育兴趣和习惯的良好时期。因此，高校体育教学不但要注重体育技能的传授，更要重视体育文化的传承，在教育教学过程中要充分发挥体育文化和环境的潜移默化作用来对学生进行教育。

三、有利于培育学生健康的心理品质

（一）增强意志品质

当代高校体育教学的目的不仅在于学生身体素质的提高，而且在于学生意志品质的培养。随着时代的进步和我国社会经济的发展，人们生活越来越富裕，当代大学生所遇到的来自各方面的困难挫折越来越少，心理素质没有得到应有的锻炼和提升，面对挫折、失败等困难时不能正确对待；很容易受周围环境的影响，很少积极主动地发挥主观能动性。这些现象的产生，固然有时代所限等客观因素，但大学生缺乏心理方面的锻炼也是重要的主观因素。众所周知，参与体育活动不仅能强身健体，也能磨炼意志。在运动中，身体的极点与心理的极点都是对人体的一种考验。因此，高校体育教学在增强大学生意志品质方面也起着重要的作用。

（二）培养良好的竞争意识

当前，我国社会正处于转型时期，社会竞争激烈。在高校体育教育教学实践中，教师应充分利用体育竞赛的规则来对学生进行公平、公正、公开的竞争意识的培养和强化，鼓励学生积极参与竞争，以增强他们适应未来社会的能力。在鼓励学生参与竞争的同时，教师还应强化学生的合作意识，这就为学生打好了步入社会前的心理基础，从而为社会培养出高质量的人才，提高社会人的总体素质。

（三）提高团队意识和协作精神

随着社会合作化程度的不断加深，个人的力量日益显得单薄，而团队意识和协作精神越来越受到社会的重视和推崇。所以，高校体育教育应利用课堂体育技能的教学和课外体育活动或竞赛来培养学生顽强拼搏、灵活机智的进取精神和团结协作、互助友爱的团队精神，形成胜不骄、败不馁的意志品质。这样就把体育教育拓展到了人生更为本质的健康教育与终身教育的层面之上，使得体育教学对人的团队意识和协作精神培养的作用和效果愈加显著。

四、体育教学的渗透功能

（一）对思想品德教育的渗透功能

体育教育对实现素质教育起着非常重要的作用，同时体育作为教育的一部分，不仅仅是单纯地锻炼身体，也要练"心"，促进身心能够健康、和谐地共同发展。因为育体与育人存在一致性，所以体育教学对思想品德教育会产生非常大的影响，具有渗透功能。体育教学的每个细小的过程中都渗透着思想品德的教育。例如，在练习中，有的学生怕苦怕累，会偷懒；有的学生身体素质较差，会产生惧怕心理，变得异常敏感；有的学生身体素质好，领悟能力强，很快掌握所学内容，就会产生骄傲自大的情绪，不听指挥、歧视同学；等等。要使这些不同类别的学生都能在同一课堂上有所收获，在锻炼身体的同时能够得到心理上的教育，形成良好的思想品德，教师就要根据不同的情况"对症下药"，对不同的学生采取不同的策略，培养学生的爱国主义和集体主义精神，勇于克服困难、自信勇敢、团结协作、奋发向上、顽强拼搏。

（二） 对培养良好心理品质的渗透功能

通过体育活动，可以增强学生与学生之间，教师与学生之间的交流、互动，提高学生的人际交往能力。在集体的互动中，学生可以展现自我、释放心灵，培养积极乐观、热情开朗、活泼自信的良好心理品质。

（三） 对培养现代人社会意识的渗透功能

随着我国经济的飞速发展和科技的不断进步，我国社会也正处在关键的转型期，大学生要想在社会中拥有一席之地，仅仅依靠丰富的专业知识远远不够，还必须有现代人的社会意识，能够适应社会的发展变化。通过体育教学，可以培养学生的竞争意识、参与意识、风险意识和协作意识，更好地适应现代社会。

第五节　高校体育教学的课程设置

一、高校体育课程设置体系分析

通过对我国高校公共体育课程分析可知，课程设置方面已经形成了以选项课为主导的高校体育课程设置体系（图 1-1）。

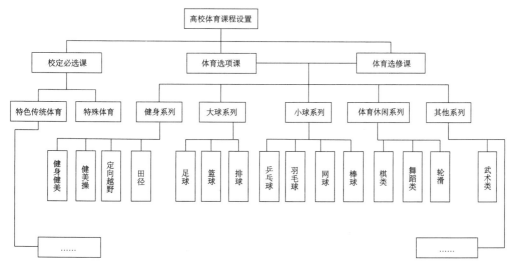

图 1-1　高校体育课程设置体系

二、高校体育课程设置模式

高校体育教学在改革和实践过程中，对于现代体育教育思想进行了全面的贯彻，而我国的各个高校都已经对体育课程模式的改革活动进行了不同程度的实施，在经历了一定阶段的发展、"聚类"和"沉淀"以后，可以将这些模式进行五种典型类别的归纳、总结。

1. 体育选项课模式与"校定特色体育必选（通）课"模式相结合

我国的部分高校已经对一、二年级的体育选项课的主体教学模式进行了建立，其中比较有代表性的是清华大学，同时，对校定特色体育必修课进行了设立，并规定对于校定特色体育必修课课程设置模式的基本考核标准，高校的每一名学生都要通过。例如，在清华大学，每一个男生都必须学习、掌握 200 米游泳技巧，每一个女生都必须能够创编一套健美操；浙江工业大学要求每一个人都能够达到"十二分钟跑"测试标准，同时，对体育课程"课内外一体化"的构建与发展问题给予足够的重视，对于"两条腿走路"的工作路子进行全面实施。应用体育选项课和"校定特色体育必修课"相结合的模式，首先需要充足的体育师资力量配备，其次需要学校政策的支持与财力支持，保证较好的教师工作待遇等，只有这样才能够提高学生的体育基本素质，增强学生的体育锻炼意识。

2. "完全教学俱乐部"模式

关于"完全教学俱乐部"模式在我国部分高校的应用，比较具有代表性的是我国深圳大学。这一模式的主要思想是围绕学生的体育学习兴趣与爱好，随着体育教学俱乐部模式的全面实施，学生能够对体育运动项目、体育运动实践、体育教师完全自由地进行选择。同时，体育教学俱乐部逐渐向外发展，延伸到课外体育俱乐部的形式，通常来讲，"完全教学俱乐部"模式主要应用指导制形式。"完全教学俱乐部"通常要求体育教学场馆设备条件优良，同时，要求具有一定吸引力，此外，还要求学生具备较好的体育基本素质与较高的体育锻炼积极性和体育自我锻炼的意识，且具备良好的体育学习习惯与体育能力，充分保证体育课程教学的时间，在完善的、专业的师资结构下，使学生的体育学习需要得到充分满足。此种教学模式属于教育制度中的完全学分制。

3. 体育教学俱乐部模式和体育选修课模式相结合

我国部分高校建立了网上自由选择体育课程、选择时间和体育教师的完全体育教学俱乐部模式，其中比较有代表性的是我国浙江大学。它们仍旧按照班级授课的方式开展体育教学活动，并且通过学期选修课或者必修课形式的应用实施体育教学管理。从实质上来讲，体育教学俱乐部模式是存在于完全教学俱乐部模式和体育选项课模式之间的一种教学模式，此教学模式对于体育师资与项目群的一定储备具有一定要求，要求学生具备较强的选择性，同时离不开体育教学专门选课系统的有力支持。[①] 需要说明的是，同完全教学俱乐部模式相比较，此种模式没有那么高的体育教学硬件设施要求，在课程的可选择性问题上，学生很难不受到课程设置模块、课程授课时间和师资力量的制约。

---

① 马鹏涛. 高校体育教学改革创新与科学化训练研究 ［M］. 北京：新华出版社，2018.

4.体育基础课模式和体育选项课模式相结合

我国部分高校已经建立了一年级基础课、二年级选项课，或者是第一学期基础课、第二、三、四学期的体育选项课教学模式，其中比较具有代表性的是浙江中医药大学。通常来讲，体育基础课授课形式是行政班级的方式，而体育选项课则是按照实际报名情况或者是网上选择的具体情况来对体育班编制的方式开展的。此模式对于身体素质发展的重要性进行了较多的强调，这对于校定特色体育与一些传统体育运动项目教学与考核的顺利展开是非常有利的，同时能够促进体育教学组织管理工作的全面实施。

5.体育选项课模式和体育教学俱乐部模式相结合

我们这里所说的体育教学俱乐部模式，将职业实用性体育内容包含在内。我国的一些高校已经设立了上述的教学模式，特别是高职类院校基于二年级的体育选项课和二年级专业相关的"准职业岗位"特殊的体育能力需求与体育素质要求，其中比较有代表性的是浙江职业金融学院。此种模式对于体育教学的实用性功能进行了强调，把就业作为导向，作为一种新型的模式，将"准职业"人员的岗位特殊体育活动能力与体育素质培养作为主要目标。

第六节 体育课程发展的动力机制

一、我国体育课程发展的外部动力

所有改革的出现都是基于一定动力的推动，同时，少不了与之相对应的改革、发展动力机制。此种结论也适用于体育教学改革，对于体育教学改革的动力进行深入的分析，对于它们之间存在的作用机制与内在联系进行探讨，能够促进我们正确认识体育教学改革目标，对于相应的程序、方法和措施有针对性地进行选择，同时能够保证高校体育教学改革的顺利推进。

（一）体育教学改革动力机制的内涵

动力原是物理学的一个概念，之后被引申为能够对事物的运动与发展起到引发与发展作用的力量。众所周知，能够对体育教学改革起到推动力量在现实的实践活动中存在的不仅仅只有一个，由于多种推动力的合力作用促使了实际改革的发生。我们一般可以将这些能够对高校体育教学起到推动作用的力量当作是一个系统，它们经常会在体育教学的改革活动中同时作用。

机制，这一词汇，是从希腊文"mechane"一次衍生过来的，只有一直在其他的学科与领域中广泛地应用，用来对自身运动的行为机理层次与关系进行说明。关于机制的定义，在社会科学的研究领域中是内在联系和联系方式的一种，存在于事物或者现象的各个部分之间。

所谓的动力机制，只要是指功能型机制的一种。它一般指的是事物之所以发展、运动和变化不同层次的各类推动力量，此外，还包含他们之间互相练习的方式、机制与过程。从本质上来讲，是指存在于动力和事物运动、事物发展之间的内在联系。

同其他的事物一样，动力机制的存在也是作为一个系统，同时，这个系统具有层次多、要素多和复杂等特点。动力因素不仅仅存在于事物极其普遍的联系中，同时还存在于食物内部各构成要素间的相互依存和相互作用之中，从结构的层面上来讲，动力机制存在自己的联系方式。

由上述的认识可以得知，关于体育教学改革动力机制的理解，也就是高校体育教学改革的动力机制，指的是体育教学改革得以发生与发展的各种不同层级的力量，还有它们之间互相关联的方式、过程与机制。

（二）体育教学改革的动力因素

马克思唯物主义学说的观点是，事物之所以出现改变，可能会由于多种因素，根据它的来源，可以将这些动力因素分成两种，即外部动力因素与内部动力因素。据此，我们把能够对体育教学改革起到推动或引起作用的动力进行两种类别的划分，即内部动力与外部动力。对于体育教学改革推动或引起的动力，我们将从以下两个方面展开具体分析。

1. 体育教学改革的外部动力因素

高等学校作为系统性的一个存在，是体育教学改革中的主体。如果我们把学校作为一个分界线，那么学校内系统存在于边界内，而学校外系统存在于边界外。体育教学改革的外部动力，也就是能够对体育教学改革起到引发或推动作用的高等学校外系统的力量。

（1）政治动力：政治力量的"政策牵引"

政治力量能够对体育教学改革产生一定的影响作用与推动作用，主要方式是政治牵引，即通过对相关政策与法律文件的制定，实现政府对体育教学改革的影响与推动。在政治动力的作用下，体育教学的职能、课程设置、教学方法、师资力量、招生对象与培养目标等多个方面都产生了重要改变，高校培养了大量的国家经济发展所需的高级应用型人才。

就像是有的研究学者表述的那般：只要一提及我国高校教育领域中的教学改革，最先出现在人们脑海的肯定是一种自上而下的运动，一般它的推行都是由中央政府进行主导的，中央政府相应地制定了政策和规定，同时强制性地强调下面的相关教育管理人员与教职人员必须按章办事。

（2）经济动力：推动经济的发展与变革

对于体育教学改革而言，经济发展是其比较关键的、外部的一种力量，它能够强烈推动、促进体育教学改革的具体实施。所以，为了能够同经济发展相适应，同时从奠定未来经济发展基础出发，高等学校相应的教育教学改革就需要不断地开展。如果高等学校一直保留陈旧的体育教学内容与传统的体育人才培养模式，那么就不能同经济发展变化相适应，高校体育培养出的人才同社会的需求与经济的发展也很难相适应。如此一来，不仅对社会经济的发展会造成一定制约，还会阻碍高等学校的生存和发展。在经济结构改革的情况下，从某种程度上对高校专业结构和学科结构的相应变化也起到了一定的促进作用。

（3）科技动力：科技发展进步的驱动

从人类社会的发展历程可以看出，每一次科学技术的重要变革，都不可避免地会促进人类社会的巨大进步和生产力的重大改变。尤其是对于科学技术而言，它已经渗透到社会生活的各个方面，作为一种动力，在一定程度上对于社会的变革与经济的发展起到了强烈的推动作用。

科学技术作为一种强大的动力，能够对社会变革与经济发展起到一定的促进作用，同时，能够促进、推动高校教育教学的改革与发展。同科学技术的革命性相比，高校教育教学是一项传统性很强的事业，表现出了较大的惰性。一旦教育教学形成了某些形态，通常会持续长达数十年，甚至是数百年。但是，科学技术却是最活跃的、具有革命性的。

在体育教学改革问题上，科学技术的进步和发展所发挥的推动作用，总结起来有以下几种表现。

对于一些传统体育教学观念的改变，科学技术的进步和发展能够起到一定的推动作用。例如，现代科学技术在不断的发展中，呈现的主要趋势是高度综合与高度分化同时存在，同时主流为高度综合。此种趋势在一定程度上冲击了高校体育人才的培养工作，给其带来压力，同时，它能够促进高校体育教育传统的思想观念，即专业教育的开展与专业专家的培养，并且使基础拓宽、通识教育和文理兼通的思想得以逐步树立。

对于高校课程内容与专业设置的更新，科学技术的进步与发展能够起到一定的推动作用。科学的学科门类划分是高校专业设置的基本理论依托。伴随科学技术的综合发展与分化发展，同时在科技革命导致衍生学科日渐增多的情况下，高校体育也逐渐产生了更多的新专业。尤其是能够将科学发展综合趋势反映出来的边缘学科与交叉学科，逐渐增加了高校的跨学科专业。高等学校是对知识进行传承、发展的重要场所，在高等院校中，科学技术的存在就是充实高校体育教学内容。所以，科学技术的进步和发展必定能够促进高校体育课程内容的不断更新。

对于高校教育教学手段与方法而言，科学技术的进步与发展能够起到一定的推动作用。高等学校引入了现代科学技术的方法与手段，使得传统的体育教学设备与教学方法得到改造，促进全新科学体育教学方法的形成，使得全新的体育教学技术手段得到运用。例如，调查法、实验法、观察法、实习法、比较法等现代高校体育教学方法，都是同现代科学方法相适应的。此外，许多科学发明成果在高校体育课程教学中的不断引入，如投影仪、幻灯机和计算机等，根本性地革新了体育教学手段。

对于高校体育教学组织形式的改变，科学技术的进步和发展起到了一定的推动作用，尤其是网络技术与计算机技术的产生与应用为教学组织形式的变革提供了可能性。在科技推动下，高校体育教学的组织形式逐渐多元化，如计算机网络教学、远距离教学、个别化教学和班级教学等，而不再是传统的班级授课形式的集中教学。

（4）文化动力：思想观念更新的引领

通过政治、经济和科技文化之间的互相比较，可以得知文化和高等教育之间存在着非常悠久的历史传统联系。由于人们的社会心理、价值观念和思想意识是文化的最直观表现，文化给体育教学带来的影响同政治、经济、科技对于高等教育的影响相比自然也会显得更加深刻和隐蔽。

在体育教学改革不断深入开展的过程中，文化动力通常会在观念和思想的革新能够引领体育教学改革方面体现出来，换句话说，对于体育教学改革来讲，新的思想与新的观念能够对其产生一定的引领与促进作用。因此，文化是能够推动体育教学改革的重要力量。此外，在这一问题上，对于这些思想的改革和传播实践，人们想要完全地进行区别是非常困难的，其原因在于这些思潮从本质上来讲就是指导思想的一种革命、变革，只有经过实践，人们才能够普遍地接受。

（5）竞争动力：校际竞争的压力

伴随社会主义市场经济体制的逐步建立，以及高校办学自主权与规模的扩大，我国高等院校间的竞争也越来越激烈，在竞争的浪潮中不断有更多的大学进入，使得竞争逐渐成为一种客观存在。同时，由于我国高校教育国际化进程的不断加快发展，我国高校呈现出日渐普遍化的国际竞争参与现象。对于高校而言，不管是国际范围的竞争，还是国内范围的竞争，都能够很好地促进体育教学改革的发展。尽管从本质上来讲，高校与高校间的竞争是一种全方位的竞争，主要包含生源竞争、荣誉竞争、经费竞争和就业竞争等多个方面的内容，然而，实际上我们可以将这些竞争归结为一点，即都属于教育教学质量竞争的范畴。

在国际竞争与国内竞争逐渐激烈发展的过程中，如果高校想要使自身的竞争实力得到提高，就必须树立自身的竞争优势，并且要在教育教学方面投入更多，使体育教学或者人才培养模式的改革更加积极地展开。

2. 体育教学改革的内部动力因素

这里所说的体育教学改革的内部动力因素，主要是指高等院校系统内部能够对体育教学改革起到推动与引领作用的关键性力量。一般来说，体育教学改革的内部动力因素主要包含四个方面的内容。

（1）直接动力：使高校教育教学弊端得到克服的需要

在 20 世纪 90 年代，原华中理工大学进行了数次的调查研究，并得出了结论，即在人才培养的过程中，本校存在的弊端是轻人文重理工、轻综合素质重专业技能。因此，该校率先对以使大学生文化综合素质得到提高为目的的教学进行改革，经过多年的不懈努力，使文化素质教育向多样形式发展，而不再是单一形式。从造势到自觉，从局部的试点转向全面的展开，一种科学和人文相结合、高雅和通俗相结合、课内和课外相互补、教师和学生友好互动的全新局面被展开，在使本校大学生文化综合素质得到极大提高的同时，还带动了全国教育教学整体水平的提升。

（2）根本动力：使高校人才培养质量得到提高的需要

对于高校教育教学中存在的缺陷与弊端进行克服，是推动或者诱发体育教学改革的内部直接动力因素。从本质上来讲，体育教学改革活动得以顺利展开的内部动力因素就是提升自身的人才培养质量。对于高校教育教学工作而言，对其优劣进行社会评价、检验的基本标准就是，对其人才培养质量的优劣进行判断。而高校为了能够使自身的人才培养质量得到提高，也少不了要对体育教学思想不断地进行更新、对体育教学内容进行革新、对体育教学方法进行改进、对人才培养模式进行改革等。通过对高等教育发展历程的考察可以得知，高等学校教育教学改革开展的最终目标是使人才培养的质量得到提升，在现代高等教育业全面发展的我国，这一点也能够得到明显的体现。

（3）基础动力：改革主体的自我变革推动力

在对体育教学的内在动力进行探索的过程中，必须对改革活动中的人进行分析，即明确体育教学改革主体的作用。

首先，从学校主要管理者的层面来讲，其承担的角色主要指某一所高校的校长或者是相当级别的学校领导。对于高等院校的发展起源与历史进行考察就能够得知，在学校改革与发展的历史过程中，校长始终都承担着领导的重任。通常而言，校长本身具有一定的权力、组织权威和个人影响力，在学校教育教学管理、机构设置、人事管理、经费使用等方面拥有领导权力。所以，校长在体育教学改革过程中占据着核心位置，不仅是体育教学改革的领导者、策划人，还是具体的执行者。可以说，如果没有校长的积极配合与推动，高校教育教学的成功变革是不可能实现的。

其次，从教师的层面来讲，尽管在发展变革过程中学校是作为基本单位存在的，但是学校的发展离不开诸多个体的存在。除了前面提到的学校主要管理者以外，这些个体还有始终在教育第一线工作的广大教师。他们作为一种力量能够推动体育教学改革的进程。通过对教育教学改革实践过程的细心考察就能够发现，那些针对教育真正问题的深入的、创新性的改革，基本上都是从一线教师的自发活动中开始的。因此，体育教学改革在开展的过程中，有必要重视教师自我变革所产生的推动作用。对于体育教学改革而言，如果没有教师、教授的响应、号召，那么其就只是一句空话。

最后，从学生层面来讲，他们在现实的教育教学实践中，通常被当作改革的协助者或者参与者，人们往往忽视了学生作为改革主体的力量存在。实际上，在学校教育教学活动中，学生也是重要的参与者，同样能够在体育教学改革中起到关键的推动作用。例如，对于教育教学现状他们表现出的批评和不满，以及改进教育教学工作的建议和意见，在一定程度上都会对体育教学改革的实施造成一定的推动作用与影响。由此可以看出，在体育教学改革活动中，学生具有重要的推动作用。

（4）保障动力：高校办学自主权的推动

《中华人民共和国高等教育法》中的第 31 条到 38 条，对高等院校实体法人应该承担的任务与七个方面的自主权进行了明确。伴随我国高校办学自主权的逐渐增强，在这样的推动和保障下，我国高校也提高了教育教学改革的积极性，可以说改革开放至今，我国高校教育教学改革的成功推进与高校自主性的有效增强是存在较密切联系的。然而，我国高校在现阶段的办学实践中，在办学自主权的问题上还存在一些不足之处，进而使高校在体育教学改革实践过程中的主体性与积极性没有得到充分发挥。在教育教学改革开展的过程中，高校一直缺少一定的动力，这也是需要我们日后全力解决的。

二、体育教学改革动力的内在联系、共同特征和作用机制

（一）体育教学改革内外部诸动力的内在联系

1. 体育教学改革的外部动力是发挥内部动力作用的先决条件

事物的变化、发展离不开外部力量的推动作用。尽管现阶段体育教学自身具备相对的独立性特征，使其具备独有的内在逻辑与演进规律，然而体育教学作为具体的一种现象，始终存在于社会生活中，同其他的社会现象间存在的联系也是经常性且十分密切的。此外，对于体育教学而言，外部力量也将会对其造成一定的影响。我们这里所说的外部力量主要是从社会系统中的政治、经济与科技等领域中产生的。

如果不存在外部力量的刺激、诱发与推动，那么由于自身"惰性"的存在，高校想要从自身内部促进产生体育教学改革的意愿与动力明显是很困难的。所以，对于体育教学改革而言，其同外部力量具有的推动作用之间存在十分密切的联系。同时，体育教学改革的外部动力从本质上来讲是其内部动力作用得到充分发挥的重要基础。

2. 体育教学改革内外部动力综合作用于高校的教育教学改革

所有事物的存在与发展，都离不开外部因素和内部因素的共同结果，并不是仅仅依靠外

因的推动作用或者是内因的单纯自我运动就能够实现的，实际上，它是内部因素与外部因素之间综合在一起的作用结果。从根本上来讲，体育教学改革是一种外部和内部的动力之间的多种因素有机结合而促进产生的最终结果。需要注意的是，体育教学改革的动力因素的存在是分散的，会通过多种不同的形式向主要动力与合力来源转化，对体育教学的改革与发展起到推动作用。

（二）高校教育教学改革诸动力的共同特征

虽然从形式方面来讲，体育教学改革动力的主要来源存在一定的差异性，但是不可否认的是，在特征方面，他们之间也存在一些共同点。在这些特征共同作用下，它们在体育教学改革中占据重要的位置，进而在动力机制上使体育教学改革的有机构成得到促进，对于体育教学改革的进程起到共同推动作用。这些因素表现出来的共同特征有相关性与互补性特征、层次性特征、动态性特征和整体性特征。

（三）体育教学改革诸动力同体育教学改革之间的动力机制

体育教学改革的自动实现，并不是仅仅拥有能够在体育教学改革中起到引发或者推动作用的动力就能够做到。体育教学改革的诸动力同体育教学改革之间的练习离不开某一种机制的支持。现阶段，在体育教学改革的实践过程中，能够发挥作用的机制一般来讲有三种，具体分析如下。

1.行政机制

一般来讲，体育教学改革的行政机制，是指国家行政部门能够主导体育教学的改革与发展。行政部门的作用体现在，进行其科层体制来筛选、过滤体育教学改革中的各种外部动力因素与内部动力因素。

2.市场机制

一般来讲，体育教学改革的市场机制是指市场能够在体育教学改革中起到主导的作用。市场机制能够对体育教学改革的各种外部因素和内部因素造成一定的影响，决定了它们能否作为动力而对体育教学改革发挥推动作用，并且能够接受市场的考验。

3.志愿机制

一般来讲，体育教学改革的志愿机制指的是学校自身能够在体育教学改革开展的过程中起到一定的主导作用，换句话说，就是在选择体育教学改革方向的时候，学校充分考虑自身存在的教育教学的问题、现状、发展目标等多种因素。在志愿机制的作用下，学校自身能够综合地分析教育教学改革的内部影响因素与外部影响因素。

本节对体育教学改革的动力机制问题进行探讨，主要从体育教学改革动力机制的内因、作用机制与共同特征、动力因素和动力诸因素间的内在联系等几个方面出发，得到了如下的主要观念。

第一，任何一种改革的产生都离不开一定动力的推动作用，以及与之相对应的动力机制存在。这里所说的体育教学改革的动力机制，主要指的是能够对体育教学改革起到推动或者引领作用的各种不同层次的力量，以及这些力量之间有机结合的机制、方式与过程。

第二，能够对体育教学改革起到引领与推动作用的动力主要包含两种，即体育教学改革的外部动力因素和体育教学改革的内部动力因素。体育教学改革的外部动力因素的主要来源是社会大体系中的政治、经济、科技和文化等子系统中产生全新动力的需求，还有教育系统在学校相关竞争活动中产生的外部压力；而体育教学改革的内部动力因素主要有四个方面的来源，分别是使学校教育教学弊端得到克服的需要、使学校人才培养质量得到提升的需要、改革主体自我改革的推动力、高校办校自主权的推动作用。

第三，对于体育教学改革内部动力因素与外部动力因素之间存在的主要联系是：外部动力是发挥内部动力因素作用的主要基础，同时，外部动力主要作用是通过内部动力因素使体育教学改革的外部动力因素与内部动力因素之间的有机结合得以实现，并且在高校教育教学改革中得到综合性的应用；体育教学改革的诸动力要素之间具有许多的共同特征；体育教学改革和诸动力存在的三种主要作用机制是行政机制、市场机制与志愿机制。

第二章 高校体育教学方法的理论与创新研究

第一节 高校体育教学方法概述

一、高校体育教学方法的含义

高校体育教学方法具体是指在体育教学过程中，为了实现体育教学目标和达到体育教学目的而由师生所采用的可操作性的教学方式、途径和手段的总称。针对体育教学方法的含义，可从以下几个方面加以理解。

（一）高校体育教学方法是"教"与"学"的统一

高校体育教学方法是"教"与"学"的统一，只有师生之间实现有效的双边互动，才能够更好地发挥高校体育教学方法的价值与作用。高校体育教学活动可以简单理解为教师的"教"和学生的"学"两个层次的内容。教师和学生是教学活动的主体。体育教学方法和手段都是针对学生来选择与运用的，教师和学生之间具有密切的关系，在师生的双边互动中，体育教学的任务和目的逐步实现。因此，教和学两方面的内容贯穿于高校体育教学方法实施的始终。

教学方法是在师生互动中得到贯彻与实施的，高校体育教学的方法也是师生之间行为动作总和的体系。体育教学的方法与其他科目教学方法的主要区别在于，体育教学方法在注重教学语言要素的同时，更加注重动作要素。在高校体育教学过程中，各种动作的掌握和熟练运用都需要教师进行示范、讲解以及纠正，在此基础上，学生进行重复练习才能最终掌握相应的技术动作。因此，高校体育教学方法是教师和学生的动作和行为的总和。

（二）高校体育教学方法与教学目标不可分割

任何一种体育教学方法都具有一定的目标性，如果脱离了目标，那么体育教学的方法也就失去了其存在的意义。高校体育教学方法应与高校体育教学目的之间保持密切的联系，教学方法的实施应能够促进体育教学目标和任务的实现。因此，高校体育教学方法作为体育教学的重要组成部分，其服务于体育教学的目标和任务。高校体育教学方法和高校体育教学目标之间具有一定的不可分割性，如果将两者割裂开来，那么体育教学方法没有明确的方向，会表现出一定的盲目性；而体育教学目标和任务如果脱离了体育教学方法，则不能得到有效实现。

（三）高校体育教学方法具有多元化功能

现代体育教学不仅注重学生动作和技术的掌握以及各方面身体素质的增强，它更加注重学生的全面发展。因此，高校体育教学方法具有多元化功能，其不仅能够在一定程度上促进学生运动能力的增强，还能够促进学生思想道德品质、心理素质等方面的发展，对于学生的全面发展具有重要的促进作用。

二、高校体育教学方法的分类

在现阶段，对于教学方法依然没有统一的划分标准和依据，一般将体育教学方法划分为教法、学法和练法三种类型。

（一）教法类

1. 知识技能教法

（1）基本知识的教法。基本知识的教学包括体育保健类知识以及体育相关理论等的教学。体育基本知识的教学方法同其他学科的教学方法类似，这类教学方法进行分类时也较为复杂，根据不同的分类依据可将其分为不同的类别。

在体育教学过程中，教师在选择相应的体育教学方法时，要注意教学的情境活动和其多功能作用的发挥，将体育教学的基本知识与体育活动的具体实践密切结合起来，教学方法要具体可操作。

（2）体育技能的教法。体育技术技能的教学方法即一般意义上的运动教学方法，这是体育教学方法中与其他学科的教学方法有很大差别的部分。在采用相应的体育教学方法时，首先，教师应明确教学的目的是使学生掌握运动技术技能还是发展学生身体，或者是达到其他什么目的；其次，教师应对体育教学的内容进行分析和处理，运用相应的动作教学方法来实现相应的教学任务。当体育教学的目的以及体育教学的内容不同时，活动的方式也会有很大的区别，这时就需要教师采用不同的动作教学方法和策略。因此，体育技术技能的教学方法具有灵活多变的特点，应根据具体的教学情况随机应变。

2. 思想教育法

思想教育法是对学生进行思想品德教育和美育的方法，是体育教学的重要任务之一。在开展相应的思想教育时，教师应结合体育教学的特点采用相应的教学方法，确保教学能够收到很好的效果。体育教学方法的运用要能够促进学生顽强拼搏的意志品质的形成，培养其团队协作的意识；要促进学生个性意识的发展，并促使其形成正确的价值观念和审美观，培养其探索性和创造性思维。

（二）学法类

学法即指导学生进行学习的方法，它是体育教学的重要方面。在进行体育教学时，指导学生进行学习的方法应注重以下两个方面内容。首先，教师应确保学生能够较好地掌握前人积累和总结的知识和经验，在继承的基础上求得发展；其次，学生应将相应的知识和经验与自身的个性特点相结合，从而最终形成终身体育意识与拥有相应的能力。

从整体分析，学法类的教学方法不仅能使学生掌握相应的知识和技能，还要使其愿学、会学，并且在以后的工作和生活中能够运用所学知识，使其养成良好的体育锻炼习惯。

（三）练法类

练法即指导学生锻炼的方法，是体育教学里最具本质特征的方法。练法类教学方法对于学生的身体素质以及各项运动技能的发展具有直接的作用和效果，在教学过程中，学生应能够理解和感受身体运动时的各项体验。教学中有众多的身体锻炼的方法，其效果也因人而异。练法类教学方法可划分为三个阶段，具体内容如下。

1. 第一阶段

第一阶段为建立动作技术的直观表象阶段，通过听、看、思、记等手段来实现相应的学习，具体方法有观察法、聆听法、探究法、形象思维法、归纳思维法、有意记忆法、理解记忆法、联想记忆法。

2. 第二阶段

第二阶段为运动技术的实施和矫正阶段，具体方法有模仿练习法、分解练习法、完整练习法、表象练习法、重复练习法、变换练习法、间隙练习法、游戏练习法、循环练习法等。

3. 第三阶段

第三阶段为动作技能的巩固和提高阶段，具体方法有强化练习法、提高难度练习法、比赛练习法等。

除此之外，在教学过程中，各种教学方法既可以单独使用，也可以进行有效整合，从而形成一定的方法体系。在教学过程中，教师应使学生明确各种练法的作用和意义，并把握不同练法之间的联系，从而能够自如运用。

三、高校体育教学方法的特征

（一）多种感官集体参与性

体育教学活动是感知、思维和练习三者的结合，因此，体育教学活动需要多种感官参与其中，这样才能够保证各项动作的顺利完成。体育教学活动的特殊性要求在体育教学过程中，所有参与者都动员身体的各种器官。具体而言，教师需要为学生进行相应的动作示范，并且对学生的动作进行必要的指导和纠正；学生则需要进行必要的准备活动，然后进行相应的动作练习。在学习过程中，学生的眼睛、耳朵以及触觉和动觉等感受器官对运动的方向、用力的大小和动作的幅度等方面进行感知，学生通过自身和他人的信息反馈控制身体完成正确的动作，形成正确的动作定式。

鉴于体育教学活动的上述特点，在进行体育教学活动时，教师应运用多种方法，有效调动学生的各种器官参与教学活动，以使学生更好地掌握相应的活动。具体而言，在体育教学活动中，教师应引导学生认真学习，积极思考，注重动作技术的调节控制，并大量进行重复练习。对于学生而言，正确的体育教学方法能够最大限度地调动多个身体器官参与活动，从而帮助其掌握各种动作，实现学习目标。

（二）感知、思维和练习有机结合性

在体育教学过程中，学生的学习是一个复杂的认知过程，在这一过程中学生需要动用思维、感知、记忆和想象，并结合具体的身体练习最终实现动作的掌握。因此，体育教学方法也是感知、思维和练习相结合的过程，在结合过程中，学生需要通过自身的信息接收器官将外界信息传送至大脑皮层，并运用大脑对各种信息进行整理、分析和加工，然后大脑指挥人体的各器官完成相应的动作；通过动作的不断重复，学生建立起相应的动力定型，实现动作的自动化，同时掌握相应的动作技术。在整个学习过程中，信息的感知是动作学习的基础，思维活动则是学习过程的核心，而练习是动作技术掌握的重要手段。体育教学方法的实施过程是认识与实践、心理与身体相结合的过程，是感知、思维和练习三者的有机结合。

（三）实践操作性

体育教学方法与一般的教学方法相比，其最大的特点是实践操作性。体育教学方法必须与体育教学实践紧密相连，当然，有些方法是室内学科教学方法的借用，如直观教学法、讲解法等，但这些方法必须根据室外体育教学的特点、环境以及学生的队列等情况加以调整，否则就不能适应体育教学。

体育教学的主要方式是身体运动，身体运动是学生对自身身体的运动感受，具有"此时此地"的特点，因此在选择与安排教学方法时，教师一定要根据体育教学自身操作活动的实践特点进行，而不仅仅是停留在理论层面上。只有结合实践操作的体育教学方法，才能让学生在掌握动作技术概念的基础上，通过身体实践活动达到掌握运动技能、促进心理发展的目的。同时，体育教学方法的实施效果必须得到体育教学实践的检验。

（四）时空功效性

体育教学可以划分为不同的阶段，不同的阶段有着不同的特点。在不同的阶段，师生之间相互产生一定的影响。在教学的开始阶段，教师处于主导地位，随着时间的推移，学生的主体地位逐渐增强。

在教学过程中，教学方法和途径发挥了重要作用。在开始阶段，学生学习动机、兴趣、欲望等的激发需要教师运用合理的方法；教师通过讲解、示范等方法来使学生理解和掌握相应的知识和技能；学生在学练过程中，通过一定的方法来感知、理解和掌握相关的知识。总之，在体育教学的不同阶段，体育教学方法都发挥着应有的作用，这是体育教学方法的时空功效性特点。

（五）运动与休息合理交替性

在体育教学过程中，学生的大脑和身体通过一定的学习活动会产生一定的疲劳，造成学习效率下降。尤其是高强度的身体运动对于学生的体能消耗较大，这时为了保证教学活动的正常进行，教师有必要安排相应的休息活动。

在学习活动中，学生通过一定的认知、理解和记忆后，会消耗相应的脑力；通过进行相应的身体练习，则会使得人体的能量消耗加剧，人体相应的器官会出现一些疲劳症状，并且随着运动负荷的增加，其会对学习活动产生一定的消极影响。因此，体育教学方法注重运动与学习的结合，使学生的身体疲劳能够得到一定程度的恢复，保证其保持较高的学习效率。

需要注意的是，这里的休息并不一定是指暂停相应的活动，也可能是一种积极性的休息——通过开展轻松的活动来达到身心的放松，帮助学生消除疲劳症状。在安排休息活动时，教师应注重积极性休息和消极性休息的结合，使得休息能够更好地达到预期的效果。

（六）继承发展性

体育教学的方法是在长期的体育教学实践过程中逐步发展起来的，经过多年的积累、发展和创新，逐渐形成了内容丰富的体育教学方法体系。很多教学方法具有鲜活的生命力，经过多年的发展依然在教学过程中发挥着巨大的作用。这些有效的教学方法值得人们对其进行总结、整理和借鉴。在教学实践过程中，在继承传统的经典教学方法的基础上，一些新的教学方法不断被提出，使得体育教学方法的体系不断完善。需要说明的是，尽管体育教学的方法众多，但不应过于迷信现代化的教学方法，更不能对一些国外的教学方法进行刻板的模仿。教育工作者应在扬弃的基础上发展创新，在时代发展的大环境下，在体育教学具体实际的基础上，对教学方法进行开拓创新。

四、高校体育教学方法的价值

（一）有利于推动高校体育教学任务的实现

在高校体育教学过程中，体育教师与学生双方互动的连接点是体育教学方法。科学有效的体育教学方法有利于密切联系体育教学活动中的两个重要主体（教师与学生）。这一连接有利于体育教学目标与任务的实现，倘若没有实效性的科学体育教学方法，体育教学任务就难以实现。

（二）有利于良好教学氛围的营造

合理恰当的体育教学方法能够提高学生参与体育学习的积极性，促使其学习动机不断得到激发，也有利于良好教学氛围的营造。良好的教学氛围反过来又有利于感染学生，引导学生主动参与学习，从而形成一种良性循环。良好的体育教学方法的科学运用，有助于提高学生对体育教师的信任度，从而乐意听从教师的引导而学好体育课程，这就使得体育教学过程的气氛变得十分融洽与和谐。

（三）有利于促进学生身心的全面发展

良好的体育教学方法体现出一定的科学性特征，体育教师受到科学思想的感染与熏陶而采用科学恰当的教学方法进行体育教学，这对学生的身心发展是极为有利的。相反，不具备科学性与不恰当的体育教学方法所产生的消极影响会阻碍学生身心的发展。在体育教学活动中，实施体育教学方法的过程通常也是学生对体育运动技术进行体验与锻炼的过程。所以，教师不仅要向学生灌输体育方法论的知识，也要引导学生进行训练实践，促进学生身心的全面健康发展。因为体育教学活动特殊作用的存在，科学的体育教学方法也有利于培养学生的丰富情感、锻炼学生的意志品质。因此，科学的体育教学方法能够积极影响学生身心的全面发展。

（四）有利于体育教学质量的提高

科学的体育教学方法能够通过对各种有利因素的充分利用来提高学生的学习兴趣与热

情，引导学生充分发挥其主观能动作用，从而促进其学习效率的不断提高，最终促进体育教学质量的提高。

第二节　高校体育教学方法的影响因素分析

一、高校体育教学体系内部的影响因素

高校体育教学体系内部的影响因素主要包括教学思想、教学目标、教学内容、教学评价及教学方法系统的功能特性等。

（一）高校体育教学思想对教学方法的影响

如果普通教学方法的指导思想不适应体育的教学方法，无论采用多么先进的体育教学方法也不会取得理想的教学效果。体育教学不能仅限于教授体育运动技术这一个简单的教学目标，否则学生不仅不能很好地掌握体育运动技术，还可能产生厌烦情绪，对体育课失去兴趣。

现阶段，坚持"健康第一"思想，就是要改变技术教学模式的种种弊端，在重视运动技能教学的同时，强调对学生情感、态度、价值观的培养，促进学生身心的全面发展。明确强调"健康第一"并不是要忽视运动技术的传授，而是要把学生运动技能的学习同教学过程、有效的教学方法、学生在参与运动中的情感态度和价值观有机地联系起来，实现和谐统一，共同促进学生的全面发展。

"健康第一"是对整个学校体育体系提出的一个基本要求，也是全体学生全面发展的基础。贯彻落实"健康第一"指导思想是对学校体育任务的一个高度概括。在教育改革的大环境中，素质教育的提出和实施进一步明确了学校体育追求学生身体的、心理的、社会适应能力的完美结合与健康、全面发展的作用。"健康第一"思想作为学校教育的指导思想，要求学校体育教学跳出"以竞技体育为中心"的窠臼，要求体育教师摆脱单纯追求"增强学生体质"为中心的"生物效应"目标的倾向，要求体育教师摆脱忽视学生身心发展的差异性、无视学生学习兴趣发挥、无视学生个性发展的行为倾向。[①] 只有这样，体育教师才会在正确教学思想的指导下，兼顾知识掌握和能力培养两方面的教学目标，科学地选择与运用体育教学方法。

（二）高校体育教学目标对教学方法的影响

高校体育教学目标是体育教学指导思想的具体体现，是体育教师进行体育教学的出发点和归宿，是进行教学设计的具体依据，影响着体育教师对教学方法的选择，也提供了检验教学效果的标准。

"目标与方法是统一的，目标是方法的灵魂。"[②] 在所有制约选择教学方法的内部因素中，教学目标是最重要的因素，亦即一种教学方法是否合适，最主要的衡量标准就是看这种

---

① 梁立启，栗霞．中学体育课程改革对体育专业人才培养的影响研究 [J]．运动，2009 (11)：113 - 115.
② 李跃海，杨英，赫平佳．关于优化高校体育教学方法影响因素的分析 [J]．辽宁教育行政学院学报，2009 (5)：168 - 170.

方法对于达到教学目标是否起到应有的作用。① 体育教学目标是预期的，即它在体育教学活动前就已经在教学主体的观念中存在了，这种观念必须依靠相应的体育教学方法来实现和完成，不能具体到体育教学方法的体育教学目标终究只是一纸空文。

明确体育教学的目标是选择体育教学方法的基本前提，脱离特定的体育教学目标就无法选择运用体育教学方法。对体育教学方法的选择直接起作用的是单元的、课时的教学目标，因为不同的体育教学目标需要不同的教学方法去实现。单元的、课时的教学目标是结合学习领域目标和水平目标将课程目标的具体化，它是一个有着多种具体内容的目标群体，包括知识、技能、身心健康、态度和情感等因素。

现代社会的发展和教育的进步促成了教学目标的多元化，这种多元化的教学目标不仅包括全面而完整的知识体系，还包括科学能力和动机、兴趣、意志、气质、性格等情感领域的内容。在这一发展趋势下，我们的体育教学改革根据"健康第一"的指导思想，结合课程特点构建了五个领域（运动参与、运动技能、身体健康、心理健康和社会适应）、三个层次（课程目标、领域目标和水平目标）的课程目标体系，并提出体育教学中要以目标的达成来统领教学内容和教学方法的选择。这种新的课程目标体系对体育教学方法的选择、运用和研究提出了更高的要求。由于完成不同的目标要求有不同的体育教学方法组合，因此，根据不同的学习领域目标选择、优化体育教学方法，是提高体育教学的质量和效果的最为直接有效的手段。由此可见，体育教学目标是影响体育教学方法选择的一个至关重要的因素，教师在选择体育教学方法时必须考虑体育教学目标。②

（三）高校体育教学内容对教学方法的影响

教学有法，但无定法。不同的学科、同一学科的不同内容，认识的规律也会有所不同，因此，教师必须根据这些规律采用不同的教学方法，而且学科之间、内容之间不同的关系需要采用不同的教学方法来传授。

体育教学内容是实现体育教学目标的根本保证。在体育教学方法与体育教学过程其他因素的关系中，体育教学内容起着基本的、决定性作用，因为教学方法是教学内容的运动形式。③ 体育教学方法依体育教学内容而存在，它的选择和运用是为体育教学内容服务的。

首先，体育教学内容的形态制约着体育教学方法的选择。例如，认知形式的教学内容要选择以语言为主的体育教学方法作为主要的方法，而操作形态的教学内容则要选择以语言为辅的体育教学方法作为主要的方法。

其次，体育教学内容的复杂程度制约着体育教学方法的选择。例如，对于复杂的运动技术可以选择分解练习法进行练习，而对简单的运动技术则可以采用完整练习法进行练习。

最后，体育教学内容的数量制约着体育教学方法的选择。一定的教学条件下，体育教学内容过多，会造成体育教学方法选择的单一性，而将教学内容减少或压缩一些，就会促进体育教学方法选择的多样化。所以在体育教学过程中，教师只有独立地对体育教学内容进行重新加工，真正掌握其特点，并把它们转化为自己的体育知识体系，才能在体育教学方法上获

---

① 潘懋元，王伟廉．高等教育学［M］．福州：福建教育出版社，2013.

② 李跃海，杨英，赫平佳．关于优化高校体育教学方法影响因素的分析［J］．辽宁教育行政学院学报，2009（5）：168-170.

③ 陈建绩．体育教学新论［M］．天津：天津人民出版社，2003.

得选择与创新的自主性。①

总之，教学内容与教学方法的位置关系是相对的。教学什么即教学内容，怎么教学即教学方法。掌握教学内容固然重要，但教学方法也不能忽视。尤其在当今知识量"暴增"、信息化"加速"的新经济时代，教学方法的重要性相对显得更加突出。如果不讲究教学方法，教师纵然有源源不断的"输出"，学生却没有多少"输入"。"授人以鱼，不如授人以渔"，为了让学生学得好、记得牢、用得活，就要内容与方法"双管齐下"。只有这样，教师讲课才能从容不迫，挥洒自如，得心应手，从而最大限度地提高教学内容的转化率，收到事半功倍的效果。此外，教学方法的改革与教学内容的改革是相结合的，新的教学方法的实施，要求教师对其所教内容有更加整体和全局性的把握，同时，教学方法的选择与运用同样受到教学内容的影响与制约。

因此，体育教师在教学过程中一定要正确把握教学内容与教学方法的关系，在仔细分析教学内容的基础上，根据教材性质和具体内容的特点灵活而有创造性地选择适当的体育教学方法，指导学生如何学习，要让学生理解、懂得所教授的知识，更要让学生发展如何运用所学的理论知识去解决实际问题的能力。

（四）高校体育教学评价对教学方法的影响

高校体育教学评价是依据体育教学目的和体育教学原则，运用一切可行的评价技术手段对体育的"教"与"学"的过程及其结果所进行的价值判断和量评工作。

体育教学评价的实质是从效果和影响两个方面对体育教学活动给予价值上的判定，并引导体育教学活动朝着预定的目标发展。要很好地进行判定，得出科学的结论，评价必须在一定的客观标准下，认真地进行测量，系统地收集体育教学活动各方面的资料或证据，根据测量结果对事物做出价值判定。

在体育教学评价方面，体育功能的多样性和体育目标的多指向性给体育评价带来了多种效应。从评价的目标方面来讲，体育教学评价有"运动参与""运动技能""身体健康""心理健康与社会适应"四个方面的评价内容；从体育教学评价的内容方面来讲，有"对过程的评价"和"对结果的评价"；从评价的主体方面来讲，体育教学评价有"教师对学生的评价""学生的自我评价""学生之间的评价""学生对教师的评价""教师的自我评价""教师之间的评价"等；从教学评价的方式方面来讲，有"定量评价"和"定性评价"；从体育教学评价的方法方面来讲，有书面测验、运动技能评定和运动成绩测试与评定。不同的评价视角带来的评价效果侧重点不同，教师可根据教学的需要选择性地使用评价方式，最终目的是及时了解学生的学习效果，发现问题，及时反馈。

正确地开展教学评价活动对教学方法的改革具有明显的促进作用。一方面，体育教学评价所形成的反馈信息可以使教师了解与掌握自己所进行的教学状态及其发展变化情况，认识自己的教学方法和教学过程组织中的某些不足，诊断出学生在学习上存在的问题与困难，根据评价信息及时地调整自己的教学工作，根据实际情况修改与完善教学计划、调整教学的方法和手段，从而形成更有教学意义、更为有效的教学过程以实现所期望的教学目标。

另一方面，体育教学评价所形成的反馈信息能加深学生对自己当前学习状况的了解，确

---

① 李跃海，杨英，赫平佳. 关于优化高校体育教学方法影响因素的分析［J］. 辽宁教育行政学院学报，2009（5）：168－170.

定适合自己的学习目标，从而调整自己的学习，此外，还能起到激发学生学习动机的作用。研究表明，经常对学生进行记录成绩的测验，并加以适当评定，可以有效地激发并调动学生的学习兴趣，推动课堂学习。

因此，体育教学评价要有明确合理的评价目标、完整的评价指标体系、严格的评价程序以及权威的评价结论，要以科学、合理的评价标准引导学生进行体育实践，充分肯定其成绩，使学生深切体验到成就感，调动学生体育学习兴趣，改进学习方法，从而不断积累体育知识、提高技术技能，改善情意表现与增强合作精神。

二、高校体育教学体系外部的影响因素

体育教学体系外部的影响因素主要包括社会发展的需要、学生自身的基础条件、体育教师自身的素质、体育环境及设施等因素。

(一) 社会发展的需要对体育教学方法的影响

体育教学方法是体育教学现象出现以后才有的，但不全是课堂体育教学出现后才有的。一些体育教学方法在近代体育课出现之前的民间体育传授中就已经存在。例如，民间武术的传承中必然存在着武术的教学方法，在杂技的传承中必然存在着类似体操教学的方法，在涉水打鱼的传技中必然存在着类似游泳教学的方法，在野外的生产实践中也必然存在着类似野外活动教学的方法，等等。只不过那时人们并没有用现在的教学方法来理解它们，也缺乏对它们进行科学的总结。当近代体育教学出现以后，体育教学方法才作为一个教学理论的研究对象而被体育教育工作者们所重视与研究，才得以更快的速度发展起来。

1. 初步发展时期：巩固国家实力的需要

在漫长的封建社会后期和资本主义社会前期，体育更多的是兵士的训练手段与内容。在冷兵器时代，士兵的体能是战争获胜的重要保证，为了士兵发展身体体能，强制训练的和注入式的教学方法占主导地位。这种方法一般偏重于苦练式的重复，注重大运动量形成运动记忆和体能的增强。

清朝洋务运动期间，近代体育课程教学开始在较大规模和范围内传入中国社会，主要通过以下四种途径传播：一是聘请外国人来中国传播，二是派人出国学习，三是从国外书刊中学习，四是外国人自觉不自觉地在中国传播。

1903年颁布的《奏定学堂章程》不仅规定了中国第一个在全国范围内付诸实施的学制（通常称为"癸卯学制"，它是仿效日本学制而制定出来的），而且规定了各级各类学校均应开设"体操科"（体育课），并要求从小学到高等学堂，师范及职业学堂每周"体操科"时间为2或3小时。小学"体操要义"是："在使身体各部均齐发展，四肢动作敏捷，精神畅快，志气勇壮，兼养成其乐群和众动遵纪律之习。"对中学及师范学堂的"体操"，则强调"实用"，规定"其普通体操先教以准备法、矫正法、徒手哑铃等体操，再进则教以球竿、棍棒等体操。其兵式体操先教单人教练、柔软体操、小队教练及器械体操，再进则更教中队教练、枪剑术，野外演习及兵学大意"。高等学堂的体操内容同样是普通体操和兵式体操。《奏定学堂章程》还强调，高等学堂以上的学校体操科"宜以兵式体操"为主。很显然，此时的学校体育教育思想受到了"军国民主义"的直接影响，体育教学方法呆板枯燥，锻炼身体的价值很小，不能适应青少年身心发育的特点。

2. 进一步发展时期：提升教学效率的需要

随着生产力的发展和社会的进步，代表现代社会文明的竞技体育项目迅速发展起来。这些竞技体育本身就充满着人本主义和自然体育的精神，充满着青春的活力，而且竞技运动要比体操和兵操更加复杂，汇集技术、战术等各种文化因素。因此，苦练式的教学方法就不适合这一时期的体育教学了。这在客观上就要求着体育教学方法的改进，这种改进体现在加快教学速度、提高教学效率等方面。于是一些新的体育教学方法就开始出现了。

自然体育思想在中国的传播，对我国当时的学校体育产生了重大影响。首先，由于强调人的本性，重视人生的意义，它在"五四"时期被作为批判军国民主义体育的武器和否定兵操的理论依据之一。其次，由于强调体育的教育意义，重视体育对人全面教育的作用，它提高了体育的地位，促进了人们对体育教学规律和体育教学法的研究，如体育教学中的"设计模仿法""分组教学法"等就是在这样的背景下产生并流行的。20世纪20年代以后，学校体育课与课外活动的内容渐趋统一，竞赛性运动在中等以上学校普遍开展起来。

中华人民共和国成立以后，学校体育课程的指导思想又发生了较大的变化。这主要体现在对革命根据地体育思想的继承，以及对美国实用主义与自然主义的批判和对苏联主智主义的引进上。

中华人民共和国成立以后，革命根据地的"体育革命化、大众化"的红色体育思想在中华人民共和国得到了继承和发扬。1950年6月，针对当时广大学生健康不良的实际情况，毛泽东做出了"健康第一"的指示。1951年，政务院发布了《关于改善各级学校学生健康状况的决定》，提出"切实改进体育教学，尽可能地充实体育娱乐的设备，加强学生体格的锻炼"；"学生每日体育、娱乐活动或生产劳动时间，除体育课及晨操或课间活动外，以一小时至一小时半为原则"。① 1952年，教育部和国家体委联合颁布了《学校体育工作暂行规定》，其中明确指出："促进学生身心发展，增强体质，并对学生进行道德品质的教育，使他们能很好地完成学习任务，从事社会主义建设和保卫祖国。"从此，增强体质、健康第一，为生产建设和国防建设服务成为学校体育课程的主要目标，体育课教学带有一定的军事色彩。

1979年，教育部在扬州召开了学校体育工作会议，开启了学校体育思想多元化发展的新局面，各种国外的体育思想和体育教学理论与教学法，如结构教学法、快乐体育、成功体育、探索教学法等，开始在学校体育界广泛传播和实验。但由于多数论述和实验集中在课堂教学改革方面，对学校体育思想和体育课程理论少有涉及，因此在20世纪80年代以前，以"三基"（体育的基本知识、基本技术、基本技能）和"三中心"（课堂中心、教材中心、教师中心）为特色的主智主义体育教育特色并未发生根本改变。

3. 蓬勃发展时期：实现学生全面发展的需要

现今，随着社会经济、生活方式的发展和变化，体育已经成为一种社会文化，成为一门成熟的教育领域。体育的内容向着健康教育、心理训练、行为规范教育、安全教育等方面迅速扩张，体育知识和技能的总量也在急剧增长，新的体育教学内容和学习方式的变化改变了过去以竞技运动为中心的单一模式的教学方法，对体育教学方法提出了更高的要求。如果说

---

① 中国政务院. 关于改善各级学校学生健康状况决定 [Z] .1951 - 08 - 06.

20 世纪 80 年代以前的教学方法是以传授"三基"为主，而现代教学方法则是以学生身体的健康发展、增强学生体质为中心，根据社会发展的需要和学生的学习需要科学、合理地运用与之相应的教学方法实施体育教学活动，其教学方法适应了学生对体育知识技能的接收性学习和创造性学习的时代要求。

现在的体育教学不但要帮助学生掌握体育的知识和技能，帮助学生学会娱乐、学会锻炼、学会观赏体育，还要帮助学生建立自信心、形成良好的行为规范，还要帮助学生形成安全生活的能力等。随着现代体育教学内容越来越丰富，学生的学习知识、技术技能的方式越来越广泛，现代教学方法要以学生的学习为本，主张积极开展活泼的体育活动，使学生理解学习过程，从而掌握体育知识技能的学习方法，培养具有科学的思维方式、探求精神和创造能力的人。教师不再是知识的"传递"者，而是转换为学生学习的"引路、激励、组织、点拨、引导"者。现代教学方法以调动学生学习的积极性和充分发挥教师主导作用相结合为基本特征，不仅摆正了学生主体作用和教师主导作用的结合关系，而且具体地反映了师生合作共同完成学习任务性质的时代特色。

现代教学方法非常注重对学生学习方法的研究，强调以学生的学习为核心实施体育教学，以研究学生科学的学习方法作为创立现代教学方法的前提，探索研究适合学生学习体育知识技能的学习理论与方法体系，探索研究适合学生学习体育知识技能的教学模式、教学方法与教学手段，探索研究适合学生学习体育知识技能的教学规律，制定学生的最优学习方法体系。国外和国内的许多心理学家、教育家提出了种种学习方法的类型、风格与模式，进而提出了一些相应的教学方法。

通过现代体育教学理论体系的研究与多年的体育教学实践活动，体育教学模式、教学方法与教学手段在学校体育教学实践活动多年的相互磨合过程中，得到不断的改进与充实，逐步形成了较为科学合理的教学方法与教学组织形式应用模式，如体育课程教学的知识技能传递性教学模式、探究性学习教学模式、合作性学习教学模式、"快乐体育"教学模式等。随着科学技术的不断发展，特别是随着幻灯、电影、录像和计算机等影像媒体的发展，依赖运动表象建立的体育学习更是如虎添翼，体育教学方法正向着更高层次、更科学的方向发展。

综上可以看出，体育教学方法是随着体育教学实践的内外部条件的变化以及教学内容的发展而不断发展的。但是，体育教学方法的更新、发展，并不意味着一些基本体育教学方法的过时和消失，而且某一时代都有反映其特征的、具有代表性和倾向性的教学方法出现。这些方法可以反映出某一时期的社会生产和科学文化的发展状况，也可以反映出体育教学理论和体育教学实践的变革特点。

（二）学生自身的基础条件对教学方法的影响

学生是体育教学的主体，是体育教学过程中最活跃、最丰富多彩的变量。他们的体育实际情况包括年龄、性别、身心发展特点、体育知识技能等基础体育特征。针对学生这些发展与变化的体育特征，体育教学方法也会产生与之相适应的变化与发展。

1. 学生的个体特征

由于现代社会经济、生活水平的快速发展，人体生长发育速度加快，学生的身体发育、心理发展普遍提前。不仅不同年龄学生的思维水平以及兴趣、需要、情感、态度等都会有所不同，即使是同一年龄阶段的学生也会表现出一定的差异，如认知方式的差异、智力的差异、原有知识结构的差异、性格的差异、学习风格的差异等。教育心理学的研究表明，学生的个体差异能对教学过程产生重要影响。[①]

（1）智力水平达到高峰阶段

大学生的智力发展逐渐达到了最佳水平。随着知识的积累和实践经验的丰富，大学生抽象概括能力逐渐提高，已能够对不同事物进行比较全面的认识和分析，并加以对比，把握事物间固有的、内在的、本质的联系，从而抓住事物发展的某些规律。在思维方向上，大学生能够从不同的角度、用不同的方法思考问题。在认识的过程中，大学生能够运用所学的知识，综合地对问题加以分析。就思维的敏锐性而言，大学生对新事物、新问题敏感性强，喜欢怀疑、探索，思维活跃且富于想象，所以常能提出一些新的见解，思维中出现了更多的创造性成分。他们能够采用发散性思维方式，对同一个问题提出多种构想，并从不同方面展开论证，以求多种答案。他们不喜欢"统一模式"，总想"标新立异，与众不同"。大学生的这种思维倾向激励着教学方法朝着创造性的方向发展。

（2）学习的独立性与自觉性加强

学习的独立性与自觉性加强是大学学习与中学学习最大的不同。大学教学的目的是培养德、智、体全面发展的社会主义事业建设者和接班人。虽然大学生的学习按照教师的要求进行，但是与中学相比，大学开设的课程科目很多，而教学课时相对较少，很多大学教师很难像中学教师那样面面俱到。他们的授课方式往往是提纲挈领式的，只讲难点、疑点、重点或者是教师最有心得的一部分，要求做到少而精，其余部分就要由学生通过自学去攻读、理解、掌握，这要求大学生具有较高的独立性和自觉性，通过自己的学习来掌握更多的内容。同时，由于课时数的减少，大学有更多的时间由学生自行支配，这也要求大学生有更强的独立性去合理安排自己的学习时间。在不同的教学条件下，学生学习风格的差别也会产生不同的学习效果。场依存的学生喜欢别人向他们提供结构严密的教学，喜欢跟随教师的引导，注意同学们的反映；而场独立的学生则讨厌"菜单式"的指导，喜欢自己探索，不跟随大流。此外，学生的认知方式会影响他们的学习方式。有的学生习惯于听觉学习，有的习惯于视觉学习，有的则更喜欢通过触摸或各种感觉的综合来学习。这些特点都是教师在考虑教学方法时必须给予极大重视的。

（3）学生学习态度的好坏

学生的学习态度也会影响教师对教学方法的选择。若学生一心只以及格就好的态度对待学习，无疑希望教师所讲的内容越少越好。因为在传统"记笔记、背笔记、对笔记与考笔记"的教学方法之下，教师讲的东西越少，就表示将来考试的内容越少，从而对学生学习的压力就越小，因而就相应减轻了学生学习时的压力。随着就业压力与社会竞争的与日俱增，无论学习心态如何，学生都十分重视"拿证"（指英语四、六级考试与计算机等级考试等）科目的学习，因为相关的证书能够为以后带来实质的利益。对于非"拿证"科目的体育而言，就相对失去了学生的关注。因此，出于"惰性"或"功利性"，他们宁愿教师用传统的讲课方法给他们上课。学生这种不正确的学习态度，对新型教学方法的消极配合，会导致教师失去对教学方法创新的积极性，因此一味地选择传统的教学方法。

（4）意志水平明显提高但不稳定

---

①　李跃海，杨英，赫平佳．关于优化高校体育教学方法影响因素的分析［J］．辽宁教育行政学院学报，2009（5）：168－170．

随着社会知识经验的增多，大学生对社会、人生的意义有了更深刻的认识。他们的世界观、人生观、价值观逐渐确立，开始自觉地规划自己的人生道路，确立奋斗目标并据其制定具体的实施目标。在实现目标的过程中，他们出于对目标价值的认同和受到目标强烈的吸引激励作用，会为实现奋斗目标而克服前进道路上的各种困难和障碍，表现出坚强的意志力，这表明他们的意志发展已达较高水平。一般来说，他们的意志的自觉性和坚持性品质发展水平较高，但果断性和自制性品质发展相对缓慢，这主要表现在他们处理关键问题或采取重大行动时，有时优柔寡断、动摇不定，有时又草率武断、盲目从众。大学生的意志水平在不同活动中的表现不一样，即便是同一种活动，心境的不同也会使意志水平表现出较大差异。

（5）自我意识逐步成熟

大学生自我评价有了较高的客观性、连续性和稳定性。大学生自我评价同自己的客观实际比较接近，高估和低估现象逐渐减少。他们进行自我评价的方式有三种：一是能够从多个角度认识自我，明确自身的优缺点，进而有一个客观的自我评价；二是能够通过与他人做比较，从而认识自己的优势和劣势；三是能够从自身的成长过程，纵向观察、分析自己的进步速度。这些自我认识的方式表明，大学生的自我评价已经具有了连续性和稳定性的特点，这有利于以学生自主学习为中心的教学方法的开展。

（6）参与意识强烈

参与意识是个体积极参与各种事物的心理状态。大学生的参与意识，多受成长动机和表现欲所驱使。其更多地表现在参加校园内的各项学习、社会工作、文化体育活动中。绝大多数在校大学生都希望能够担任一些社会工作或参加各种社团活动，是因为他们认识到通过从事一些社会工作或参加社团活动，能学到更多的专业之外的东西，锻炼和提高自己的组织管理能力和社会活动能力，扩大知识面，使身心得到更全面的发展。同时，通过参与各项活动来表现自己的才能，获得他人的赞许，可以满足个人归属、尊重、自我实现等方面的心理需要。因此，教师可利用学生的这一心理，开展游戏教学法、竞赛教学法等开放型的教学方法。

2. 学生的集体特征

除了学生的个体差异外。学生的集体特征（如班级内学生人数的多少）也是影响体育教学方法选择与运用的一个不可忽视的因素。

大学生集体是指，大学根据一定的任务，按照一定的组织原则和规章制度组织起来的、具有共同目标和任务的大学生群体。大学生集体具有明确而统一的目的性，拥有集体的机构、集体组织的权威和集体成员的权利义务的协调一致性，有集体活动的准则及集体成员对各项准则的恪守。在集体生活中，学生的集体主义占主导地位。集体成员在政治上、人格上平等，互相关心，互相支持，团结友爱，互相合作；在思想感情和观点信念上一致，能做到心理相容。集体成员的自我感觉与情绪状态，集体中人际关系的状态和心理相容的程度，集体的价值观、舆论水平、行为规范的执行状况以及成员对所属集体的热爱与归属程度、集体对其成员的参照水平，等等，都会对教学方法的选择产生影响。

因此，为了更好地安排体育教学的内容，实现体育教学的目标，促进体育学生主体的个性发展，我们在选择体育教学方法时必须充分考虑学生的个体差异和集体特征，从而保证绝大多数学生能完成体育课程学习目标，并且使每个学生都能体验到学习体育的乐趣，以满足学生自我发展的需要，促进学生的全面发展。

（三）高校体育教师自身的素质对教学方法的影响

教师不仅以自己渊博的知识、教学能力和各种有目的、有计划的教育措施作用于学生，而且以自己的全部心理品质影响着每一个学生的心灵。

社会对高校教师角色期望的多样性，决定了高校教师所扮演角色的多样性。教师承担着系统地、准确地向下一代传授文化科学知识、指导学生学习和发展学生智力的任务。这一职业特点决定了教师在学校教育中首先应充当好教书育人的角色。一般来说，学生的学习、社团等活动都是以集体方式（尤其是班集体）进行的。在学校工作中，教师除了教书育人以外，还要充当行政管理的角色，做学生集体的领导者和课堂纪律的管理者。教师还应根据学生所处的客观环境和情境，帮助学生对时间、空间、对象等进行识别和判断，充当心理导向的角色，做人际关系的协调者和心理卫生工作者。另外，教师要提高教书育人的效能，就必须不断发掘自身的潜能，不断创新，与时俱进，学习学科专业知识，学习教育理论，掌握教育规律和技巧，做终身学习者。可见，学生在学习过程中的主体作用与教师在教学过程中的主导作用是相辅相成的，有着互不矛盾的辩证关系。

教师是教学活动的组织者，其主导作用在教学过程中贯穿始终。教师工作虽有明确分工，但每一位教师都担负着使学生在德、智、体、美、劳诸方面均得到发展的责任。教师如何在复杂多变的条件下，把一定的教育内容转化给遗传素质、知识状况、智力水平、兴趣爱好、性格气质等各不相同的教育对象，有赖于教师长期的、循序渐进地去进行工作。教师的工作成果凝聚和反映在学生的身心发展上，其工作效果取决于教师个人的知识和修养水平，取决于教师个体脑力劳动的成效，取决于教师的自觉性和创造性。

教学方法是由教师直接操控的，每一位教师都能对自身的教学方法进行某些控制，通过教师个人的努力，教学方法改革的杠杆作用会更大。因此可以说，教师是教学方法改革的一个直接且关键的起点，教师的素质是影响教学方法改革的根本因素。从这个意义上讲，教师是教学方法改革的直接动力，[①] 对教学方法及其改革具有举足轻重的作用。

从现代高等教育发展理论来看，高校教师应该具备以下几种素质。首先，教师要具备完善的能力素质，主要包括教学操作能力、教学监控能力、教学反思能力、语言表达能力、获取新知识的能力、运用科学手段洞察学生的能力、有效影响学生的能力、及时发现与妥善处理学生心理问题的能力、开展教育科学研究的能力及自主创新能力等。其次，教师要具备一定的心理素养，具有对成为一个成熟的教育教学专业工作者的职业信念，具备优秀的职业性格，做到真正理解学生、善于与学生相处，并充分了解自己。最后，教师要具有高尚的人格，对工作有事业心、责任心，做到言传身教。

"如果一位教师懂得教育、教学理论，且又乐于在教学实践中不断探索有效的教学方法和途径，那么这位教师肯定会比那些不熟悉教育、教学理论与技能，单凭热情来教书的教师之教学效果更好，或者在达到同等教学效果的过程中所付出的劳动更少、时间更短"。[②] 关于这一点，有这样一个形象的说法：大学教师的教学不是学者的效率与教育者的效率之和，而是两者之积，如果其中一个系数为零，那么其结果也必然为零。如果一位教师重视和加强

---

① 迈克·富兰著. 变革的力量——透视教育改革［M］. 中央教育科学研究所，加拿大多伦多国际学院译. 北京：教育科学出版社，2000.

② 潘懋元，王伟廉. 高等教育学［M］. 福州：福建教育出版社，2013.

教育、教学理论以及技能方面的学习和研究与正规训练，提高教育科学理论素养，那么这位教师在教学改革中必然能有效地认清方向，减少盲目性，多一些自觉性，使教学活动符合教学规律、富有成效，从而提高教学质量。毋庸置疑，"那些公认教得好的教师，必然都自觉或不自觉地符合了教学方法使用的科学原理、规范和程序，然后才在此基础上发挥了教学艺术的作用。"① 从辩证唯物主义的观点看，任何有意义的行为都是需要理论来指导的，或者说其中隐含了一定的理论。相应地，有些教师（一般为老年教师）从来没有学过教育学理论却能把课上得很好的原因在于，他们已经在长期的教学实践活动中总结形成了一套合适的教学方法，从而在上课时自动化地隐含了一定的教学方法理论。体育教学是一项实践性很强的活动，理当有一定的教学理论来指导，而且现代体育教学更需要现代教学理论来指导。

总之，体育教师自身所具有的教学经验、专业理论和技术水平、个性品质特征以及教学风格等都直接关系到体育教学方法的选择和运用。另外，教师的某些特长、某些弱点和运用某种方法的实际可能性都应成为选择体育教学方法的重要依据。所以教师在教学过程中，应注意了解自己，学会学习，善于反思，善于总结、善于研究，善于发现，分析自己的长处和短处，做到扬长避短，协调影响学生学习的诸多因素，并根据教学内容及学生学习过程中的个体差异与集体特征设计教学，逐渐形成有自己特色的教学风格，切不可盲目效法他人。

（四）高校体育教学环境对教学方法的影响

人类的任何活动都是在一定的环境中进行的，环境影响人的生存和发展，人类的任何活动都与环境的影响息息相关。环境对人类来说，指的是人类生活于其中并能影响人类的一切外部条件，包括自然的和社会的环境。②

教学环境是一种特殊的环境，是学校教学活动中所必需的各种客观条件和力量的综合，是按照培养人、造就人的特殊需要而组织起来的。广义的教学环境包括社会制度、科学技术、家庭情况、亲朋邻里等。狭义的教学环境是特指与学校教学工作关系密切的环境，包括学校教学活动的场所、教学设施、校风班风和师生人际关系等。我们一般所指的教学环境主要是指狭义的教学环境。教学环境是教学活动必不可少的一个前提条件，它对教师的教与学生的学产生广泛的影响，并把教学活动导向不同的境界。

教学环境可分为物理环境和心理环境两类。教学的物理环境指的是师生双方教与学活动所处的客观环境，如学校建筑、校园、校舍、教学设备，教室中的色彩、照明度、温度、背景噪音，班级规模，座位排列方式，等等。教学的心理环境指的是教师与教师、教师与学生、学生与学生等人与人之间的相互作用而形成的心理环境，如师生人际关系、校风、班风、课堂教学气氛等。教学的物理环境和心理环境互相影响、互相促进，共同作用于学校的教学活动。

教学环境对教学活动及个体发展所产生的一切影响，都是通过自身的功能属性表现出来的。教学环境最基本的功能就是促进学生全面和谐健康发展，实现育人的目的。随着现代教学环境内涵和外延的变化，现代教学环境的要素结构推动着现代教学环境功能的发展和内容变化。一般来说，现代教学环境具有教育导向、凝聚激励、传播整合、娱乐调节和美育等功能。

---

① 潘懋元，王伟廉. 高等教育学［M］. 福州：福建教育出版社，2013.

② 谢利民，郑百伟. 现代教学基础理论［M］. 上海：上海教育出版社，2003.

体育教学与其他学科相比一个明显的区别就是教学环境的不同，除了少数教学主题在教室内进行，其余大部分教学内容是在室外完成的。体育教学活动的空间需要适当放开、放大，才能完成体育教学的内容、实现教学目标。比如，只有为学生提供了足够的室外体育空间，才能让学生放开手脚去奔跑、跳跃、竞赛、表现，这个室外空间对于学生和体育教学活动来说既是基本条件，又是一种导向性或吸引学生的手段。因此，因地制宜地创设体育教学的空间环境，是达到更好的体育教学效果、潜移默化地培养学生体育意识的重要因素。

从另一个层面来说，体育教学内容的学习同样放大了学生的身体动作和身体感知，改变和放大了学生平时生活中的身体动作，放大了学生对各种空间变化的感知觉，是学生对世界另外一种方式的认识和体验。比如，学生练习前滚翻、侧手翻、跳远、投篮、扣球等动作，这些动作的空间完成程度远远大于生活中的身体动作，学生在这些动作的练习中获得不同的身体感受，改善自身的本体感觉和肌肉控制能力，通过身体动作来体验力量、速度、优美、宁静、勇敢、坚毅等，这是我们运用身体动作的空间变化而获得的对世界的另外一种认识。当然，这种放大的空间也为体育教学工作带来了一些难题。例如，一个教师在放大的空间上为五六十名学生进行教学，在组织和教学的有效性上有一定难度，教师在进行各种动作教授的同时，要考虑运动安全及如何照顾到所有学生等问题。

只有健康的教学环境才有健康的教学方法。体育教学方法要依靠的辅助手段，就是如何有效发挥物质与技术方面的优势，包括合理利用各种运动器材、保护设备，选择良好的运动环境，或提供必要的变化教学手段，以便为教学方法的具体运用创造有利条件。

教学设备是体育教学环境中的一个重要因素。体育教学的设备条件主要是指体育教学的场地、器材等。体育场地、器材是体育教学过程得以展开的最根本的物质保证，也是现阶段加强素质教育、提高体育教学质量、增进学生健康的物质保证。如果这些条件不具备，就会限制某些教学方法的选择与运用。体育教学设备条件对体育教学方法功能的全面发挥有着一定的制约作用，特别是现代教学手段的充分运用，会更进一步地开拓教学方法的功能和范围。比如，一堂球类课能有几个场地、多少球可供使用，场地的标准化程度如何，是否画有明显的场地标志，都直接影响教学方法的选用；进行健美操、艺术体操、武术等教学，若具有良好的室内环境和其他辅助设备，自然对提高教学方法的实施效果十分有利；而对要在水中进行的游泳教学来说，提供浮板或多媒体音像等辅助手段，势必会大大缩短学会游泳的时间；至于有些危险性相对较大的器械体操、攀岩等项目的教学，假如没有必要的保护设备，就会使有些教学方法不能采用。教师在选择体育教学方法时，应在时间允许的情况下最大限度地运用和发挥体育教学设备的功能与作用。

师资不足对教学方法的影响也是直接的。例如，以前一个班级只有二三十人，现在却增加到近四十人；以前一个教师每次只需给一个班级上课，而现在却需要同时给二个甚至更多的班级上课。这样，教师不仅上课的压力大，而且对学生学习效果的掌握程度也很有限，因此根本无法对全体学生的学习情况有清晰的了解。加之学生人数增多后，每个学生能够与教师直接交往及对话的平均时间相对减少了，导致教师与学生的关系相对疏远。师生关系直接影响到教学方法的开展。大学教师与学生的关系不是教育者与被教育者之间的关系，而是一种"共栖"的关系。在教学过程中，学生因为教师的存在而获得了发展，教师在引导学生学习的过程中，自身能力也获得了提高。现代教育学与心理学的研究成果表明，教与学矛盾的解决，不仅取决于教师具有渊博的知识和先进的方法，更取决于教师能够迅速地缩短进而消除与学生之间的心理距离，使学生对教师形成信任感和亲切感。因此，体育教师应该注重处理与学生的关系，真正树立起平等的观念，做学生之友。同时，学生应重视与教师的交往。唯有如此，教学才能达到事半功倍的效果。

第三节　高校体育教学方法的选择与应用

一、高校体育教学方法的选择

（一）选择高校体育教学方法的依据

1. 体育教学目标

体育教学目标的主要特征之一是多层次性，身体发展目标、技能发展目标、知识发展目标、社会发展目标和情感发展目标等是体育教学目标的不同层次。在体育教学中，教学目标并不是孤立的，它是多种目标的综合，而每一单元、每一堂课目标的侧重点是不同的。因此，教师在教学过程中应根据具体的课堂教学目标选择重点发展某一方面的教学方法。课时教学目标是体育教学总目标的具体化，这一目标具有很强的指导性。它既有相应的运动技能和运动理论方面的知识，也有心理和品质品格方面的内容，针对这些不同的教学目标，教师应选择与之相匹配的教学方法。

2. 体育教学内容

体育教学内容与教学方法之间具有密切关系，如对一些技术动作的教学内容应采用主观的示范操作的方法，而对一些原理和知识结构方面的内容则应注重运用语言法进行讲解。不同性质的体育教学内容应采取相应的教学方法。每一种教学方法为实现一定的目标而运用在某一教材内容时，其效果也会表现出一定的差异性。因此，在体育教学过程中，教师应注重教学方法的灵活性。

3. 体育教学环境

教学环境对教学方法的选择产生重要的影响。教学环境包括场地器材、班级人数、课时数等，外界的社会文化环境也会对教学环境产生重要的影响。教学环境必然会对教学方法产生制约作用。例如，一些直观教学方法需要借助一定的教学器材才能实现相应的教学目标，而学校体育教学资源的具体情况在一定程度上对教师采取的教学方法具有决定作用。

教师在体育教学过程中应充分利用现有的教学环境，选择合理的教学方法，最大限度地利用现有的场地、器材条件。

4. 学生的实际情况

在教学过程中，教学方法的实施对象是学生。教师采用多种教学方法的最终目的是促进学生更好地学习。因此，教师在选择相应的体育教学方法时，应与学生特点及其实际情况相符合。学生的实际情况表现在多个方面，包括学生的年龄特点、性别特征、身心发育状况以及相应的知识储备和学习能力等。

学生处于不同的年龄阶段，其身心发展过程也具有阶段性的特点。对于大学生而言，低年级学生和高年级学生的身心发展特点会表现出鲜明的差异性。另外，男女性别上的差异性也会导致其对于体育的态度有所不同，因此，教师应采取合适的方法，充分调动学生体育学习的积极性。学生的经验和知识储备以及其相应的学习能力也是教师选择不同的教学方法的重要依据。对于知识储备量较为丰富，已经掌握了基础知识技能并且学习能力较强的学生，其在学习新的体育技能时能够更快、更好地掌握，此时，教师可采用合理的教学方法促进学生的技能水平向着更高的水平发展。

5. 教师的自身素质

体育教师是各种教学方法的实施者，其自身素质对于教学活动的效果产生重要的影响。体育教师如果能力和素质有限，则其将不能发挥相应的教学方法的作用，从而对教学活动产生消极的影响。因此，体育教师在选择相应的教学活动时，应对自身的专业素养、能力水平以及教法特点有客观的理解。

通常情况下，体育教师所熟练掌握的教学方法越多，则其越能够根据自身以及学生的实际情况选择出最佳的教学方法。不同教师根据学生实际状况采取同样的教学方法，也会得到不同的教学效果，可见教师自身条件极大地影响着体育教学活动。所以，教师要有提高自身素质、认识自身教学风格的意识，并通过积极的学习增强自身的素质，尝试和掌握更多的教学方法。

（二）选择体育教学方法的要求

1. 一般性要求

相关研究表明，教师在对体育教学方法进行选择与配合时，应当考虑并达到的一般性要求包括六点：第一，体育教学方法必须符合教学规律原则；第二，体育教学方法必须符合体育教学的教学目标；第三，体育教学方法必须符合体育教学内容的具体特征；第四，体育教学方法必须符合学生学习条件的可能性；第五，体育教学方法必须符合教师实际条件的可能性；第六，体育教学方法必须符合学校的教学条件，并且具备较为显著的功能与效果。

2. 具体要求

（1）体育教师要全面了解各项体育教学方法，倘若体育教师对各项教学方法没有做到深层次掌握，那么选择就无从谈起。体育教师在了解体育教学方法时，不仅要了解动作技能形成的方法，还需了解传授体育知识的方法，另外，也需要了解发展学生个性、开展思想品德教育以及锻炼身体的方法等。体育教师只有全面了解与掌握多种体育教学方法，才能依照体育教学的实际要求，选择富有针对性和实效性的体育教学方法。

（2）体育教师要遵循多中选优原则，原因在于各项体育教学方法均有其自身的优势与劣势，均有其自身的独特性能，但是尚未有任何一项体育教学方法能够达到万能的要求。因此，体育教师在对体育教学方法进行选择时，必须达到全面了解与掌握体育教学方法的要求，随后才能结合体育教学的实际状况，在众多体育教学方法中选择出最能发挥其独特性能的教学方法。为了真正达到从中选优的要求，所有体育教师均需建立一个具有个性化特征的教学方法"仓库"，以体育教学方法的具体性能为主要依据，将其编成系列（如将其编成卡片），将性能相同或者相近的体育教学编成一类，当体育教师需要选取适宜教学方法时即可从中选取。

（3）体育教师要采用比较的方式，从中选优。不同的体育教学方法能够实现相同的目标，至于使用哪一种教学方法的效果更佳，则需要教师对具体教学方法进行多方面比较，从而实现从中择优的目的。体育教师可以对学生理论知识的掌握情况、运动技能、身体素质水平、自身个性的发展情况、思想品德和行为习惯的培养情况进行认真分析与比较，充分考虑特定体育教学方法的适用范围和适用条件，具体教学方法解决哪些教学任务最为适宜，结合哪些教学内容最为适当，与哪些类型的学生最为符合，对教学环境的具体要求等多项内容展开综合比较，逐级筛选，最终做出最为恰当的选择。倘若体育教师能够达到这些要求，则为高效运用体育教学方法奠定了坚实的基础。

（三）选择体育教学方法的注意事项

1. 注意师生之间的协调配合

在体育教学过程中，教师和学生的默契配合是取得良好教学效果的重要保证。教学活动不存在没有"教"的"学"，也不存在没有"学"的"教"。因此，不管是何种教学方法，都应考虑到"如何教"和"如何学"两个方面的问题。

传统体育教学片面强调以教师为中心，教学方法也只是注重教师"如何教"的问题，而对于学生在教学过程中的作用则选择性地忽略了。例如，教师在示范动作时，只考虑动作的优美和协调性，而没有考虑学生的感受，从而使得学生的学习效果不佳，影响教学活动的开展。因此，体育教学方法的应用应考虑师生双方的合理配合，避免两者脱节，这样才能取得良好的教学效果。

2. 注意学生内部与外部活动的配合

学生的学习过程是内部活动和外部活动的综合体现，内部活动是学生的心理活动以及相应的生理生化反应等方面，外部活动则是其动作质量、情绪、注意力等方面。首先，在选择相应的教学方法时，教师应注重两者之间的配合；其次，在选择体育教学的方法时，教师应善于分析学生的内外活动变化，有机结合指导学生外部活动的方法与激发学生内部活动的教学方法，以促进学生主动积极地参与到体育学习中；最后，在选择体育教学的方法时，教师应对多种教学方法进行对比分析，从而确定最佳的教学方法。在教学过程中，教师应明确不同的教学方法适应什么样的教学内容，能够解决什么样的教学问题，能够对什么样的教学对象起到更好的作用，等等。

3. 注意不同学习阶段的前后配合

在学习过程中，学生在不同的学习阶段会表现出不同的特点。体育教学方法的应用应考虑到学生学习知识的不同阶段的前后配合。例如，在动作学习过程中，体育教学方法应注重"模仿型"向"创造型"的过渡，并实现二者的有机结合。

学生的学习过程是由不了解到熟悉的过程。在学习的初始阶段，学生通常以模仿（模仿教师或他人）学习为主，之后，学生就会形成动作定式而完全摆脱模仿，从"模仿型"过渡到了"创造型"。这两个阶段之间既具有一定的联系，又相互区别。因此，教师在运用教学方法时既要防止两者之间的互相代替，又要防止两者之间的割裂。

二、高校体育教学方法的运用

（一）高校体育教学方法的优化组合运用

1. 优化组合运用的原则

（1）最优性原则

不同的教学方法其特点、功能和应用范围都会有相应的差异性，各教学方法都有其优缺点。因此，教师在对教学方法进行组合运用时，会形成不同体系的综合教学方法，每一套教学方法都有其鲜明的特点。教师在进行教学方法的优化组合时，应根据实际情况，选择一套最符合实际情况的教学方法。教师在选择教学方法时，应从整体入手，将各种教学方法进行有机结合，充分发挥教学方法体系的整体功能。

（2）统一性原则

统一性原则要求教师在选择相应的教学方法时注重"教"与"学"的统一，使得两者之间密切结合、相互促进。如果只强调其中的一方面，则教学活动就不会取得良好的效果。另外，统一性原则还要求教师在教学过程中将教学方法的多种功能充分地发挥出来，促进学生素质的全面发展。

（3）启发性原则

不管是何种形式的教学方法，都应该能够更好地调动学生的积极性和自觉性，促进学生进行积极思考与探索，促进学生全面提高自身素质。在体育教学活动中，教师应注重学生兴趣和动机的培养，发展其自主思维和学习的意识。

（4）创造性和灵活性原则

在选择体育教学方法时，教师应注重发挥学生的创造性，应对教学方法进行积极的改进和创新，使其更加适用于自身的教学实践活动。只有这样，教师才能够使教学方法的功能最大化，才能与教学水平的发展相适应，从而取得较好的教学效果。

教学活动是一个动作的过程，教师在课前设计的相应教学方法可能在具体的教学实践中面临多方面的问题，这就需要教师能够灵活应变，根据实际教学情况，对所选的体育教学方法灵活地、创造性地运用。

2. 高校体育教学方法优化组合的程序

（1）进一步明确体育教学任务

选择不同的教学方法要以教学任务和教学目标为主要依据。因此，教师应将一节课的具体教学任务进行分析和细化，制定出相应的详细任务规划。

（2）联系实际情况将总体设想提出来

教师通过对教学任务、教学内容、学生的具体情况以及教学的外部情况等进行分析，对相应的教学方法进行评估和分析。在提出教学的总体设想时，教师应将教学方法的可行性和适用性充分考虑进来。

（3）对多种体育教学方法加以优化组合

教师制定教学方法和教学方法的具体方式及细节表，对于各种教学方法进行分析，并对其不完善的地方进行相应的补充。在此基础上，将优化组合后的教学方法应用于具体的教学实践过程中。

（4）对优化组合的教学方法进行实施与评价

在高校体育教学过程中，教师应对教学方法产生的效果进行跟踪了解，可通过学生反馈的形式了解具体情况；对于教学方法的反馈信息进行归纳和分析研究，并对教学方法做出相应的调整；在以后的教学过程中，要不断地总结经验和教训，促进教学方法的不断优化。

（二）常见高校体育教学方法的具体运用

常见的高校体育教学方法主要有语言教学法、直观教学法、完整教学法、分解教学法、预防与纠错教学法，具体运用如下。

1. 语言教学法

语言教学法即教师在教学活动中通过对学生进行语言指导，从而达到相应的教学效果的方法。作为一名教师，能够正确、简明、形象地使用语言，对于学生的学习和教学工作任务的完成具有重要的意义。正确地使用语言，不但能够使学生更好地理解相应的学习目标和任务，还能够促进其对相应的知识和技能进行快速掌握。由此可知，在体育教学过程中，教师应注重语言法的运用，注重语言的技巧。在大多数学校的体育教学中，语言法的运用形式有讲解、口头汇报、口头评价以及口令和指示等。

（1）讲解法

讲解是指教师将相应的动作要领、方法和规则要求等方面的知识向学生进行说明，其目的在于更好地指导学生进行相应的运动技能的学习和掌握。讲解法是较为常用的教学方法，教师在运用时应注重以下几个方面的问题。

首先，要明确讲解的目的，根据教学目标、教学内容和学生特点进行讲解。在讲解过程中，应对自身的语速、语气进行调节，并抓住教学内容的重点和难点，具有一定的目的性和针对性，这样才能使学生明白哪些是重点和应该着重理解的方面。

其次，在进行讲解时，应注重其内容的正确性，不管是具体的工作原理还是相关的基本知识，都应做到准确无误。另外，还应注重讲解的方式要与学生的学习情况和学习能力相适应，使学生能够更好地接受相应的知识。

再次，为了更好地使学生理解相应的技术动作，讲解要做到生动形象、简明扼要。具体而言，在讲解过程中应注重将新的技术动作和知识内容与学生已经了解和熟悉的内容联系起来，使学生更好地理解相应的技术动作。另外，教学时间有限，学生的注意力集中程度也会随着学习时间的延长而有所下降，因此应抓住重点，简明扼要地进行讲解。

又次，在内容讲解过程中，一些知识体系和技术动作不能孤立起来，要注重启发学生的发散性思维和创造性思维，使学生能够触类旁通、举一反三，更好地理解相关的知识，达到学以致用的目的。

最后，应注重讲解的时机和效果。在讲解相应的内容时，首先应选择合适的站立位置，确保每个学生都能够听到相应的内容。另外，给学生进行讲解时，应充分调动其好奇心和积极性，如此才能取得更好的效果。

（2）口头汇报法

口头汇报是教师了解教学效果的一项重要方法，这种方法要求学生根据教学需要，向教师表述学习心得和有关教学内容、方式和疑难问题等相关方面的问题。通过学生的口头汇报，教师能够明确自身在教学过程中的不足，为提高和发展自身的教学水平提供相应的依据。对于学生而言，通过这种方式不仅能够培养其语言表达能力，还能够促进其进行积极的思考，加深其对于教学内容的理解。因此，在教学过程中安排相应的口头汇报不仅有助于教师和学生素质的提高，还有助于整体教学质量的提升。

（3）口头评价法

口头评价同样是一种重要的语言方法，对于学生的动作完成情况以及课堂表现给予相应的口头评价，能够更好地促进学生的学习。

口头评价包括积极的评价和消极的评价。积极的评价即对学生的正面鼓励，这能够在一定程度上激发学生的积极性，促进教学活动的更好开展；消极的评价则是否定性的评价，这种评价往往指出学生的不足，明确其提高的方法和努力的方向，用这种方式时应注重语气和口气。

（4）口令、指示法

在体育教学过程中，教师需要借助多种口令和指示，如"立正""跑""转体"等。这些语言简短有力，能够很好地指导学生进行相应的技术动作的学练。需要注意的是，在运用这些口令和指示时，教师应注意把握其时机和节奏，否则会造成学生动作不协调和出错。另外，教师还应注重发音洪亮有力，不仅要使学生能够清楚地听到，还应给学生以势在必行之感。

2. 直观教学法

直观教学法是体育教学中较为常用的一种教学方法，通过相应的直观的方式作用于人体的感觉器官，引起相应的感知，从而实现体育教学目的。在实践过程中，人们认识事物时都是首先从感觉器官的感知开始的，因此，直观教学法能够使得学生更易于理解相应的教学内容。直观教学法的运用形式主要包括动作示范、条件诱导、多媒体技术、教具和模型的演示等。

（1）动作示范法

动作示范是指教师采取一些示范动作使学生对技术动作的形象、结构和要领进行掌握的基本方法。通常在进行动作示范时，教师可亲自进行示范，也可指定学生进行动作示范。在采用动作示范方法时，教师应注重以下几个方面的问题。

首先，在进行动作示范时，应具有一定的目的性。如果是为了使学生了解动作的基本形象，示范动作可稍快；如果是为了使学生了解相应的动作结构，并引导学生进行学习，则动作示范应稍慢，可略夸张；如果是示范相应的重点和难点动作，可多示范几次。

其次，示范动作一定要注重其正确性，避免对学生形成误导。在进行相应的讲解时，不仅要注重内容的正确性，还要体现出教学内容的特点，并与学生的学习能力相适应，提高学生的学习兴趣。

再次，在进行动作示范时，应保证全体学生都能够看到。因此可让学生呈圆圈形站立或者是错位站立。

最后，在进行动作示范时，一般会配合相应的讲解方法，使得学生能够更好地理解。可采用先示范后讲解、边示范边讲解和先讲解后示范等方式。

（2）条件诱导法

条件诱导法也是较为常用的一种教学方法，以某种条件为诱因，并与相应的动作建立联系，从而达到相应的教学目的。例如，通过相应的音乐伴奏和喊节拍的方式，形成一定的动作节奏感；通过简单的语言提示，学生的动作能够流畅进行。除此之外，也可设置相应的视觉标志，指示学生进行相应的动作方向和运动轨迹、幅度等方面的操作。

（3）采用多媒体技术法

图片、视频等是多媒体技术的主要内容，在运用多媒体技术时，应注意播放内容要与体育教学目标相适应，并有机结合图片、视频与讲解示范练习。多媒体技术虽然在教学过程中得到了普遍的运用，但是在体育教学过程中，其应用并不广泛。这与体育教学在户外授课、器材运用不方便具有很大的关系。

（4）直观教具与模型演示法

在体育教学过程中，对于一些高难度的动作可采用图表、照片和模型等直观方法进行辅助教学。教师通过运用这些教学工具能够使学生更加易于理解相应的技术结构和动作形象。另外，对于一些战术配合，也常采用模型演示的方式进行讲解。

3. 完整教学法

完整教学法指的是从动作开始到结束，完整地进行教学和练习的方法。一般在技术动作的难度不是很高或技术动作不可进行分解时，会采用完整法进行教学。另外，在首次进行动作示范时，也会采用完整法来进行动作技术形象的示范。完整法的优点在于动作协调优美、结构简单、方向路线变化较小，各环节之间具有密切的联系。其缺点在于对一些复杂的动作而言，采用这种教学方法会为教学带来一定的困难。

为了便于学生学习，促进教学活动更好地开展，教师应注重几个方面的问题：首先，在讲授一些简单和易于掌握的动作技术时，可以先进行完整的动作示范，示范之后，学生直接完成完整的动作练习；其次，有些技术动作无法分解时要采用完整教学法，需要注意的是，在采用这种方法时，要对其中的各项要素进行必要的分析，但不能拘泥于动作的细节，要从整体上进行把握，确保动作的完整性和流畅性；再次，对于一些难度动作，可适当地降低其难度，可先通过降低难度或是徒手完成相应的动作，在此基础上逐渐增加难度，降低难度时不能使技术动作出现错误，对于一些器材的质量以及高度、距离等标准可适当降低；最后，采用完整法进行教学时，可适当改变外部的环境条件，在外力条件的帮助下完成相应的完整动作。

4. 分解教学法

分解教学法即将完整的动作划分为几个部分，逐步使学生掌握完整的动作技术。这种方法适用于难度相对较高，并且动作可分解的运动项目。采用这种教学方法能够将复杂的动作分解为简单的动作，从而使技术难度降低，更加有利于学生的学习和掌握。但是，这种方法也有其缺点，即它注重对于局部动作的分解把握，可能在一定程度上使得学生对于整体的理解不全面。因此，分解教学法和完整教学法通常结合使用。

运用分解法进行教学需要注意的问题是：第一，应仔细分析动作技术的特点，采用合理的方式对其进行分解，注重时间、空间等方面的有序性和统一性；第二，将完整的技术动作分为多个环节时，应注重各个环节之间的联系，注重动作结构之间的联系性；第三，在熟练掌握各阶段的动作之后，要注重各个环节之间的动作衔接，要保证其过渡的流畅性，形成有机的整体。

5. 预防与纠错教学法

为了纠正和防止学生在练习过程中出现和可能出现的错误动作，教师在教学过程中经常采用预防与纠错教学法。在教学过程中，学生对于各种动作技术的掌握不标准和出错的状况是不可避免的，教师应正确对待，并注意进行有意识的引导和纠正。

预防和纠错是相互联系的。预防具有一定的超前性，要求对于可能出现的错误动作进行积极的引导，并要对其出错的原因进行分析；纠错具有鲜明的针对性，针对学生的错误动作采取相应的纠正措施，并分析出错原因。预防与纠错方法的运用形式有以下几种。

（1）语言表述法：为了使学生建立起正确的动作概念，应注意动作细节与要点描述的准确性，使学生能够明确理解各种技术动作的标准和结构顺序。通过这种方式，学生能够建立正确的动作意识。

（2）诱导练习法：为了使学生的动作准确无误，可采用诱导性的教学方法，使学生达到相应的教学要求。例如，学生在做肩肘倒立时，不能将腰腹部挺直，针对这种情况，可采用在垫子上方悬一吊球，让学生用脚尖触球，这样，学生就可以挺直腰腹部了。

（3）限制练习法：在进行相应的动作练习时，设置一定的限制条件，有助于错误动作的纠正。例如，在进行篮球投篮练习时，为了使学生投篮动作更协调、标准，可练习罚球线左右的投球练习，使学生掌握正确的投篮方式。

（4）自我暗示法：学生在进行相应的动作练习时，为了保证动作的准确性，在练习中有意识地暗示自己达到要求的方法。例如，在进行篮球的投篮练习时，学生可暗示自己投篮时手指、手腕的动作要标准，使得自身的投篮动作准确无误；再如，在奔跑练习中要暗示自己注意后腿充分蹬地。

（三）运用高校体育教学方法的注意事项

1. 注意高校体育教学方法效果的影响因素

在合理应用高校体育教学方法时，为了取得良好的教学效果，体育教师要加强与学生之间的协调配合。在高校体育教学实践活动中，教学方法所产生的效果受体育教师的知识储备、人格魅力以及教学技艺等方面的影响。因此，提高体育教师的素养对于体育教学方法使用的效果将会产生积极影响。

需要强调的是，体育教学是教师与学生之间的双边互动，学生因素对于教学方法运用的效果也产生重要的影响。同时，学生能动性的发挥情况对于教学方法的运用效果产生重要的影响。例如，学生没有太大的兴趣参与到体育课教学中时，在课堂上就会注意力不集中，即使体育教师使用正确、生动、形象的讲解方法或准确、协调、优美的动作示范，学生依然不会提高参与课堂学习的兴趣与积极性。

除教师与学生两项因素外，体育教学方法的运用效果还会受到体育教学物质条件和环境的影响。例如，在进行篮球运动教学时，如果是在较为干净的室内塑胶场地上，学生在奔跑和起跳时的心理状态与在水泥地面上时是不同的，在室内塑胶场地上，学生在起跳落地时，可以做出相应的保护性动作，能够有效避免受伤。因此，我们在强调教学主体主观因素的同时，也不可以忽略物质和环境等客观因素。

2. 注意体育教学方法有关理论的运用

有关体育教学的理论源于实践，但又高于实践，是科学总结体育教学实践的结果。因此，体育教学方法既要注重实践方面的问题，又要注重理论方面的探索。如果体育教学的相关理论具有一定的片面性，则其体育教学的方法也会表现出一定的片面性。

在高校体育教学过程中，体育教学方法理论的运用应综合考虑以下几个方面：其一，辩证唯物主义与唯物辩证法的基本观点；其二，系统论原理，深化理解体育教学系统；其三，教与学、心理学等与体育教学有关的学科理论知识；其四，普通教学论和体育教学论是体育教学方法直接的理论基础；其五，对当代各学科的先进理论成果进行借鉴和吸收，创造性地应用相应的理论和方法。整体而言，在体育教学过程中，我们要应用新观念、新理论指导体育教学工作，不断对体育教学的方法进行创新，并充分发挥各种教学方法的效用。

第三章 高校体育教学中领会教学法的创新研究

第一节 领会教学法的理论依据

一、领会教学法的概念界定

领会教学法是一种注重学生认知能力和兴趣的新兴教学思想，它不同于传统的体育教学方法，不是由教师先行演练体育项目，而是让学生一开始就对体育项目有一个全面的认知。该教学方法最早是由英国学者在 20 世纪 80 年代提出的。该教学方法最早应用于球类教学之中，英国学者期望用这种教学方法改变球类教学只追求技能而忽视学生对运动项目整体认知的现象，以求提高体育教学的质量。领会教学法的主要内容包括六个方面：介绍体育项目、进行比赛概述、培养学生的战术意识、训练学生的瞬间决断能力、进行技巧演示、完成教学动作。它的特点主要是在教学过程的改变上。过去的体育教学都是注重运动技巧和技能的传授，多是单纯的技术或者战略学习，领会教学法则对传统教学方法进行了改变。它注重从局部开始分解教学，首先可以让学生对一个运动项目有一个整体的认知，以便他们形成运动意识和战术策略，在教授学生体育技术之前就让他们明白为什么要选择这个战术策略。

二、领会教学法的理论基础

"以人为本"的教育理念认为，教育的根本目的是"一切学生的发展和学生的全面发展"。体育教育是现代教育的有机组成部分，与现代教育的目标一致，都是着眼于人的身心完善，在全面发展中培养人才。因此，教法创新不仅是为了把那些素质好的学生教得更好，而且要让具有各自独特性的学生，在教师的教导下能获得充分、全面的发展。这就要求体育教师要了解学生、尊重学生，跳出为教而教的思维定式，在研透教材的基础上，结合不同学生的特点和差异，研究出个性化的教法手段，建立一个多层次、系列化的教法体系，使学生在学懂、学会、学通的同时，得到全面的发展。

现代教育对学生的要求已经不仅是学到什么，更重要的是学会怎样学习，掌握独立获得知识的方法和能力。对于学生来说，"会学"比"学会"更重要；对于教师来说，教会学生锻炼比带着学生锻炼更为重要。因此，体育教师培养学生的自主创新性学习能力，对培养创新性人才具有特别重要的意义。教法创新旨在为学生提供自主创新性学习的氛围，调动学生学习的积极性，发挥学生的主观能动性，让学生经过独立思考和分析来掌握知识和技能，教师用创造性地"教"，引导学生创造性地"学"，促使学生自主性学习的发展。在新的教育形势下，我们要通过构建多种体育课堂教学模式，改变教师独占课堂、学生被动接受的单一教学的信息传递方式，打破程式、僵化的传统教法体系，开发多维互动的创新型课堂教法体系。

三、领会教学法的教学模式（见图 3-1）

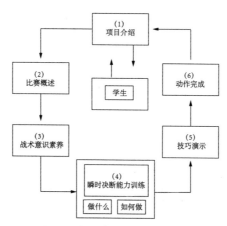

图 3-1　领会教学法的教学模式

四、领会教学法的主要思路

（一）强调对战术的领会理解

领会教学法因其在教学中侧重让学生对球类运动规律的领略、体会和理解而命名。"领会"在这里有两层含义，一是比赛的经历强化了学生对球类运动本质的认识和理解，二是对球类运动的理解促使比赛水平的提高。由此可以看出，领会教学法突出的是学生对所学内容的理解与思考，而不只是动作的简单模仿和照搬。领会教学法强调的是学生理解、掌握球类运动规律及相应的技巧和战术，以及相关知识、技能经过"消化"后的举一反三，灵活应用。

领会教学法与传统教学法的最大区别是教学内容的重点不同，它把战术意识学习置于首位，而把技巧动作的教学排在其后。这样做的目的是让学生先建立某项球类运动和比赛的概念，形成一些战术意识，在理解的基础上学习相应的动作技巧，提高学生学习的兴趣。领会教学法使每个学生无论能力大小或水平高低，都有机会在比赛中展现自我，并体验比赛带给他们的快感和成就感。

（二）主观决断能力的培养训练

领会教学法引导学生成为学习的主人，改变了传统的教学观念，使教师与学生在教学中的关系和地位发生了改变，教师的注意力从对教学的"控制"转向对学生"学习"与"理解"的指导，学生的学习不再是无目的或被动的，他们将根据自己的水平选择所要学习的球类运动的技巧，加深对某项球类运动的理解，并不断提高技术水平。由此可见，领会教学法从发挥学生主观能动性着手，激发学生学习的积极性、主动性和创造性，并让其通过人人可以参与的自由比赛，认识各种战术和技巧在实战中的作用和意义，提高临场的判断和选择能力，适应多变的球类运动。

五、领会教学法的教学要点

（一）整体审视运动素材的价值，谋求整合性的教学思路

领会教学的可贵之处就在于它能从运动项目的整体特质来审视球类素材，并据此考虑"怎么教"的问题。因此，它一改以往"技巧教学法"从教授技术入手的教学思路，不再把教学的主要着眼点放在运动技术上，而是综合考虑运动项目的实质、比赛规则、战术、技术和学生的认知发展、能力提高、情感体验等多种教学因素的内在联系。领会教学法首先从引导学生领会运动项目的本质入手，把教授学生领会运动项目的特性与战术作为球类教学的突破口，并在教学中创造条件为全体学生提供比赛机会，以使每一个学生在比赛中都有展现自我的机会，并体验比赛带来的快感和成就感，进而通过比赛强化学生对球类运动本质的认识，同时反过来通过学生对排球运动的理解促进其比赛水平的提高，从而形成学习活动的良性循环。基于整体性的教学思路，领会教学法把运动技术教学放在恰当的教学环节点上，在学生理解球类运动基本规律的基础上，根据学生的学习需要因人而异地教授各种动作技术和技能，从而避免学生简单模仿、盲目生硬地完成动作，刻板、机械地进行战术配合，使学生学会战术与动作技术的协调配合。由此可见，领会教学法在处理球类运动教学的认知发展、情感陶冶、能力提高和战术与技术、学习和应用等诸因素的内在联系时，无不体现综合考虑、把握实质的整合思维。

（二）正确处理好分解与整合学习的关系

领会教学法在设计具体的教学步骤时，首先从整体入手，通过"项目介绍"和"比赛概述"让学生了解球类运动项目的特点和比赛规则，了解比赛涉及的基本技能，从而使学生在学习之初就对如何从事该项运动有一个较清楚的整体认识和概念，进而分别通过战术介绍、结合实战向学生教授应付复杂情况的办法，对学生进行瞬时决断能力的训练；在学生对比赛过程有所了解并有了相应的实践后，体育教师根据学生的能力和不同需要，教授运动技术和合理应用技能的诀窍。从表面上看，领会教学"项目介绍—比赛概述—战术意识培养—瞬时决断能力训练—技能演示—动作完成"的教法步骤与"掌握基本技术—提高应用技能—比赛"这种"部分整体"的常规性球类教法步骤正好相反，似乎有悖于"简单（基本）—复杂（应用）"的一般认识规律，其实不然。因为，整体并不是所有部分的简单相加，它是内在的统一体，是一个任何地方都不应人为打断的连续链条。人们常常将整体分解为部分不是出于事物的本质，而是出于人们认识能力的局限性。运动技能的学习何尝不是如此。领会教学法对运动技能的传授就是从前后关联的整体把握入手的。因此，邦克与桑普强调，不能把技术与技能相混淆。因为，技能是在特殊情形与前后关联情况下的应用，而技术可以抛开比赛这一学习过程的中心，从比赛的前后关联中分离出来，与根据前后关联运用技术有很大的区别。正是基于这样的认识，领会教学法的创造者在对待技术与技能的关系时把重点放在技能上，而将运动技术放在一个次要的教学环节点上，强调运动技能学习的前后关联性。对球类教学中分解与整体关系的有关研究结果也表明，首先建立概念，然后回到基础部分的"整体—部分—整体"的教学效果明显好于"简单（基本）—复杂（应用）"的传统教学。由此启发我们，在教学中处理分解和整体的关系时，更应注意分解的整合。分解是人为的，是手段，而整合才是目的；分解与整合不是互相排斥的，分解是向更深刻、更广泛的整合过渡，

而更深刻、更广泛的整合则制约着分解的可能性，也制约着分解的形态。

（三）不能忽视体育教学中的认知学习和学生认知能力的培养

领会教学法将发展学生的认知能力作为其教学核心，在体育学习中要使学生掌握体育锻炼的知识和运动方法、认识运动的本质、树立正确的体育意识，都必须通过有效的认知学习这一基本途径；即便是运动技能的发展也不能割舍其中的认知学习，不能无视技能提高与认知发展的内在联系。比如，学生在学习运动技能时，首先必须进行相应的认知定向，知道"做什么""怎么做"的操作前提，而运动技能的形成过程，也就是学生反复提炼运动思维、不断认识运动技能形成规律的过程。正因为如此，凡是有效的运动学习，无不强调并引导学生进行积极主动的思考，想练结合，使之在学中练、练中学，从而把积极的身体练习感知和主动的思维认知有机地结合起来。事实上，越是变化复杂的运动学习，越是需要认知学习的积极参与和高度的认知能力。然而，在现实的体育教学中，我们往往在进行了严格而系统的技能训练后发现，学生在实际运用时似乎仍然没有真正掌握已经习得的运动技能，缺乏运用技能的灵感或意识，这恐怕与我们在体育教学中不能把学生的认知发展放在应有的位置有密切的关联。如果学生没有认识运动特性和规律，没有综合理解运动规则、运动方法、比赛战术等运动学习内容，则很难掌握真正意义上的运动技能。因此，越是有效的教学，越能调动学生进行积极主动的思考，从而使学生学得有味、学得有趣，真正实现学生认知发展与技能提高、情感陶冶同步发展的有效整合。

六、领会教学法的教学原则

（一）具体性原则

具体性原则是指领会的内容要具体、准确。为使领会成为连接学生意识中感觉与动机体验的桥梁，领会的内容不应是空泛的、一般的，而应是特殊的，限制在一定范围内的，并且随技能水平的提高而更具针对性，才能有效地发挥其修正与调节动机的作用。在教学中，体育教师对学生完成技术动作的情况不言语，既不肯定，也不否定，或给学生的领会信息不具体、不准确，那么，领会在教学中就不能起到很好的调控作用。

（二）全面性原则

在体育教学中，教师要尽量保证对每个学生在学习中的基本情况都有所了解，并做出相应的评价。因为个别学生达到了教学目标，不等于全班同学都达到了，某个同学掌握了某个动作技术环节，并不能说明他已掌握了完整技术动作。另外，体育教师在教学中要顾及学生对知识理解的深度，提出的问题应该让学生创造性地回答或讨论，注重发展和培养学生的全面素质。

（三）交往性原则

相关研究表明，组织学习活动的任何一种形式都是由学生和教师的相互关系的性质决定的。教学应是师生双方共同活动的统一体，在信息的传递、加工、储存、应用的流程中，师生之间的信息交流可以看成"映射"的两个方面。同时，双方是反射的"回音壁"，尽管二者不是一一对应的，但总可以从一方找到领会点，得以检查到反应的外显行为和内隐变化的外显标志。信息在师生和学生之间的这种循环往复的影响，就是领会的交往性。领会的有效性，决定着教与学的效果。部分教师习惯于"注入式"讲解和示范，其教学效果不理想的原因就是忽视了这种交往性。作为教学主导者的教师，应充分把握交往性原则，采用符合逻辑的与清楚明确的说话方式，用学生最能理解的语言传递再加工的知识信息，表达学生能够领会的信息意图，做到信息和信息意图之间协调一致，达到交往和谐的目的。

第二节　高校体育教学中领会教学法的实践与思考

一、领会教学法与传统教学法比较的思考

（一）领会教学法与传统教学法教学模式比较的思考

领会教学法是体育教学中教法指导思想的一项重大改革，它把体育课的着眼点从传统的强调动作技术的发展转移到培养学生的认知能力及兴趣。领会教学法的教学过程主要包括 6 个部分，其模型如图 3-2 所示。

图 3-2　领会教学法教学过程

从上图可见，领会教学法是以"项目介绍"和"比赛概述"作为体育课学习某项运动项目的开始，体育教师通过讲解，让学生了解该运动项目的特点和比赛规则（如比赛的场地、比赛时间的限制、得分的方法等），以及比赛所涉及的基本技巧，从而使学生在接触运动项目的最初，就对如何从事该项运动有较清楚的认识。

与传统的技巧教学法（图 3-3）截然不同的是，采用领会教学法教授运动项目时，体育教师不是从基本技巧动作教起，而是首先对学生进行"战术意识培养"，体育教师在介绍了战术之后，将结合实战向学生演示一些应付临场复杂情况的方法，对学生进行"瞬时决断能力训练"，以培养和训练学生全面观察、把握时机、及时应变的能力。由于临场情况的不断变化，学生要综合所学的战术做出决断——"做什么"，并选择能取得最佳效果的技巧——"如何做"。与传统教学法相悖，在运用领会教学法的教学过程中，在学生对比赛过程有所了解并有了相应实践后，体育教师视学生的能力及不同需要，引导教学进入"技巧演示"阶段，开始教授学生各种动作的要领和合理运用技巧的诀窍。在学生学习了技巧动作后，体育教师会让其通过反复的练习和比赛来巩固所学知识和技能，从而促使他们"动作完成"，完成一系列相应的、有质量有效果的动作，最终达到在比赛中运用自如。由此可见，领会教学法并不是把技巧动作的学习作为教学的重点。

基本技术 ⟶ 复习提高 ⟶ 简单配合 ⟶ 战术意识 ⟶ 实践

图 3-3　传统技巧教学法教学过程

两种教学方法的最大区别在于教学侧重点不同，传统技巧教学法强调动作技术的发展，而后才涉及战术；领会教学法则把战术意识的学习放在了首位，其后才是技术动作的学习，教学比赛贯穿整个教学过程。从表面上看，学习运动项目基本技术—巩固提高—比赛应用，

这种简单（基本）—复杂（应用）的传统教学步骤似乎简化了教学过程，合乎从易到难、循序渐进的教学原则，有利于教学效果的提高。其实并非如此，所谓整体并非各部分的简单相加，而是各部分相辅相成的有机统一。学习运动项目不仅要让学生掌握精湛全面的技术动作，更重要的是提高他们在比赛场上随机应变的综合能力。因此，体育教师在体育教学中对技术动作的传授应充分考虑其特点及其前后关联性，从整体入手，即采用整体—部分—整体的领会教学法，不仅有新意，给运动项目注入了活力，而且会获得很好的教学效果。

（二）领会教学法与传统教学法学习方式比较的思考（见表 3-1）

表 3-1　领会教学法学习方式和传统学习方式的比较

传统教学法	领会教学法
以教师为中心	以学生为中心
强调学习的资源是教师和教材	强调学习的资源是每个参加者和解决问题的过程
注重知识技能	注重观念、态度
讲究记忆	讲究学习主体的领悟与体会
强调过去的知识	强调即时感受
强调"学知识"	强调行动中学习
标准化学习	个性化学习
理论化	现实化
要求个人学习，以接受程式化的知识为导向	要求团队学习，以分享总结经验、解决问题为导向

（三）领会教学法与传统教学法课程设置比较的思考

传统教学法与领会教学法课程设置比较，如图 3-4 所示。

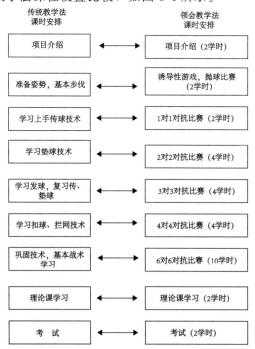

图 3-4　传统教学法与领会教学法课程设置比较（以排球教学为例）

二、领会教学法之教学评价的思考

在一场比赛中，如果要真正地评价，除了对运动项目基本的技巧、技术动作进行评价以外，我们还必须评价学生在比赛中的表现，包括学生在比赛时所做出的所有反应及抉择，以上的提议或观点已得到很多专家学者的赞同。换句话说，除了学生技巧表现被接受，其思考也开始受重视。例如，在排球比赛中，学生尝试传一个好球给自己的队员，但由于未能有效施展传球技巧，未能恰当地传至队友最佳位置，虽然这名学生未能掌握良好的技术，但他却明白在排球比赛中如何打出有效的传球位置。

相反地，一个技术好的队员，往往也会有传失球或进攻不得分等情况，同时要确认一部分技巧不佳但抉择能力高的队员的表现，因此，在一场球赛中，评价学生的抉择能力也占相当重要的位置。另外，一部分学生将球传至一些恰当的位置，制造很多空间，等等的表现也往往被忽略，实际上，他们的表现对整场比赛有很大的影响。以上所述的事例，在目前的评价中都会被忽略，那么评价的结果并不能够真正反映学生的球赛表现能力。

（一）诊断性评价

诊断性评价是指学习前的评价，其诊断的目的并不是给学生贴标签，而是帮助教师设计一种可以排除学习障碍的教学方案，从而使教学适合学生的特性和背景。诊断性评价的内容有学生的基础情况、身体素质指标、与运动项目相关内容的前测水平等。这就是在"前馈信息"的评价基础上，获得一些预测信息，来对课堂教学计划进行调整或修改，使之符合学生的实际情况，这也是对教学系统进行的预先控制，然后进行课堂教学。

（二）实践性评价

要发展一套领会教学法的评价比赛的方法，首先必须确定一场教学赛中最重要的要素及领会教学法的特点作为依据。这样的评价内容大致有七种，这里我们主要借助球类比赛进行相关阐释，具体如下。

1.本位

本位是指进行任何进攻或防守后能返回原位，重新准备做下一次活动。例如，在排球或一些隔网比赛中，学生必须在完成一次进攻或回球后尽快返回本位，准备接对方发吊球或高远球。

2.抉择

在球类比赛中，学生要做适当的抉择，如如何传接球进行攻防等。在教学比赛中，学生如何采取传球、垫球或扣球等抉择会直接影响整场比赛的节奏及结果。

3.技术表现

技术表现是指采用有效的技术进行比赛。学生要在比赛中展示有效的技术，如一传到位，二传得当，扣球有威力。

4. 配合

提供有效的配合协助队友做传垫球。例如，在排球赛中，有效进攻必须有队友的配合及援助（准备接传球）才能进攻得分。

5. 防守

要有效防守对方球员。在球类比赛中，学生要有利用拦网、防吊球、保护等战术意识。

6. 补位

在比赛中，提供有效的补位支援，协助队友做防守。在防守过程中，队员上前拦截攻方的球时需要其他队友补位，填补空间以防对方立刻进行快攻导致拦截失败。

7. 调节

在比赛中，有效调节自己加入协助进攻或防守。调节主要是指在比赛中球员需要适当移动到不同位置。

（三）比赛效能性评价

比赛效能是指一个运动员在比赛中运用技战术的能力和所取得的效果。效果有好有坏，能力有大有小，如果把能体现比赛中胜负的功与过、得与失的一些主要因素列为指标，并进行定量、定性的技战术记录统计，然后用数值表示效果，再加以计算，这样就可以比较客观真实地反映一个运动员的比赛效能。

经过与专家商讨，我们把每个运动员的技战术行为的效能用不同又相关的数值来表示。例如，在排球比赛中，发球成功按＋2分计，发球失误按－2分计，而各种指标所定的数值，又是从它们之间在比赛中所起的作用与价值这一横向的相关来确定的。

三、对领会教学法教学优势的思考

领会教学法的教学优势主要体现在以下几个方面。

（一）充分发挥教师的主导作用

教师在课堂教学活动中充当着非常重要的角色，教学的效果与教师的主导作用息息相关，而领会教学法的本质特征特别强调教师在整个教学活动中的控制作用，它反映在以下两方面。

首先，教师在认真钻研教材、了解学生的学习情况和基本信息的基础上，根据教学大纲来确定教学目标和教学中的重点、难点，并精心设计好按一定的逻辑程序展开的授课计划，让学生在课堂活动中学习运动项目的思维方法，掌握运动知识的技能和技巧。德国教育家第斯多惠曾说过："不好的教师奉送真理，好的教师是教学生去发现真理。"所以，教师要善于捕捉学生在学习过程中反馈的各种信息，抓住他们课堂上表达的每一瞬间的思想，并根据领会信息对教学过程做出审视、评价与决断，不断地改善教学进程。

其次，教师为学生创造最佳的学习动机，激发学生的学习兴趣，充分调动学生的非智力因素（动机、兴趣、意志、性格等），使学生能在融洽、愉快、轻松的气氛中进行学习。学生对学习有无兴趣，主动还是被动，会直接影响学习效果的好坏。美国著名数学家、教育家波利亚也曾说过："为了使学习富有成效，学生应对所学知识倍感兴趣，并在学习中寻求欢乐。"

体育教学活动是建立在学生的全部心理活动的基础上的，只有学生的全部心理活动都积极投入到课堂活动中去教学才能卓有成效。这就需要充分发挥学生的智力因素与非智力因素的积极性。可是，学生的智力因素是客观存在的，它的积极性来自非智力因素。所以，只有当学生的非智力因素参与到认知活动中后，智力才会真正地发挥积极作用。

因此，在教学中，教师通过主导作用，采取切实有效的措施，根据学生现有的认知发展水平及专业知识之间的关系，创设一定的教学情境，以引起学生心理的内部矛盾冲突，并使他们意识到、感受到经过自己的努力，可以解决这种矛盾的冲突，从而引起他们的好奇心，激发他们的学习动机，使他们兴趣盎然地投入到学习中去。

（二）充分体现学生的主体作用

在领会教学法课堂教学活动中，教师起引导作用，课上的比赛、探索、分析、答疑等都是在教师的引导启发下，让学生自己完成一系列的主体学习活动，真正体现出"主导"与"主体"之间的相互关系，最大限度地调动学生的参与度，能使学生的认识活动按一定的逻辑途径展开；学生能按各自不同的知识基础、不同的技能和思维发展水平在同一教学内容中开展不同层次的主动学习；学生在融洽、合作的气氛中，能主动地与教师、同学展开积极的讨论，变束缚型学习为开放型学习。

（三）有利于因材施教

在传统的技巧教学模式中，学生常被看作一个整体，个体之间的心理品质差异被忽视，教师只能以中等学生的水平为标准来进行教学，所以存在着"优生吃不饱，差生吃不了"的现象。领会教学法要求师生双方根据预定的教学目标，在课堂活动中各自实行控制。对教师来说，在宏观控制的前提下，又要注意微观控制，即通过提问、演示、讨论、比赛个别答疑等形式，接受各种不同的基本信息，因此不仅对优生进行指导，对后进生也要及时地进行帮助；对学生来说，在课堂活动中可将自己的实际学习状况与预定的学习目标不断地进行对照比较，找出差异，进行自我调节与控制。这样使学生在各自不同的水平上在同一教学内容中展开不同层次的学习。在课堂教学中，学生的自我反馈不仅有利于提高学习信心与兴趣，而且能增强学生鉴别能力和自我评价、自我调节等能力，从中掌握学习方法。

（四）融洽、合作的教学氛围

领会教学法能创造宽松、和谐的教学环境，使学生在融洽、合作、愉悦的气氛中，能主动地与教师、同学展开积极磋商和讨论，变束缚型学习为开放型学习。传统教学法一般是以教师为中心，以比赛、讲解、示范为主，没有把学生看成教学活动的主体，学生往往只能被动接受安排，常处于消极、受压抑状态，学习的主动性、积极性不能得到充分发挥，该教学法属于束缚的教学。

师生关系影响着学生主体地位的发挥，也影响着教学质量和教学效果。师生之间的关系如何，不仅表现在情绪上，而且表现在学习的积极性、主动性上，也体现在教与学的效果上。在以往的教学中，有的教师虽然能力较强，但却不善于和学生建立真诚合作的关系，

"居高临下、发号施令、指手画脚"，甚至"评头论足、讽刺、挖苦"，造成教与学的关系难以协调。教学活动需要教师和学生积极性的有机结合，但这些要以良好的师生关系做基础，否则，再好的能力、方法、手段也是徒劳的。在师生关系中，虽然教师的道德、知识、技术、行为起着决定性的作用，但情感对师生关系的影响也尤为重要。良好的情感可以互相渗透，即可以激起教师对教育的高度热情，又可以使学生得到最大的自我肯定和心理上的满足，并转化为自觉的内部动力，成为积极进取的推动力。而情感的获得，取决于教师对学生真诚的爱。只有形成有利于教学过程的最富有情感的环境，才能创造最为理想的、良好的教学气氛。

四、领会教学法在体育教学中对后进生影响的思考

所谓"体育后进生"是指体育品德和运动能力等方面的发展水平与体育教学不相适应，完成不了体育学习任务，体质、身体素质和体育运动技能水平等低于一般的学生。在现实中这些学生是普遍存在的。究其原因，主要表现为自身的协调能力和模仿能力都较差。一是自身过于瘦小或肥胖造成运动能力下降或受阻；二是没有掌握和灵活运用技术造成考试不合格。虽然体育后进生在体育教学中所占比例不多，但是课业负担沉重，如果任其发展，将不利于学生的身心健康发展。如何对待体育后进生，寻找更好的办法来改善体育后进生的学习，一直是学校教育中体育课堂亟待解决的问题。

（一）运用领会教学法能为学生打下终身体育锻炼的基础

在体育课中采用领会教学法充分体现了体育运动本身所特有的技术性、健身性、娱乐性的特点，用学生喜欢的运动项目作为学习体育技能的切入点，能有效培养学生的学习兴趣，从而调动学生的学习积极性和主动性，让他们深刻感受到运动带来的喜悦、快乐等情感，这将有助于教学质量的提高，同时有利于学生将这一运动长期进行下去，培养学生的终身体育锻炼的习惯。

（二）领会教学法调动了体育后进生的学习主动性和积极性

体育后进生在平时的体育课堂中表现差强人意，成绩也一般。但是作为学生，青春期的他们总希望在同学面前展示最好的一面，他们希望教师能够给予他们空间展示自己的才能。在领会教学法中，体育教师要积极主动调动学生参与到教学过程中，让学生积极思考并去感受、体验，并从自己和别人的动作中观察和思考自己的动作，从中纠正自己的动作。领会教学法有利于体育后进生积累学习和思考经验，同时能够满足学生表现欲，积极参加思维探索活动，有效地把知识的系统性学习和经验性学习结合起来，通过思维活动的再加工，逐步获得运动技术知识。在教学过程中，体育后进生会感觉他们得到了教师的重视，自信心大增，学习的热情和兴趣也随之提高。另外，在领会教学法中，同学间相互学习和帮助、共同讨论的学习形式也为体育后进生提供了良好的学习环境。

（三）领会教学法有利于培养后进生的理解能力

由于自身运动能力缺乏等，体育后进生在体育运动项目上一直缺乏兴趣和自信心。因此，后进生更需要教师的关心和指导。领会教学法除了能让后进生更好地参与到体育技能学习当中，还有利于培养学生理解能力、思维能力，促进后进生更加全面地协调发展，促使体

育后进生能在平时的学习过程中逐渐找到自信心，树立自豪感。

第三节　高校体育教学中领会教学法的应用与效果研究

一、领会教学法的应用价值分析

领会教学法在体育教学中的应用，平衡了整体目标与部分目标之间的关系，能够有针对性地满足学生的学习需要，实现学生整体的共同进步。传统教学中一直以统一的标准要求学生，教学目标并未体现出针对性，从而导致教学效果始终不理想。而领会教学法需要先进行教学目标分解，从学生整体出发设定最基础的教学目标，再根据学生的发展与进步设定阶段性教学目标。进阶式的教学目标符合学生能力发展规律，并且兼顾了个体之间存在的差异，使学生始终处于进步状态，平衡了个体发展与整体水平提升之间的关系，使课堂教学更加顺利。

领会教学法强调运动的实用性与锻炼价值，对学生能力的提升有着重要意义。体育课程的出发点是放松学生身心，强健学生体魄，强化学生的运动意识，实现学生的身心健康发展。领会教学法基于这一初衷为学生对运动项目选择的过程创造了诸多体验机会，通过体验让学生直观地了解运动项目的使用性与锻炼价值，并且强化了学生品格意志、团队合作等多项能力。引导学生从对抗性、趣味性、集体性、策略性等多种不同的角度体验、感知运动项目，让学生将学习的重点放了了解运动项目真实本质与实际价值上，从而实现学生能力的有效提升。

二、领会教学法在体育教学中的应用——以排球为例

（一）领会教学法在排球教学中的应用分析

1. 坚持按需分析与因材施教

进行领会教学法的主体是学生，教师带领学生对于排球加以深刻体会，让学生掌握更好的排球运动方法。因此，在带领学生进行排球学习的过程中，教师要首先对于学生的特质有一个具体的详细的了解。每一个人的身体素质都是不一样的，有些学生身体素质较高，可以安排更高强度的训练；有些学生的身体素质较低，进行过高强度的训练则会影响排球课程的开展，甚至带来一系列身体不适的状况，对学生身体造成影响。目前在排球教学阶段，学校采取的都是开放式教学，对于不同层次的学生用同样的教学方法，事实上，这种教学方法是不科学的，对于不同身体素质的学生没有充分进行考虑。体育教师在进行排球教学时，可以根据体测数据对学生进行分类，再根据学生的分类情况施加不同程度的训练强度。

2. 创新排球教学方式与教学手段

在万众创新的时代，学校教育改革正在持续进行中，排球教学也应该不断创新，增加团队的竞争力。当前的排球教学多数局限于实践教学中，理论教学很少甚至等同于零。这就导致了学生盲目地跟着教师做各种训练，而不知道为什么要做这种身体训练，结果在排球课结

束后，课堂上所学的教学内容的记忆所剩无几。这种知其然不知其所以然的学习方法不利于学生真正掌握排球运动的技巧，学习效率极低。因此，我们提出在领会教学法中可以引入新的教学方式，从理论上让学生知其所以然。多媒体技术在其他学科中的运用已经相对比较广泛，而对于体育教学的应用率不高。因此，我们在排球教学中可以加入多媒体教学法，通过动画、图片、视频等形式让相关的理论知识生动形象地传输给学生，把相对来说比较枯燥无味的理论知识变成有趣的体育知识，让学生对于排球有一个更深入具体的了解。学生对于体育知识的掌握可以使学生在排球课后也能够开展相应的排球训练，同时在进行排球训练时能够更加专业。

3. 注重培养学生的排球战术意识

培养学生战术意识是进行领会排球教学法的核心内容。培养学生的战术意识可以增强学生对于排球的兴趣，同时对于学生心理素质等各个方面都能进行高强度的训练。战术意识的培养需要建立在对于排球的基础打法和基础规则有初步的了解的基础上，战术意识的培养对于教师和学生都有较高的要求。对于教师来说，教师应该有较强的战术教学意识，包括为何要进行战术意识的教学、如何进行战术意识的教学两个方面。对于学生来说，在进行战术意识的培养时，要有充分的主观能动性，能够积极主动地去学习和尝试。在战术意识培养的过程中，学生必须进行分组对抗，因为排球比赛在对抗过程中的强度比较大，因此不同组别的综合实力应该分配平均。在战术意识教学中，教师要有针对性地分析整合排球战斗内容，然后从基本排球战术上进行演化，形成更多的战术。同时，学校要增加课外排球运动的实践活动，为学生提供更多的实践机会，使学生真正实现自身运动技能的提升。

4. 合理设计排球教学内容

在当前的排球教学中，教师都是按照教育部发布的标准以及学校给予的教学目标来进行教学内容的设置，其内容的设置相对来说在一定程度上脱离于教学的实际情况，不利于对于学生排球素质的培养。因此，教师应该跟随教学实际情况，在遵从教育标准且完成教学目标的同时，填充自己的教学内容，提高自己的教学效率，促进学生排球运动素质的发展。前文已经提及，在进行实际教学中教师要对于学生进行因材施教、按需施教，而在进行教学内容的安排的同时也要考虑到不同学生的身体素质。另外，对于训练身体素质和排球技巧的教学也应该合理分配，不能厚此薄彼，只注重训练学生的身体素质或者只注重训练学生的排球技巧等都是不合理的，对于学生的运动素质的提高都会产生不利影响。

领会教学法让学生对于排球运动有了全新的认识和体会。与传统的教学方法相比，领会教学法使得学生对于排球运动有了一个完整和全面的链条式认识，并且极大地激发了学生的主观能动性，增强了学生的排球学习兴趣，显著地提升了学生的排球运动素质。教师应该充分认识到领会教学法的意义，带领学生不断在体验中感悟提高。

（二）领会教学法在体育教学中的效果分析

领会教学这一模式很容易激发学生的学习兴趣，从而使课堂教学的趣味性得到提高，不仅可以增加师生之间的互动，而且可以用分组游戏的方式来激发学生的团结意识，实践战术策略。

例如，排球比赛中垫球要求稳，因此可以让学生分成小组，将球依次传递下去，学生在游戏中不仅要锻炼自身运动能力还要思考如何配合其他队友，培养团结性与默契性，要想赢过别的小组，战术策略显得尤为重要。再如，"低垫球钻网游戏"，此游戏目的是锻炼学生垫球精准程度和低姿势移动能力，同样把学生分成两组，同时开始垫球，学生把球垫过网再迅速钻过网底把球垫给同队队友，并回到本队队尾，此类型比赛可以增进学生间的情感交流，并且在游戏过程中，学生可以掌握基本的动作，形成一定的战术意识与团结意识。

排球的规则有很多，如传球、垫球、发球、扣球等，领会教学法不是把这些规则全部教给学生，而是适当地传达给学生形成自主认知的思维，循序渐进慢慢领悟。例如，拦网动作，顾名思义是要用自己的身体拦住对方的球阻止对方得分，具体要求为球员在网前用自己身体（腰部以上的部位），主要通过手掌手臂阻拦。拦网是非常有效的防守方式，拦截成功可直接得分，创造获胜机会，但也具有一定的风险，拦网失误，不但会给队员带来防守上的困难，而且容易失分。拦网要求的技术性很高，对于其多层的意义教师可以根据领会教学法提示来讲，并不急于全部讲明，可组织学生实践跳跃尝试，亲身体验拦网，调整其手掌手臂的角度方位，观察其跳跃的时机与高度，指导学生怎么用最佳的体力、最精准的动作做到最有力的反击。以垫球的基本规则为例，垫球是借助抬臂和蹬地动作，依靠手臂的前部利用来球的弹力把球打出的动作，一般用于接拦回球、接扣球和接发球，在比赛中尽量做到减少失误稳定得分。如何掌握蹬地高度和双掌用力点，在任何范围内都可以做到万无一失，学生可在实践中通过对比自己动作的差异，在产生不同的结果从中吸取经验。

（三）应用领会教学法进行战术实践的策略

排球比赛战术可分为团体战术和个人战术。例如，团体战术中的进攻战术，概念上是指在对方发、扣、拦、传、垫球后，全队有组织有计划地反攻。进攻方式分为两次球及转移、快攻、强攻，其中两次球对球员技术要求很高，要求反应迅捷。比赛中常常多种技术交替使用，这就要求队员间各自使用不同的技术相互配合。在领会教学法启示教授的过程中，教师在实践过程中要巧妙提示学生如何判断双方的优势，判断采用适合的战术限制对方，掌握扣球时机，控制扣球力度、方向，快速改变落球点，使学生在实践中熟悉赛况，学会随机应变，锻炼学生体能，顺应排球技术教学。

在排球比赛中，每个球员都要做到攻守兼备，位置变换，互相配合创造机会，即展现排球技术的双重性，既要攻击又要防守。领会教学法不把技术作为重点，着重于引导学生自主领悟，不知不觉间提升技术水平。比赛过程中攻守交替，往往需要几个回合才分胜负，在激烈的比赛中学生的体力快速消耗。领会教学法一再强调实践性与实用性，使得学生的体能可以得到提升。

第四章　高校体育教学中异步教学法的创新研究

第一节　异步教学法的理论依据

一、异步教学法的概念界定

异步教学法是湖北大学教授黎世法运用现代科学的新成就，通过近十年的教育调查、教育研究和教育科学实施而提出的一种现代教学方法。它是通过实现教师指导的异步化和学生学习的个体化，使教学活动成为教师指导活动和学生学习活动有机统一过程的一种教学方法。异步教学的目标就是现代教育的目标。黎世法教授指出："现代教育是一种以培养学生自学能力为基础，发展学生的自主创新能力为主导，面向全体学生，使每个学生具有科学思维头脑和个体发展优势，并成长为全面发展的创新人才的智能化的开放教育。"① 知识经济时代的教育不再只是一般地传授知识或培养能力的教育，现代教育所传递的内容是创造和发现的总和，现代教育的根本任务是培养全面发展的创新人才，其核心是培养学生的自主创新能力。异步教学的目标是培养具有科学思维头脑的人，最终目标是使学生"学会学习"和"学会创造"。

异步教学也是一种民主化的教学方式。民主是创造性思维活动的必要条件。在异步教学活动中，无论教师还是学生，其创造力的表现都是一种非常自主的自由状态，它把外在压力的影响程度降到最低；学生是学习的主人，教是为学服务的，教学方式完全适合学情，师生关系和谐，教师鼓励学生自主学习，鼓励学生发表自己的意见，使学生学习的积极性、主动性能够得到充分发挥。异步教学法创设了一种既不放任又不专断的气氛，有利于学生创新能力的培养。黎世法教授在他的著作和学术论文中阐述了培养学生创造才能的重要性。培养学生的自主创新能力是异步教学法的核心目标，这一目标紧扣时代脉搏，能够适应知识经济时代教育的要求，体现了"创造为本""以人为本"的现代教育思想。所以，异步教学法是一种创造性的教学方法。

综上所述，笔者认为，异步教学法是一种有组织、有计划、有明确教学目标的教学方法。异步教学法是以教师为学生学习的引导者，以学生为学习的主人，将教师指导的三种类型（个别指导、分类指导和集体指导）的五个步骤（设置问题、指明方法、明了学情、学习讨论、强化总结）与学生学习的五种类型（独学、对学、群学、请教教师和全体学）的六个学习因素（自学、启发、复习、作业、改错、小结）有机地统一在课堂教学中，以学生的个体学习为基础，利用一切可能的教学条件，充分实现教师指导的异步化和学生学习的个性

---

① 　黎世法．异步教学论［M］．武汉：湖北教育出版社，1989．

化。异步教学法根据学生的学情组织课内外的教学活动，通过培养学生的科学思维能力、自学能力、创新能力，最终达到大幅度、高效率提高教学质量的目的。

二、异步教学法的特征

（一）个性化学习

当今社会，学校教育的根本目的是培养高智能的现代人才。高智能的现代人才就是具有自主学习能力和创造能力的现代人才，自学能力和创造能力的培养都需要以思维能力为基础，而培养学生思维能力的场所以学校为主。在学校课程的学习过程中，学生应以学情理论为基础，通过异步教学法掌握学习规律，进行个性化的学习，努力成为学习的主人。

1. 循序渐进的学习过程

学习过程是指学生感知事实、理解知识、形成技能、发展智力和培育非智力的客观认识过程。学习过程分为宏观学习过程和微观学习过程。这里所说的宏观学习过程是指学生的学习规律是由八个前后紧密联系的学习环节组成的学习系统，八个学习环节包括制订计划、课前自学、专心上课、及时复习、独立作业、解决疑难、系统小结、课外学习。微观学习过程则是指学生在运用八个学习环节学习的过程中解决每一个学习问题的具体学习系统。微观学习是由六个前后紧密联系的学习因素所组成学习系统，六个因素是自学、启发、复习、作业、改错、小结。运用六因素进行学习，能够有效地培养学生的自主学习能力。自主学习能力就是在学生自己独立解决一个又一个学习问题的过程中培养出来的。

笔者认为，在新课程教学改革中，学生要实现学习的个性化，就应当以六因素为一个周期，按照八个学习环节有规律地进行学习。只要是学习活动，无论是在课上还是在课外，都必须遵循这一学习规律，经过每一循环的学习之后，学生的学习能力和学习质量都会呈现出质的飞跃。这就是宏观学习过程八环节与微观学习过程六因素紧密结合的学习方式。将教师的"教"与学生的"学"转化为学生的学习方法，这种循序渐进的学习过程也是学生的认识过程，是学生学情的基本反映。也就是说，异步教学能够促使课程教学过程和学生学习过程更加清晰。

2. 思维能力的体系性发展

学生在学习的过程中，往往过于注重新知识与新方法的学习，而对科学思维的运用并不明晰，一味地重其表而忽其神（思维能力）。这样就会导致学习效果不明显，学生发展偏向一隅。因此，学生在学习时既要了解学习内容与方法，又要注重科学思维方法在学习活动中的具体表现和应用。只有这样，才能显著提升学生的思维能力。

黎世法教授认为："科学思维过程是'举三归一，以一反类'的过程。"[①] 它是指对少量具有代表性的事例进行分析研究，归纳出一个基本认识，再运用这个基本认识去解决其所覆盖的一类问题。"举三归一"是归纳思维，"以一反类"是演绎思维。演绎思维验证归纳思维的正确性，加深对归纳思维的理解和应用；归纳思维反作用于演绎思维，加强演绎思维的准确度和凝练度。我们在异步教学中应反复锻炼学生的思维能力，从而使学生学习的个体化能

---

① 黎世法. 异步教育学［M］. 北京：新华出版社，2003.

力不断增强。

科学思维方法的形成过程，实质上是学生学习个体化过程中对微观"六因素"的正确认识和运用。学生在学习理论知识和积累实践经验的过程中，应遵循一系列有内在联系的、不同层次概念组成的理论体系，这是由于理论体系都是人们通过社会实践进行科学思维建立起来的，是客观事物内在联系的具体反映，是人类思维和智慧的结晶。因此，学生只有在每个学习环节都借助科学思维，才能真正剖析理论知识的内在联系，概括书本知识中的理论体系，提高学习效率。

3. 自学能力、创造能力的提升

在当今社会，自动化阶段才是事物发展的高级阶段，从时间和空间视角解读一个人的能力如何，不在于其现阶段水平有多高，而在于其自学能力有多强。学生的自学能力在学校教育中至关重要，而创新能力是伴随自学能力提高的。

自主创新能力强的人具有以下几个特点：①具有扎实的基础知识，能运用科学的思维方法全面而细致地观察和分析问题；②懂得创新的基本规律和方法，有一定的创新技能和经验；③具有强烈的好奇心与求知欲，具有实事求是、与时俱进、敢于拼搏、敢于冒险、百折不挠的创新精神。

在学生学习的过程中，六因素贯穿每一个单元，而每一个因素又包括不同的变式，所以掌握学习方法、成为自主学习主体是培养学生自学能力和创新能力的重要途径。在运用六因素的过程中，学生的认识和发展将发生一系列的转化：前三个环节——自学、启发、复习，是知识、技能、能力的内化过程；后三个环节——作业、改错、小结，是知识、技能和能力的外化过程。在内化和外化过程中，学生完成了由形象思维到抽象思维、由已知到新知、由理解到记忆、由认识到实践的过渡，其迁移、抽象逻辑思维将得到锻炼和提高。

六因素学习法一改同步教学中学生被动的学习地位，把大量的时间和空间留给学生进行自主探究，发展学生的思维求异性、发散性。在培养学生的自学能力和良好的学习习惯后，教师将会有充足的时间和空间对学生进行启发、诱导，做到因材施教，学生的自学能力和创造能力也将因此得到提升。

（二）异步化指导

《义务教育体育与健康课程标准》提出"以学生发展为中心，帮助学生学会体育与健康学习"①，充分说明了学生是学习的主人。这与异步教学的内涵——"学生学习的个体化"相一致。此外，学生学习个体化的实现与教师的异步指导密不可分，具体表现为以下几个方面。

1. 差异的指导形式

教师的职责是指导学生进行有效的学习。在教学过程中，教师指导形式和程序的有效性应当不断加强，两者的关系是有机联系、密不可分的。异步教学的指导形式分为宏观异步指导和微观异步指导两种。宏观异步指导分为全体指导和分类指导，微观指导则指个体指导。宏观异步指导是指教师在六因素课堂教学中，针对新授课内容或大部分学生存在的共性问题

---

① 中华人民共和国教育部. 义务教育体育与健康课程标准［M］. 北京：北京师范大学出版社，2022.

进行全体指导，对少部分学生存在的共性问题进行分类指导。微观指导是指教师对个别学生存在的个别问题进行有针对性的一对一的指导。其关系概括为：①教师的个别指导和分类指导是为教师全体指导提出的教学任务和要求服务的；②教师的全体指导、分类指导和个别指导是为学生个体化学习服务的；③教师的全体指导和分类指导越及时，就越有利于解决大多数学生学习中出现的问题，教师在此过程中能够发现个别学生的问题，并及时解决，反之亦然；④教师的分类指导是指对部分学生存在的共性问题进行宏观指导。因此，教师在分类指导的过程中，会显现出在一个小范围内的"宏观—微观—宏观"的教学周期。

2. 个性化的指导程序

异步教学体现了教师在教学过程中的主导作用。教师指导是为学生学习服务的，教师指导的有效性必须以学生的学情为基础，教师在教学指导过程中应遵循教学规律，更新教学内容，完善课堂结构，使教师指导的三种形式和教学程序有机融合，以便实现学生的个体化学习目标。

上课开始，教师设置本节课要解决的主要问题，接着针对本节课要解决的学习问题进行宏观启发。然后，教师巡回检查，启发学生运用六因素进行自学，并与学生研讨学习问题。如果教师发现学生在学习过程中存在某一问题时，可以通过全体指导和分类指导来解决，问题解决后，还要进一步强化学习效果。教师进行宏观指导后，再抓住重点进行微观指导，了解全班每个学生的学习情况，如果发现学生有难以解决的学习问题时，可以根据该学生的具体学情对其进行启发指导，学生则应根据教师的启发内容和要求，运用六因素解决学习问题，此时教师可先检查、指导其他学生学习。如果发现学生的学习问题已基本解决，教师可以对学生的学习效果进行微观强化。如果问题尚未解决，教师可以进一步确认问题，根据学习六因素再次进行微观指导，直至问题解决。因此，异步教学法能使每个学生在原有的基础上获得提高。

在教学过程中，教师的指导是为学生学习服务的，和学生学习八环节共同构筑了课堂教与学的程序。教学八环节能清晰地体现课前如何做准备、课中如何做指导、课后如何做总结三个阶段，为教师的有效指导提供支撑。学生学习的宏观八环节与课堂教学结构相一致，即通过某一问题教学、整个课堂教学、单元教学、学期教学、学年教学，把六个教学阶段作为一个教学周期，不断向前推进。

（三）异步教学课堂

为了建立民主和谐的课堂环境，实现有效的课堂教学，异步教学应注重实现学生学习的个体化与教师指导的异步化，在六因素课堂教学中应将两者紧密结合，辩证统一，共同构筑完整的异步课型结构。这种课型结构就是教师指导四步骤与学生学习六因素密切配合的异步课堂教学程序。在异步教学课堂实践中，应注意以下问题。

1. 建立师生互动的双边关系

异步教学的实质是学生学习个体化与教师指导异步化的有机统一，教师通过异步指导促进学生转化为自主学习的主体。在异步教学中，学生能够以能动的主体出现在六因素的每一步中，教师在每一步中起着定向、引导的作用。与同步教学相比，异步教学是个别教学、分类教学和全体教学的统一，信息交流呈现多元化，师生、生生间的互动频率较高。霍桑实验表明，通过改革群体的工作态度、人际关系，可以形成良好、积极的群体氛围，从而提高工作效率。异步教学法正是通过对教学组织方式的改革，促进良好课堂氛围的形成，进而提高教学效率的。

"双主体""一主题一主导"的教学模式一直是教育界争论不休的问题，虽然形成了此起彼伏的场面，但是教学模式实践层面还没有形成一个统一的体系。异步教学法的提出使原有师生关系发生了根本性的改变，由以前的"双主体""一主题一主导"的教学方式，转变成了"学习共同体"。在这个共同体中，教师成为其中的一员，充当着与学生对话的角色。俗语有云："授人以鱼，不如授人以渔。"这句话告诉我们，在教学过程中，教师应使学生学会如何学习，让他们获得自主学习能力，从而养成自觉自主的学习习惯。

2. 建立动态稳定的教学结构

异步教学法是一个由八阶段、六课型（依据六因素而来，即自学课、启发课、复习课、作业课、改错课、小结课）、六因素组成的有机统一体，这个统一体不仅表明了各要素之间的信息渠道，而且阐释了三者之间的动态平衡。六课型、六因素是根据不同学生学习知识与技能的不同阶段建构的，各课型、因素扮演着各自的角色，分担着各自的任务。

教学过程是一个动态过程，教师应运用系统论对教学过程进行合理的组织和管理。要实现教学效果的有效性，教师就要对教学过程进行协调控制，不断维持教学过程的有序性和动态平衡。把课外八阶段和课内六课型联系起来，进行考察和研究，是一种宏观的教学系统观，它强调发挥教师的主导作用，重视其对教学过程要素（定量、定序、定度、定势）的影响，从而使教学过程达到最优化控制的目的。例如，异步教学中的教学单元的划分、教学内容的精学、教学难易度的把握，都是根据学生的实际学习能力和知识基础确定，进行教学定量控制的。每个单元有六个课型，每个课型按顺序对应六个因素之一，而且都纳入到教师教学过程的控制之下，这就是定序控制。每种课型时间的长短设定是由教学进度、训练程度控制的，这就是定度控制。学生的提纲要求则是定势控制。这样就把全部教学活动纳入一个按教学规律构成的、具有一定控制性的教学体系。

三、异步教学法的理论基础

（一）哲学理论基础

矛盾的特殊性和普遍性原理揭示了事物在运动过程中的特征与本质。人们根据矛盾的普遍性来认识事物的本质，同时根据矛盾的特殊性原理对具体问题进行具体分析。学生在学习的过程中都有各自的矛盾与差异，在学习的不同阶段差异和矛盾是不同的。随着教学过程的发展与教学内容的深入，学生的学习矛盾是不断变化的，这就导致学生在解决学习问题时所面临的矛盾是不一样的，解决的办法和手段也是不相同的。异步教学能对不同学生的学习问题与矛盾进行针对性处理，各个击破。

事物是随着量变和质变的发展而发展的，并且是可以相互转化的。学生的学习过程就是一个量变的过程，而人生观、世界观、价值观等观念的形成则是量变到质变的表现，连续性和阶段性的统一就是质变和量变的观点体现在教学上的表现。具体表现在不同的学习阶段需要学习不同的知识、采用不同的教学方法和手段，而整个学习过程又是连续性的，是由一个阶段发展到另一个阶段，环环相扣不可或缺的。异步教学中学生的六步学习就体现了阶段性和连续性的统一。

辩证唯物主义哲学认为，外因是一切事物变化的条件，内因是一切事物变化的根据，外因通过内因来起作用。在教学实践中，教师在课堂上用相同的教学方法、内容、手段和要求，以及制定同样的教学目标对全体学生进行施教，结果往往是学生的成绩差异显著，甚至出现明显的两极分化。异步教学法在教学过程中能够根据学生的不同内因施加不同的外因，根据学生的个体差异进行教学，这就是异步教学法的优势。

（二）心理学理论基础

异步教学理论是现代教育科学理论的组成部分之一，它同样与心理学紧密相关。学习心理和差异心理是异步教学理论的心理学主要依据。学习心理学立足于学生学习的本质，包括对学生的学习策略、学习过程、学习技巧、思维方式、认知理论、学习类型、学习迁移行为方式、记忆原理、信息加工原理等领域进行的论述。著名的学习心理学家桑代克认为，学习是建立在条件作用基础之上的，一切学习都是在刺激和反应之间建立一种直接联结的过程。学习就是一种不断的刺激与反应的循环过程，作为教师要能根据个体对刺激的反应强度和大小，及时调整刺激源的刺激强度或改变刺激方法，以取得良好的刺激效果，这种刺激源就是教师对学生所实施的教育，包括内容、方法、手段等，而异步教学法就是针对这种差异提出来的，这种指导思想符合学习心理学的规律。当代心理学者认为，心理差异是指一个人在其先天素质的基础上，通过后天的实践经验逐渐形成起来的不同于他人的、相对稳定的个体心理特点。心理差异代表了一个人的与众不同的个性，主要表现在认知风格、知识水平、智力、学习动机、能力倾向、人格等方面。异步教学是以学生为中心的教学活动方式，其心理学依据也遵循学生个体的心理差异。

（三）教育学理论基础

学生是异步教学的中心，不同的学生其知识水平、接受能力、智力水平、学习兴趣、学习动机、学习方法等都不尽相同，所以学生在学习过程中对教学信息的接受情况也会产生差异。教师在教学过程中应根据不同的学生学习情况制定不同的学习目标、教学计划和教学手段，使不同层次的学生有各自的努力目标，在原有基础层次上学有所得，达到预期的教学效果。教师在教学中重视和充分发挥学生的学习主体性，发展学生个性，创立一个优化的教学环境，充分发挥学生学习的积极性，唤起学生学习的动机与欲望，使不同层次的学生能主动地、有创造性地学习，进而使学生都能得到充分的发展。

第二节　高校体育教学中运用异步教学法的可行性研究

一、异步教学法的应用价值

（一）有利于学生自学能力和创新能力的培养

现代高校教学的主要特点就是培养学生的自学能力和创造才能，让学生成为学习的主人。异步教学法的最大价值就是能充分发挥学生的主体作用，让学生学会自主学习，全面参与知识的探索实践。也就是说，异步教学的实质是使学生成为创造性学习活动的主人，教师只是以指导者、参与者的角色参加教学活动，通过提出问题、指示方法、明了学情、研讨学习、强化小结等教学方法有效地培养学生的自学能力和创新能力。异步教学法符合创造性教学的多种条件，因而能有效地实现全面发展学生创新能力的教育目标。

（二）能充分发挥教师教学的"主导性"和学生学习的"主体性"

在异步教学中，学生按照自学、启发、复习、作业、改错、小结六因素学习能充分发挥内因作用（学生学习的"主体性"）；教师按照"五步指导法"（设置问题—指明方法—明了学情—学习讨论—强化总结），利用四种教学组织形式（个别教学、分类教学、全体教学、个体独学）组织学生学习，能充分发挥外因的作用（教师教学的"主导性"）。也就是说，异步教学法将外因和内因结合起来，能充分发挥教师的主导作用和学生的主体作用，在教学实践中有效提高"教"和"学"两方面的效率。

（三）创设了一种人际关系和谐的教学环境

异步教学法将以讲代学变为师导生学、师生互学、生生互学，教师指导形式多样、学生学习方式多样，整个课堂呈现出和谐的教学氛围。教师和学生虽然在教育中的职责和任务不同，但地位是平等的。在异步教学中，教师愿意耐心倾听学生的心声，让学生表达自己的思想，为学生创设了一种宽松、愉悦的学习氛围，达到了彼此尊重、情感融洽、相互信任的和谐师生关系的境界。

（四）有效提高教学质量，避免两极分化

在教学过程中，学生的学习成绩出现差距是不可避免的，异步教学法既不限制优秀学生的充分发展，又能使中等生和后进生学懂知识、不断提高，使每个学生都能异步推进，获得良好的学习效果。运用异步教学法能使后进生逐渐进步，使优秀生得到提高和拓展。在采用异步教学法的课堂上，能听懂的学生可以自己预习新内容，进一步丰富自己的知识面；暂时听不懂新课的学生也可以学习适合自己基础情况的内容，可以避免受到打击而失去学习的信心，甚至厌学。异步教学有效地提高了教学质量，避免了两极分化情况的产生。

二、异步教学模式在体育课中实施的可行性分析

（一）能增强教育教学的针对性，有效贯彻"以生为本"的教育理念

异步体育教学法是根据高校体育教学目标的总体要求，面向全体学生，根据其体育技能情况，开设不同层次类型的体育课，满足学生"个性化"的多元体育需求的教学方法。教师根据不同层次学生的情况制定教学计划及评价标准，有的放矢地安排教学内容，能较好地提高体育教学的针对性，在真正意义上实现从教学的"统一性"到"自主性"的转变，充分体现"以生为本"的教育理念，真正做到因材施教。

（二）能提高学情的掌控能力，促进教学过程的整体优化

实施异步体育教学能使教学内容体现出良好的层次性，学生可以根据自身兴趣和能力有针对性地选择相应层次的学习内容，学生的主观爱好和体育特长能得到较好的发挥，能促使学生更多地体验到运动带来的乐趣。在教学设计过程中，教师应将体育课程目标、学生特点

与需求、课程内容、教学过程、教学评价五个方面有机融合，这样有利于教学目标、对象、内容、过程的整体优化，从而体现"尊重学生个性，重视学生主体选择和个性表达"的教学思想。异步教学法为提高体育课教学质量奠定了良好的基础，对教师的备课、教学内容的调整、分层教学时机的把握都具有至关重要的作用。

（三）能彰显学生的体育能力，推动体育教学的评价改革

异步体育教学法是针对不同层次学生，根据教学目标的差异性而实施的个性化教学方法。采用异步教学法，教师对学生的个体情况能有较好的把控，能够在教学过程中对学生的运动技能基础、进步程度、专项能力、个人特点等方面有较为客观的了解，能较好地对学生的学习目标、学习基础、学习过程进行评价，能把学生的进步幅度纳入评价内容，采用多元综合的评价方式进行评价，有利于从注重甄别到注重发展的体育教学多元评价体系的改革与深化。

（四）能提高教师课程设计能力，推进教师专业进程

因为异步教学法的教学目标不同，所以教学模式、方法和手段自然就不一样。如果教师综合素质不高，"穿新鞋走老路"，不求变通，就难以适应。教学改革的成败在于教师素质的高低。采用异步教学法，需要教师转变教学观念，从单一的教学传递者转变为学科的研究者（研究学术、研究教材、研究教法）。因此，采用异步教学法，有助于提高教师的课程设计能力，推进教师专业化进程。

第三节 高校体育教学中异步教学法的实践与创新研究

一、高校体育教学中异步教学法的实践分析

（一）异步教学法的指导原则与教学流程

1. 异步教学法的指导原则

异步教学法的指导原则指根据学生的学习规律和教师的指导规律制定的，指导教师教学工作的根本原则。教学是师生为了完成一定的教学任务而共同进行的教育实践活动，它是一个复杂的过程，根据学生的学习规律和教师的指导规律建立起来的新课程异步教学指导原则，具有一定的科学性。教师只有认真践行异步教学指导原则，才能有效地提高教学效率。异步教学法的指导原则如下：

（1）热爱学生原则

要想当好教师，首先必须热爱学生。在教学过程中，教师应当及时掌握每个学生的学情，并针对具体学情采取相应的教学方法，提高学生的学习效率。

（2）激活动机原则

每个学生都有想学好功课的动机，但受各种因素的影响，一些学生产生了厌学心理。要调动学生的学习积极性，提高课堂效率，教师就必须针对不同的学生采取各种措施，做到因材施教，使学生获得强烈的学习动力。

（3）指导学习原则

学生是学习的主人，教师的"教"不能代替学生的"学"，教师的责任是指导和引导学生学习，在学生学习的过程中起主导作用。

（4）明了学情原则

教师要明了学生的学情，必须根据学生的学习情况准确判断，根据学生的实际情况组织教学。教师要明了学生的学情，应从这三个方面着手：第一，从学生现有的学习程度，掌握其现有水平；第二，从学生掌握科学的学习方法和思考问题的方向判断其学情；第三，从学生的动机和学习兴趣方面去判断其学情。

（5）因材施导原则

在明了学生的学习情况后，教师要根据学生的个性特点、学习能力、学习基础、学习技能、身体状况等，采取不同的措施因材施导，既要有区别地进行异步指导，又要有机地结合整个教学过程进行全面指导。对于那些比较优秀、接受能力较强的学生，教师只需要进行画龙点睛式的指导，发挥优秀学生的自主学习作用。教师要把较多的时间和精力用在后进生的学习指导上，使后进生学习成绩得到较快的提高。

（6）严格要求原则

在学习新课时，教师要对学生提出明确的学习要求，对于学生在课堂上出现的一些不良现象，要严格要求，及时给予纠正。教师对学生的学习要求不能脱离实际，要逐步地使学生的学习符合高标准的要求。

2. 异步教学法的教学流程

（1）教师指导的异步化程序

①教师的五步指导

设置问题——教师设置的问题一定要符合教学内容，要从大多数学生的基本学情出发，要突出这节课的重点和难点，有利于提高教学效率，文字和语言要准确易懂。

指明方法——教师要从学生的学情出发，针对不同学生的情况运用不同的教学方法，指导学生运用举一反三和总结—归纳—演绎等方法来解决学习中遇到的问题。同时，在学生自学前教师要给出参考书名、视频录像或者其他学习工具，解决技术问题。在必要的时候，教师可以进行典型示范。

学习讨论——学生在学习技术、自主训练的时候，教师要仔细观察学生的学习情况，了解每个学生的学情，以便使用不同的方法来指导学生。这样学生就能更好地学习技术，教师就可以随时发现学生出现的错误动作，从而找出有效的解决办法。

明了学情——教师应有目的、有计划、仔细地观察学生的学情，做到认真负责，绝不走过场。在对待学生的问题上，教师要态度和蔼、尊重学生、热爱学生；在归纳与总结学生在训练中出现的问题与错误时，要做到全面结合；在对待后进生时，要注意维护其自尊心，多多鼓励学生，让学生有勇气做得更好。

强化总结——教师要适时地对学生的学习成果进行肯定，针对某一阶段学生的训练情况进行评价，对学得比较好的学生进行表扬与褒奖，对后进生进行鼓励与指导。在总结与归纳时，教师的语言要准确、精练、易懂。

②教师的三种指导类型

分类指导——教师对正在进行对学和群学的学生进行指导，叫作分类指导。教师应根据学情，按照学生不同的学习起点、身体素质、学习动机、教学目标，把学生分在不同的组别，然后确立各组的动作要求，分别对各组进行教学指导，同时，设置一定的问题让学生进行思考，激发学生的学习兴趣。

个别指导——在异步教学过程中，教师对正在独学的学生进行指导，叫作个别指导。教师应针对学生在分组练习中出现的不标准动作和个别问题，查找原因，一对一地纠错改错；对于每个学生提出的疑难问题，要给予当场答复，并尽力寻找有利于学生提高运动技术的各种练习手段和方法，促使学生的运动技能得到巩固和提高。

全体指导——教师对全班学生进行学习的宏观强化，叫作全体指导，即面向全体学生教学，包括集合准备活动及讲解、示范、课后总结等。教师在全体指导的过程中起着监督和组织的作用，主要是对课堂出现的共性错误进行集体讲解与纠正。

在异步教学中，教师不管是进行个别指导还是进行分类指导和全体指导，都是使用五步指导法。学生不论是进行独学还是对学和群学，都是使用六步学习法。也就是说，在异步教学过程中，教师的三种指导形式与学生的五种学习形式的有效统一，就是教师的五步指导法与学生的六步学习法的紧密结合。

（2）学生学习的异步化程序

在异步教学实践中，学生的个体化学习是一条主线，也就是学生按照"自学—启发—复习—作业—改错—小结"的程序进行学习的过程。

①自学。在自学阶段，学生可以根据教材上的图像或者视频录像进行学习，教师在课堂上根据学生自学情况给予肯定或者指正。学生之间也可以相互学习，相互讨论，说说为什么要这样做，这样做的好处在哪里；如果做出错误的动作，将会出现怎么样的情况；等等。同时，教师可以把一些动作形象化，如乒乓球中直拍的推挡技术，这个动作就像过去人们生活中的"拉风箱"。运用这些通俗易懂的俗语，学生可能更容易接受。再如，乒乓球运动中的攻球技术，这个动作与敬礼的动作相似，只是攻球的动作稍微往左前方一点。运用这些有特点的语言，学生就不会只动拍子，或者只动上臂，就会理解得更透彻。又如，反手的搓球，就像削刀削面一样。学生知道这些俗语，在不知道怎么下手的时候，就会想起教师讲的这些很形象的比拟，就会更好地理解。

②启发。在学生自学的过程中，教师应认真观察学生的学习情况，然后根据学生出现的一些共性问题进行集中讲解，但教师只可给学生指出解决问题的途径，不能代替学生解决问题，要让学生自己对有关途径进行独立思考和独立操作。

③复习。在每堂课的前15分钟，教师可让学生复习上堂课学过的技术，这样可以让学生找到感觉，让学生反复练习技术动作，可以形成比较固定的动作。对那些大部分学生还没有掌握的技术，教师应重新给予正确的指导，及时纠正学生的动作，以避免错误动作继续练下去，以后都无法改正。

④作业。如果每堂课学习的内容比较多，后进生可能无法完成教学任务，优等生则可能会产生"吃不饱"的心理。对于这两种情况，后进生可以在课下多练习上课没有完成的任务，优等生则可以根据自己的特点，将所学的技术统一运用起来，如学过乒乓球中的推挡和攻球之后，就可以打组合技术，左推右攻、推挡侧身攻球，这样就会很快提升技术水平，收到很好的效果。众所周知，体育运动仅仅靠课堂上的学习是远远不够的，教师要让每个学生在课后都动起来，参与到体育运动中，充分享受运动带来的快乐，也只有这样才能让学生领会运动的意义，达到运动的目的。

⑤改错。改错是学生学习的必要步骤，及时改错，将错误点进行标记、整理、收集是保障学习顺利地向下开展的条件。在体育课堂上及时发现并纠正体育技术动作练习中的错误，对体育学习目的的实现可以起到事半功倍的效果。

⑥小结。教师根据学生展示学习动作的情况，对优秀生提出表扬，对后进生进行鼓励并提出学习要求，以提高他们的学习积极性。教师要适当地给学生施加一些压力，并进行适当的鼓励，以促使他们更加努力。

（二）异步教学法在体育教学中的实践应用——以足球教学为例

1. 足球教学中实施异步教学法的设计原理

根据异步教学理论和足球教学的特殊性，在教学实践中，教师应以传授足球文化、足球技能为基础，认真分析教学中的问题和需要，运用系统的方法，明确解决教学问题的步骤。

异步教学是在对学生学习的个体化和教师指导的异步化教学理念的贯彻中，使教学活动成为教师的指导活动和学生的学习活动的有机统一过程。足球教学中的异步教学法将个别教学、分类教学和全体教学统一在整个足球教学过程中，要求以学生的发展为中心，根据学生的兴趣和个性差异将学生自主学习和教师指导相结合，从而在足球教学中实现学生身心健康目标，提高教学效率。

（1）分类教学。在足球课开始时，教师根据学生情况，按照教学任务和学生的兴趣爱好、运动能力、身体素质把学生分在不同的组里，当学生在各自的组里进行传接球和运球练习时，对他们进行分类教学指导，讲解动作要领，建立评定标准。应当注意的是，在学生学习之前，教师应提供问题背景，设置问题，启发学生思考，加深学生对足球技术的认识，激发学生的兴趣和求知欲望。

（2）个别教学。在上课过程中，教师针对学生出现的错误动作和特殊问题进行指导，如练习内脚背传球时，发现学生后摆不充分或者支撑腿支撑角度不准确、随摆不到位、踢球脚的部位不准确、身体配合不够协调等问题时，应找出原因，及时纠错。

踢球动作的难点是当膝关节摆至球的垂直上方时找准小腿加速摆动的时机。定格示范时，教师要先将膝关节定格在球的垂直上方，再向学生示范小腿开始加速前摆的位置，前摆的动作顺序、方法，直至接触球与踢球后的前摆惯性动作等环节，使学生直观地观察该动作的全部过程，从而建立正确的动作概念，加深对操作方法和难点动作的理解。对于学生提出的各种问题，教师要给予具体指导，开出运动处方，设计出有利于学生学习和改进动作技术并且有利于激发学生兴趣的各种练习方式和手段，学生再根据教师指导的练习方式加以巩固和改进，以达到事半功倍的效果。

（3）全体教学。在进入正式教学阶段之后，除了集合、准备活动及教师讲解、示范、总结外，大部分时间都是以小组为单元进行学习和练习的，教师在整个过程中起到监督和组织的作用，面对随时出现的共性问题，应对全班学生进行指导和纠正，对足球的一般技术知识、裁判法和相关的运动损伤康复知识给予恰当的介绍和讲解。

2. 足球教学中实施异步教学法的设计流程

异步教学法是通过实现教师指导的异步化和学生学习的个体化，将教师指导活动和学生学习活动有机统一的过程。对于怎样培养学生的自学能力和创造才能的问题，根本的一点就是要使学生学习的个体化与教师指导的异步化有效地统一起来。教师应建立一种适合学情的、能将个别教学、分类教学和全体教学统一在教学过程中进行的，以个别教学为基础的异步教学理论，实现课堂教学活动的科学化。我们可以把异步课堂教学结构分为学生的课堂学习程序和教师的课堂异步指导程序两部分。两者的关系是，学生的课堂学习程序是基础，教师的课堂异步指导程序必须符合学生的课堂学习程序。六阶段单元教学的课堂教学结构就是学生的课堂学习程序和教师的课堂异步指导程序的辩证统一，其课堂教学规律可以通过具体的异步课堂教学结构反映出来。

异步教学方法的教学框架包括教师、模式和学生三大因素，体现了教师与学生的教学关系（见图 4-1）。

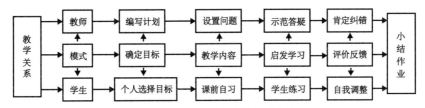

图 4-1　异步教学方法的教学框架

（1）学生学习的异步化模式

根据学情理论，学生在足球课堂的学习程序同样包括自学、启发、复习、作业、改错、小结六个因素。在足球教学中，学生可通过"自学"初步理解基础内容，接着对照问题"启发"思维，对重点难点问题做更系统、更深层次的理解和掌握，如在练习内脚背传球动作技术时，教师可向学生明确学习内容，引导学生通过集体或分组的形式进行讨论、研究。在进行足球技战术方法练习的时候，对于那些身体灵活性、柔韧性、协调性较差的学生，教师可以采用分解动作练习引导学生亲身实践，每个分解动作都要到位，教师要及时进行示范和纠正；对于那些身体灵活性、柔韧性、协调性较好的学生，教师可在练习内脚背传球技术时采用直观教学方法，让他们自己体会动作，找出适合他们各自特点的学习方法。此外，在进行运球绕杆练习的时候，学生球感的好坏直接影响着训练效果的好坏，正确的运球技术是提高运球能力的关键。如果推球的力量过大，就会失去对球的控制；力量过小，则会影响球运行的速度。另外，身体重心的左右移动也是非常关键的。掌握不好移动动作的学生要加强左右移动的练习。我们一般要求学生用足弓推球前进，膝关节略外转，脚尖略上翘，不过也有些学生习惯使用单脚绕杆的方式，如果使用熟练的话也是可以的。学生在弄懂自学过程中发现的难点后，再通过"复习"把已经掌握的技术联系起来，使之系统化，并在理解的基础上记住最基本的内容；然后通过"作业"和"改错"（教师指导）两个因素，检验"自学—启发—复习"时所获得的足球技术的正确程度；最后通过"小结"使知识进一步概括化，使技能进一步综合化，从而获得比较完整的知识和技能，完成了教学程序的六因素，也即实施了足球异步教学中的"六步学习法"。

（2）教师指导的异步化程序

教师的课堂异步指导程序指的是教师在六阶段课堂教学中指导学生运用六因素进行学习，解决学生不懂的学习问题的步骤。学生是学习的主人，教师要实现课堂指导程序异步化，必须使课堂指导程序符合学生的课堂学习程序，从根本上讲，就是要使课堂指导程序符合学情。施教之道，贵在引导。设置问题是启发学生去认识问题、分析问题、解决问题的一种手段。在这个教学阶段，最重要的是培养学生的自学能力和分析问题、解决问题的能力，即实行问题化教学。培养和提高学生的自学能力，是当今教学方式改革的主要目标，也是实行异步教学的先决条件。实行问题化教学的关键是教师根据本节课的教学内容设置问题、情境，并引导学生自学，启发学生的思维，激发学生的兴趣和求知欲望。例如，在练习内脚背传球前，教师应先有意识地让学生体会小腿加速摆动和小腿没有加速摆动的区别，引导学生练习并掌握正确的动作，努力做到身体和大脑并用，达到和谐使用身体的目的。目标明确后，教师应该把学习的时间和空间交给学生，使学生真正成为学习的主人，减少自己的无效劳动。教师再根据学生的提问进行示范答疑，针对学生的练习状况给予肯定和赞扬或纠正错误动作。四步指导法既适用于宏观指导，又适用于微观指导。

（3）实施弹性教学，使各层次学生共同发展

弹性教学的实施应从教学内容设计及教学目标设计两个方面进行，针对不同层次的学生制定不同的尺度标准，进而达到学生学习内容和目标的难易适度，并使学生在合理的评价中不断获得成功的体验，进一步激发学习主动性。

①足球异步教学内容的弹性设计。教学内容设计是教学的一个重要环节，也是学生掌握基本技术与技能的主要过程。要取得良好的教学效果，教师就要根据不同层次的目标，充分考虑优、中、差学生的学习水平，给全体学生留有学习、发展的余地。教师在充分掌握学生学习情况的基础上，将其分为若干学习小组，然后针对每个小组设计不同层次、深浅各异的练习内容和方法。在学习速度上，对于基本技术、技能及一般素质训练，各层次学生可按同一教学进度学习；对于有一定难度的技术练习，教学进度则应有所不同，领会比较快的学生可能会提前完成教学任务，所以教师要对他们提出更高的技术要求，让他们进行更深层次的学习，培养学生学无止境的精神；对于领会比较慢的学生，教师应给他们增加练习次数，提供更多的思考机会，通过采用课外前置补偿、诱导性练习、个别辅导、降低练习难度等方法，使其能在具体目标的引导下循序渐进，并尽可能上升到更高的层次。在层次分组的基础上，教师还应依照各层次的具体目标和学生训练效果，适时进行定期与不定期调整，能够达到所在层次目标的学生，即可调整到上一层次组，以调动其锻炼的积极性，使其达到更高的目标。

②足球异步教学目标的弹性设计。只有将教学目标设计的活动水平定位在学生正在形成和发展的区域内（维果茨基所主张的最近发展区），教学目标才具有教育价值。在教学过程中，每节课的教学目标都应尽量贴近各层次学生的技能最近发展区。因此，教师在制定教学目标时要有层次，形成阶梯目标，抓两头、促中间，明确最低要求和标准。只有对各层次学生制定不同的教学目标，才能调动其学习积极性，使处在不同起点学生的提高成为可能，使课堂体育教学效益得到提高。因此，对于足球技术学习比较快的学生，在准确学会各种技术技能的基础上，达到一定程度质与量的要求后，教师要鼓励他们纵向发展，进一步学习运控球和运用假动作运球过人，并培养他们的自觉锻炼能力，逐渐树立自觉锻炼思想。足球技术学习一般的学生，则应在增强体质的同时，准确完成教师传授的各种技术和技能，了解自我锻炼的方法，树立参与意识，横向发展。足球技术学习较差的学生应在提高身体素质的基础上粗略掌握各项技术、技能，并能简单模仿教师传授的技术，进一步理解锻炼身体的价值。

3. 足球教学中实施异步教学法的影响

（1）异步教学法对学生学习兴趣、动机的影响

学习兴趣是指学生在心理上对某一事物的倾向性。学习动机是指引发和维持学生的学习

行为，并使之指向一定的学业目标的一种动力倾向。在运用异步教学法进行足球训练的过程中，学生在教师的积极引导下，不但端正了自身的学习动机，而且对技术动作的学习产生了浓厚的兴趣，课堂氛围十分活跃，学习足球运动的状态越来越好。

在常规的教学中，班级授课制度的一大特点便是"整齐划一"，教师是教学中心，其往往采用满堂灌的教学形式，教师教什么，学生便要积极响应什么。由于带的班较多，教师通常会让学生保持一致的学习进度，忽略了学生之间、班级之间的个体差异性。身体素质协调能力较强、技术动作要领掌握较快的学生可以轻松完成学习任务，理解接受能力较差的学生则感觉学不会。长此以往，该教学模式的弊端逐渐暴露，既挫伤了学生的学习积极性，又阻碍了学生自我效能感的形成及提高。

异步教学法尊重学生个体间的差异，将水平层次接近的学生分到同一小组中，教师根据学生的努力程度以及接受能力设定阶段性目标，并且根据动作完成质量与考核成绩进行组内人员调整。这样，不同水平和不同层次的学生都能根据教师设定的合理目标完成学习任务，每个层次的学生都能通过自身的努力获得成功的体验。长此以往，学生为了积极调整自己的组别，彰显自己的能力，不断付出努力，通过公平、公正的良性竞争，取得更大的进步。这样既帮助学生端正了学习动机，又激发了他们的学习兴趣。

（2）异步教学法对学生学习能力的影响

在传统的教学模式下，学生只能紧跟教师的教学节奏，被动地接受教师所教授的知识。这样不但不利于学生思考能力的培养，而且学习内容较为单一，不利于学生的学习，不利于培养学生的学习能力。在异步教学的互动学习中，学习能力较强的学生根据教师的讲解示范动作，帮助不能独立完成技术动作的学生分析问题所在，在教师的协助之下共同解决问题，不但锻炼了学生的讲解与实践能力，而且帮助了学习能力较弱的学生，一举两得。

（3）异步教学法对教师的影响

在传统的足球教学模式中，教师处于中心地位。在大多数情况下，一个体育教师要带多个班级，为了保证班级间的授课进度一致，课上的反馈时间便会减少。学生接受大量的知识后，接受能力强的能够当堂消化，理解能力较差的就容易造成问题的滞留。另外，体育课上学生人数比较多，教师通常会采用整体教学的方法，只讲解学生在足球练习中经常出现的问题，很难针对每个学生进行单独指导。异步教学法的实施对教师提出了更高的要求，不仅要求教师有较强的组织、管理能力，而且要求教师在教学之余提高自己的业务水平以及学科技术知识的储备。在教学活动中，面对不同层次、水平的学生提出的问题，教师都要做到游刃有余。这样不但提升了学生的学习能力、技术水平，而且提高了教师的业务水平与文化涵养。

4. 足球教学中实施异步教学法的建议

（1）提高教师的业务水平

当今时代发展突飞猛进，足球运动技术的迅速发展对教师技战术的要求越来越高，教师若是守旧，不推陈出新，不进行技术交流，将会限制学生的进步与发展。因此，为了适应足球运动教学的需求，教师应当不断加强自身技能与专业知识的储备。

（2）摒弃传统教学模式中的弊端，结合异步教学模式进行技术教学

传统教学模式是应试教育的典范，异步教学法中有推陈出新的成分，教师在具体的教学工作中应将两种教学模式适度融合、取长补短、各展所长，更好地促进足球教学活动的开展

和学生的进步。

（3）为学生营造轻松愉悦的学习氛围

为了加快教学进度，很多教师会采用满堂灌的教学方法，这样不仅会让学生感到枯燥无味，而且紧张的学习气氛不利于学生与教师的交流。此外，在学生遇到困难或者遇到瓶颈期时，教师不要一味地指责学生，而要采取积极的鼓励措施，为学生营造一种良好、活跃的学习氛围，帮助学生获得成功的体验，在提高学生自我成就感的同时，提高学生的学习能力，进而提高足球运动的水平。

（三）异步教学模式的评价体系

教学评价是对教师的教学工作和学生的学习质量做出客观衡量和价值判断的过程。教学结果评价是指在教学活动后，检查学生的学习态度是否转变、学习能力是否提高和学习成绩是否变化的活动，教学结果评价也就是评价学生学习后这三方面的变化，其中包括学生个性心理方面的发展变化，即评价学生达到教学大纲中所规定的目标和要求的程度。异步教学评价包括以下内容：

第一，诊断性评价。有效的教学诊断取决于教师对学生的经验、能力、兴趣、动机和情感的了解，这种了解是教师提出现实的学习目标，并设置适当学习情境去帮助学生达到既定目标的基础。在教学过程中，教师要想从总体上对学生的学习情况进行诊断，就要制定适合每一层次学生的特点和需要的有效策略，了解学生的知识储备，了解他们的技能和能力水平，了解他们对所学科目的态度。

第二，形成性评价。形成性评价是指教师在教学过程中，为了了解学生的学习情况，及时发现教学中的问题而进行的评价。这种评价注重对学生学习过程的测试，注重测试结果对学生和教师的反馈，并注重经常性的检查。其目的主要是利用各种反馈改进教学工作，使教学在不断测评、反馈、修正和改进中趋于完善，从而达到教学目标。其用途包括四点：一是改进学生的学习，二是规划学生的学习，三是强化学生的学习，四是给教师提供反馈。

形成性评价可以给教师提供有关其教学效果的必要反馈。通过对形成性测试结果的分析，教师可以了解自己对教学目标的叙述是否明确，教材的组织和呈现是否有结构性，讲授是否清晰并引导学生的思路，关键的概念、原理是否已经讲清、讲透，使用的教学手段是否恰当，这些信息的获得有助于教师改进自己的教学内容、方法和形式。

第三，终结性评价。终结性评价的首要目的是给学生评定成绩或为教师提供某个教学方案是否有效的依据。终结性评价的用途主要包括三点：一是证明学生掌握技能的程度和能力水平，二是为学生的学习和教师的指导提供反馈，三是评价教师在整个教学过程中教学组织和教学调控的能力。

二、高校体育教学中异步教学法的创新分析

（一）对学生进行合理分组

在高校体育教学中应用异步教学法的主要目的就是激发学生的体育兴趣，提升学生的运动技能。应用异步教学法开展体育教学的第一步就是要根据学生的实际情况对学生进行分组，教师可以根据学生的体育基础能力以及身体素质，将全班学生分成入门组、中等组和高等组。对学生进行合理分组是有效开展异步教学法的前提，并且能够有效提升学生的体育运

动技能水平。教师在分组之前要对学生的体育运动基础能力以及个人身体素质进行全面的分析和了解。在分组过程中，教师可以将体育运动基础能力不足、身体素质较差的学生分为入门组，针对这一组学生的教学目标是注重其体能素质的提升，让学生能够对体育运动产生浓厚的兴趣；将在体育运动上有一定的基础能力，身体素质较好的学生分为中等组，注重这一组学生的技能练习，提高其体育理论知识水平；将体育运动技能较强以及理论知识掌握程度较高的学生分为高等组，加强对这一组学生运动技巧和技能的训练，使其更加完善地掌握体育运动的技巧。

（二）注重教学方法的异步化

高校体育教师在实际的体育教学中，为了能够有效地提高课堂教学效率以及学生的体育综合能力，可以通过提问、引导、讨论与强化这四个步骤对学生的体育学习过程进行有效引导，帮助学生掌握良好的体育运动技能。在提问的教学环节，教师应结合学生的实际学情及其对体育运动的认知程度，设计和引入具有探究价值的问题，注重调动学生的探究兴趣，培养学生自主分析和解决实际问题的能力；在引导教学的环节，教师要针对学生遇到的难题及时进行正确的引导，发展学生的思维能力；在讨论和交流环节，教师要及时发现教学中存在的各种问题，并与学生共同商讨，对教学中的不足之处加以改正；而在强化环节，教师应根据学生的实际学习情况制定完善、合理的评价体系，对学生进行科学合理的教学评价，让学生通过教学评价认识到自身的薄弱之处并加以提高。例如，在高校网球发球技术的教学中，教师首先为学生讲解发球技术的理论知识，然后让学生进行发球练习。对于发球训练中遇到的发球力度和角度等问题，教师可以引导学生进行积极的交流和讨论，并给予正确的指导，再对学生的发球技巧进行合理评价。

在目前的高校体育教学中，一些教师过度重视对学生理论知识的讲解，却忽视了对学生运动兴趣以及运动技能的培养，为了推进高校体育教学课程质量的稳步提升，教师有必要寻求行之有效的教学法。异步教学法在高校体育教学中有着很大的教学意义和价值，对提升学生的运动兴趣以及运动技能具有较大的作用。因此，在高校体育教学中，教师应充分应用异步教学法展开课堂教学，在丰富学生理论知识的同时提升学生的综合运动能力，进而取得良好的教学效果。

第五章 高校体育教学中多元反馈教学法的创新研究

第一节 多元反馈教学法的理论依据

一、多元反馈教学法的相关概念

（一）反馈

美国学者诺伯特·维纳在 1948 年出版的《控制论——关于在动物和机器中控制与通讯的科学》一书中提道，其核心观念指出反馈是系统和环境互相辅佐的过程，系统输出的内容也可以成为输入的一个环节，从而使整个系统受到影响。①

（二）多元反馈教学法

1980 年，刘显国提出反馈教学是一种非灌输式、树状结构的教学方法，是受人的视觉、听觉、触觉等多元信息刺激的多项现代教学方法。② 第一，"多元反馈教学法"是一种以信息的多向传递为纽带，使师生在教与学中增添兴趣，营造学习氛围，提高教学效果的教学方法。第二，这种教学方法不再是教师处于主导地位，而是教师处于引导地位，以信息反馈为主体，对教学的实施进行有效控制。第三，学生变为学习的主体，不再是被动接受教师灌输知识，而是与教师及同学进行积极的讨论并进行总结分析，将知识付诸实践，然后通过课堂的表现和教学测试等反馈给教师。教师根据反馈的信息，找出自己在教学中存在的不足进行改进，同时针对不同学生的实际问题加以解决，真正实现教师与学生、教材与学生、学生与学生、教材与教师、媒体与学生的多元化反馈。③

二、多元反馈教学法的理论依据

（一）多元反馈教学法的基本理论基础

多元反馈教学法以控制论、信息论、系统论及现代教学论为基本理论基础，通过专家学者的潜心研究，将理论结合实践，充分发挥反馈在教学中的优势。多元反馈教学法强调的是以信息反馈为主，把"反馈"贯穿于教学的始终，改变了常规教学中教师讲学生听的注入式

---

①　诺伯特·维纳. 控制论［M］. 王文浩译. 北京：商务印书馆，2020.
②　刘显国. 反馈教学论［M］. 沈阳：辽宁人民出版社，1998.
③　李明岩. 多元反馈教学法在青少年网球教学中的应用研究［D］. 北京：北京体育大学，2019.

的单一教学模式，把积极、主动学习贯穿课堂的始终，改善教学结构，活跃课堂气氛，充分挖掘学生学习的积极性、主动性和创造性，重在培养学生的综合能力。

1. 控制论

根据控制理论，一个自动控制系统必须是一个闭合回路，也就是控制部分和受控部分之间存在着往返双向联系。将控制论运用到教学中，教师就是教学中的控制系统，学生就是被控制系统，教师作为控制系统先要获得被控系统（学生）的基本信息，教师在接收到学生的基本信息之后将获得的信息变成控制信息，这个信息就是输入信息，获得信息后有执行器机构将这些信息输入给被控系统，而受控对象以接收的形式将信息输入系统，把获得的信息经过系统的加工和处理转变为"内部控制信息"，再经过信息通道传给各个子系统，各个子系统对获得的信息进行加工处理，最后以输出信息的方式向外输出。在这个过程中，控制系统和被控对象经过反馈装置处理后，有一部分信息作为反馈信息，并以"反馈输入信息"的形式回到控制系统中。在高校体育教学中运用反馈教学法，教师和学生作为控制系统和被控系统，把各自的信息经过不断的反馈加工、处理、调控，经过往复的循环来完成最终的目标。

2. 信息论

信息论是由美国著名数学家香农在 1948 年发表的《通信的数学理论》一文中提出的，他把信息定义为物质在相互作用中表征外部情况的一种普遍属性，它是一种物质系统的特性以一定形式在另一种物质系统中的再发展。目前，它已经广泛地渗透到各个领域。反馈信息在调控系统的同时，也能顺利地达到预期的目标。

3. 系统论

1932 年，美籍奥地利生物学家贝塔朗菲经过潜心研究提出了系统论，系统论以研究各种系统的共同特征为目的，并用数学方法来定量地描述出其功能，是一种适用于一切系统的原理、原则和数学模型，也是具有逻辑和数学性质的一门科学。自然界和人类社会都处于一定的系统中，而一个完整的系统是由很多子系统构成的，各个子系统之间都存在着一定的联系，他们相互影响、相互作用、相互制约并不断地发展变化。

系统论认为，完整的教学过程是由教师、学生、课程内容三个要素构成的一个完整的系统，而三要素则是一个完整系统中的各个子系统。在整个教学系统中，教师作为管理系统，作用和制约着子系统，子系统包括两个方面，一是教育管理系统中的一个子系统，二是由若干子系统构成的教育督导系统。教育督导系统是两个子系统中最主要的系统，主要以反馈为主。因为反馈系统包含了反馈的对象以及反馈的主体，它的反馈对象不是单一的，而是多元化的，所以在教学中师生之间要构建多元的反馈系统，也要增加多元的反馈形式，这对提高教师的教学效率和学生的学习效果都起着关键的意义。

5. 教学论

体育教学由三个基本要素构成，这三个基本要素构成一个完整的体育教学系统，它们分别是课程内容、学生内容、教师内容。课程内容包括课程目标、课程内容和课程评价，学生内容包括运动能力、体质状况、知识水平和品德水平，知识结构、教学能力、教师的技术技能、教学态度及个性品质则属于教师内容。在体育教学中，教师是整个课程的承载者，要全面地了解学生的各种情况，如体质状况、接受能力、体育兴趣及在学习过程中技能的掌握情况等方面，做学生学习的促进者和鼓舞者，把学生带进学习的氛围中，营造和谐、融洽的课堂气氛，因材施教，根据每个学生的特点进行引导。由此可见，现代教学虽然倡导以学生为主体、教师为主导，但教师在教学中起着非常重要的作用，大到确立课堂教学目标，小到准备教学中所需要的器材、场地等。

体育教学中的两个主要因素是教师和学生，所以人是体育教学活动的主体。在整个教学过程中，教师和学生是一个双边活动的过程，是人与人之间的关系，因此，师生是体育教学过程两个最基本也最重要的因素。而课程内容作为信息要素，是师生之间共同作用的对象，在教学过程中，课程内容是学生和教师之间的桥梁，教师也是通过这一要素与学生相互作用的。

在体育教学中，三个要素都是不可或缺的，要想提高体育教学的效果，整体系统中的每一个子系统都要达到最优化的组合，在整体系统中充分发挥出最大的优势，发挥出整体的最佳效应。

（二）多元反馈教学法的学习论基础

学习是人的倾向或能力的变化，但是这种变化要保持一段时期，而且不能单纯地将它归因为生长的过程。因此，在学习过程中我们可以将它总结为两个方面，就是教师的教学和学生的学习，教师的教学主要以传授学习方法为主，而学生的学习主要以习得学习的方法为主，教师在教学过程中要以学生为主体。在实际教学中，课堂上学生自主的时间多了，就会积极主动地参与讨论和思考，并不断地发现问题，在发现问题的过程中主动向教师发问，在教师的引导下，养成独立解决问题的习惯。这个过程可以体现出学生的创造性学习，经过教师的不断引导，学生在学习的过程中，善于总结、善于发现，在养成良好的学习习惯的同时会逐渐发现新的思想和观点。教师在检验学生学习的过程中，把获得的信息反馈给学生，让学生自己了解学习的过程和结果，看到自己的进步，学生的学习动机进一步得到激发，在课堂上会充分地表现出自信和积极，积极地与同学进行交流和信息反馈，同学之间相互评价，指出存在的不足，等等。这个学习过程能够促使学生将自己的情况结合实际学习，以便在课后巩固已学过的知识和技能。同时，同学之间经过不断的交流和信息反馈，去积极练习、独立思考，认真分析和解决所遇到的问题，在解决问题的过程中会不断地发现新问题，并找出新的解决途径。

（三）运动技能学习的生理学基础

运动技能的形成是由简到繁的。因此，学习运动技能要遵循人体生理发展的规律，从运动技能的形成到发展可分为三个阶段：

一是泛化过程。在泛化过程中，初学者首次接触此项运动技能，经过教师的讲解示范对完整动作进行初步的了解，经过自己的运动实践，对动作获得一种感性认识，而对运动技能的内部规律还处于一种"朦胧"状态。这个过程易出现的问题是：身体不协调，肢体动作极其僵硬、错误动作多，不该收缩的动作不受控制地进行收缩，做动作非常吃力，等等。这个过程主要表现在肌肉的收缩不受大脑的控制，此时感受器输入大脑皮质，引起大脑皮质细胞强烈的兴奋，另外，大脑皮质中的兴奋呈扩散状态，使得条件反射暂时不稳定，出现泛化现象。在这个过程中，教师如果过于强调动作的细节，会让学生感到手忙脚乱，因此应该强调动作的主要环节，以简练的语言和正确的动作示范或肢体动作帮助学生掌握动作。

二是分化阶段。经过一段时间的学习，学生由泛化过程转化为分化过程。在这个过程中，初学者掌握了该项运动技能的内部规律，不协调和多余动作会逐渐减少，错误动作也随之逐渐消除。大脑皮质的兴奋状态逐渐减弱，肌肉受到大脑的控制，加之在练习过程中经过教师不断纠正和示范，所以，学生能连贯地完成完整的技术动作。但进入分化过程并不意味着动作已经完整地定型，这个时期的动作只是初步地建立了动力定型，如果不注意防范，遇到新异刺激，错误动作和多余动作会再一次出现。因此，教师在这个过程中应注意错误动作的出现并及时进行纠正，以免学生养成不良习惯，时刻提醒学生注意动作的细节，使动作更准确。

三是动作自动化过程。随着运动技能的巩固和发展，一些动作出现了自动化现象，学生可以在无意识的状态下完成其动作。

（四）运动技能学习的心理学基础

心理学认为，"动机是激发和维持个体行动，满足个体某种需要的心理倾向，是维持个体行为朝向一定目标的内部动力，动机影响个体的行为和活动"。学习动机是推动个体学习的内在的、直接的原因，支配着学生的学习行为。在学习的过程中，学生想要学什么、怎么学，在学习过程中的努力程度如何，都和学习动机密切相关。因此，在高校体育教学过程中，教师要不断地激发学生的学习动机，学生学习动机的提高不仅会提高教师的教学质量，也会提高学生学习运动技能的兴趣。教师通过运用多元反馈教学法，以多元反馈为主导，引导学生进行学习，及时反馈学生在学习中所遇到的问题，多给学生"肯定"的反馈（如竖大拇指）。同时，要培养学生团结协作的精神，在学习中互相帮忙，在上课的过程中，两个学生为一组相互之间进行监督和反馈，指出对方的优点和缺点；另外，教师在教学的过程中要不断地进行观察，及时掌握每个学生的学习程度，在发现学生进步时要及时给予肯定，对于错误较多的学生要及时纠正其错误动作，并给予鼓励。引导学生在学习的过程中发现问题，善于思考和发问，使教学在融洽的气氛中进行。教师和学生互动增多，更能激发学生学习体育的兴趣和动机，使学生对体育课产生期待感，在上体育课的过程中得到愉快的身心体验。对于不愿意上体育课的学生，教师要采取有效的教学手段来引导学生进行学习，如在课的开始或最后插入一些有趣的游戏，让学生在完全放松的状态下切身体会体育运动的快乐，使课堂教学能够在轻松愉快的气氛中进行，学生的学习动机也会得到提高。

三、多元反馈教学法的原则

（一）全面性原则

在教学中教师要顾及每个学生，学生在学习的过程中因为接受能力不同会出现"分层"现象，这就要求教师在教学时要及时掌握每个学生的学习情况，并根据每个学生的错误动作进行反馈，做出适当的评价。不能以个别学生的错误动作或正确动作进行以偏概全的总结，要全面地了解学生的情况并进行反馈和评价。

（二）及时性原则

在教学中，教师的反馈要遵循及时性原则。教师在上课前及时了解学生对上节课掌握的程度，以利于新课程的导入，课中了解学生对本节课学习内容的掌握程度，并有针对性地进行反馈，课后及时了解学生对本次教学内容的不解之处，并对出现的错误动作及时地进行纠正。教师在教学的过程中要及时给予学生肯定，多以激励性的言语对学生进行反馈和评价，让学生及时了解自己动作技能掌握的情况，激发学生学习的积极性，学生在学习过程中通过双向渠道的信息反馈增加了自信心。

（三）差异性原则

在教学中，教师虽然面对的是同一个教学班，同样的上课时间、上课地点，学生同时接受教师知识的灌输，但在学习效果上，同一个班级内每个学生的学习效果会出现很大的差异，这就要求教师在教学中根据学生的具体情况进行指导和反馈。学生在每个学习阶段都会出现新的问题，教师在给予学生反馈时要细致耐心。通过信息反馈，让学生清楚自己处于哪个学习阶段，并为学习新的技术动作做好铺垫。因此，教师在教学反馈中要具体地去指点、引导，并从多方面给予学生帮助。

（四）具体性原则

具体性原则要求教师在课堂上反馈的内容要具体全面，根据学生的具体情况进行反馈；每个学生在学习技能的过程中会出现不同的错误动作，教师在教学过程中根据学生的具体情况进行分析。

四、多元反馈教学法的评价系统

评价是教学工作的一个重要的组成部分，它贯穿于教学的始终，在教学的每一个阶段都有不同形式的评价方式，并对教学过程中每一个环节有针对性地做出符合教学活动、教学状态、教学行为和教学结果的判断和评论。准确、及时的评价不仅可以让学生明确自己的学习动机，而且可以帮助教师对教学内容进行有效的调节和控制。另外，准确、及时的评价可以让学生了解自己所处的位置，帮助其树立准确的努力目标，调动学生学习的积极性和主动性，让学生始终处在最佳的学习状态。

多元反馈教学法的实施与教学评价过程有着相辅相成的作用关系，即在反馈中评价，在评价中反馈。首先，高校体育教学过程中的评价内容包括了解学生的基本情况、身体素质各方面的指标、学习前对体育技能的掌握情况及对学习体育技能的兴趣等。教师根据这些前测的信息反馈对教学计划进行有效的调整与控制，使教学计划和教学内容更加符合学生的实际学习情况。其次，教师在接受学生评价的信息后，对教学方式、教学结构及教学方法根据学生的实际需要进行调整，通过学生的评价可以得知学生对所教内容的理解程度，理解较快的学生要进一步延伸学习目标和学习内容，没有理解的学生则需要教师认真的补习。学生在接受教师评价信息时，对所获得的信息经过加工、处理，转化成自己所需要的知识。最后，在多元反馈教学法实施完成后，一般是在学期结束后，通过评价学生本学期学习目标的完成情况，取得的学习效果如何，教师对自己的教学进行评价，回顾自己在教学过程中存在的优点及缺点，使教学进一步优化。

第二节　高校体育教学中多元反馈教学法教学环境的构建研究

任何体育教学方法的实施或体育教学的进行都是由学生、教师、目的、课程、方法、反馈、环境等多种要素有机结合的一个动态过程。教学环境是教学活动的基本因素之一，是教学活动赖以进行的物质依托，对体育教学尤为重要。教学环境不仅影响着体育教学过程的组织与安排，而且在某种程度上决定着学生未来发展的方向。体育教学环境不理想历来是我国体育教学中经常忽视的一个问题，在喧嚣的马路上跑步或在尘土飞扬的操场上踢球是的现象随处可见。这固然与学校的经济条件有关，但深层次原因却反映了人们在观念上与"以人为本"教育理念的背离。因此，在我们确立学生的主体地位、深化体育教学改革的今天，重视教学环境建设是十分重要和必要的。

一、体育教学环境

环境可以分为涵盖一切物质条件的物质环境和主要由人际关系与心理氛围构成的精神环境。物质环境是有形的、静态的环境，精神环境则是无形的、动态的环境。物质环境与精神环境之间并不是孤立的。个体发展的物质环境并非处于纯粹自然的状态，而是要经由他人的选择、创设和提供。因此，由人际关系所组成的精神环境必然会对由人的有目的、有意识的活动所形成的物质环境造成影响。另外，人际关系和心理氛围是在人际交往和互动过程中形成的，物质环境中的材料往往是人际交往的媒介，人际交往和互动发生的自然条件和场所也会对交往的过程和结果产生影响。因此，物质环境也对精神环境的形成与作用发挥具有一定的影响。

体育教学环境也适合物质环境和精神环境的分类方法，并且在某种程度上由精神因素构成的心理环境的作用比物质环境的作用更大。尤其是对多元反馈教学法来说，要实现教学信息的多向交流，构建良好、健康的心理环境更为重要。这也是在体育教育专业教学中运用多元反馈教学法时构建相应教学环境的重点。

体育教学的物质环境和心理环境的内容如下：

（1）体育教学的物质环境主要包括体育教学的场所（体育馆和各种体育场地，如田径场、篮球场、排球场等，以及这些场地的周围环境，如阳光、空气、树木、草坪等）、体育教学设备（主要有两大类：一类是常规性设备，如课桌椅、实验仪器、图书资料、电化教学设备等；另一类是体育器材设备，如体操垫、单双杠、篮球、足球、排球、健身器材、标枪、铁饼、铅球等）、课堂的组织形式以及教学班的规模等。

（2）体育教学的心理环境主要包括学校体育传统与风气、体育课堂教学气氛、体育教学中的人际关系、教师的人格和教学行为以及领导方式、体育信息和有关的规章制度等。

二、多元反馈教学法运用中教学环境的构建

体育教学环境设计、建造和优化是为了创造或改善教学条件，对学校体育教学环境进行整体或局部的规划、组织、协调和安排。它既包括学校体育教学物质环境的设计，也包括体育教学心理环境的设计。多元反馈教学法与传统教学方法的最大不同是：变单向的信息交流为多向的信息交流，在体育各项技能、教育技能的掌握过程中，不仅要发挥教师反馈的功

能，而且更要发挥学生之间乃至学生的自我反馈功能。因此，体育教学环境建设的核心问题是如何确立学生的主体地位，如何调动学生学习的主动性和自觉性，如何促进师生之间、生生之间的互动和交往以及学生个体的自我反馈。可以说，多元反馈教学法的功能的发挥只有建立在良好的体育教学环境的基础上，才能取得良好的教学效果。

（一）多元反馈教学法运用中学校体育物质环境的构建

1. 体育教学场、馆的建设

体育馆和各种体育场地（如田径场、篮球场、排球场等），以及这些场地的周围环境的布置与建设，要考虑学生的需求和学校整体的布局，如位置、方向、光、通风、颜色、温度以及建筑材料等都必须符合运动和学生的身心特点以及安全、卫生与审美的要求。教师在使用多元反馈教学法教学时应特别注意保持场地安静，因为在教学时学生大多时间在独立思考和分组讨论，充满噪音的场地会直接影响学生学习的质量。另外，为了便于和引导学生思考，教学场所周围应有技术动作的挂图和文字说明以及与本学科教学相关的一些问题。引导学生思考一些在课堂学习或课后自由练习时遇到的问题，从而对教师的教学提出各种反馈意见，可以促进教师与学生双向反馈的实现。

2. 体育教学设备的准备

体育教学设备是开展体育教学活动的必备条件，对完成体育教学任务起着重要作用。对于体育院系来说，体育教学的两大类设备基本上都能满足正常的教学要求。但是，要运用多元反馈教学法还必须做一些专门的准备，以利于学生、教师之间正常的教学信息和情感交流。

首先，学生需要有一定的自学和讨论空间。这就要求准备足够的与本学科有关的图书、杂志。学生通过阅读，不仅可以解决课堂中遇到的问题，而且可以思考一些教材以外的问题，从而提高独立研究、独立工作的能力乃至创造力。

其次，进一步完善电化教学设备。学生既可以通过电影、电视、幻灯、计算机和多媒体网络信息技术观察优秀运动员的技术动作和技术参数，还可以通过使用录放设备对自己完成的动作进行分析。有条件的教学单位还可以进行必要的动作解析，以便实现客观、准确的自我反馈和教师、学生之间的反馈。

最后，加强运动场地建筑的环境绿化。绿化不仅能美化环境、陶冶情操，而且具有有利于人类健康与生存的功能。因为绿化环境中空气新鲜、洁净，氧气含量较高，可延缓疲劳的出现，并且能够加快疲劳的恢复。同时，绿化环境可以保证学生思维活动快速敏捷，并保持长时间的积极思维状态和稳定的情绪状态。

3. 教学班的规模

教学班的规模是影响学生课堂行为的不可忽视的重要因素，因而越来越受到教学环境研究人员的高度重视。班级规模对学生的学习动机、学习成绩、课堂行为以及个别化教学都有一定的影响。班级规模首先影响学生参与课堂活动的机会和程度。在一个规模适度的教学班内，每个学生都有机会参与课堂讨论、回答问题以及各种师生间、生生间的交往活动。这是运用多元反馈教学法所需的必备条件。因此，要取得良好的教学效果，就必须优化、调整大班型上课的现状，努力探索适合多元反馈教学法开展的教学班规模，确保取得良好的教学效果。

4. 课堂组织形式

教学环境研究表明，学生座位编排方式是形成教学环境的一个重要因素。也就是说，教室中的空间特点和师生之间的人际距离对学生的学习动机、行为和学习成绩均有影响。对于体育教学来说，必须改变以往刻板的、不利于师生特别是学生之间互相观察、互相交流的组织形式，应采取灵活机动的安排方式，如采取分组练习等，为多元反馈教学法的运用创造先决条件。

（二）多元反馈教学法运用中学校体育心理环境的构建

1. 学校体育传统与风气

对于体育院系来说，形成良好的体育传统与风气是十分重要的，也是构建健康校园文化的重要组成部分。它对学生的课堂学习和课后自学活动起着潜移默化的导向作用，引导学生学习的方向和学习力量的分配。学生只有具有强烈的学习动机，具有内在学习的渴望，才能够坚持持久、自觉的学习活动。而这种学习氛围正是运用多元反馈教学法所必需的社会心理环境。因此，学校必须加大力度努力营造良好的、形式多样的、具有自身特色的体育传统和风气。但必须强调的是，营造学校体育传统与风气并不是一件简单的、一蹴而就的事情。具体的优化可以采取以下措施：

第一，建立各个项目定期竞赛制度，形成传统。这样可以引导学生主动训练各个项目竞赛所需要的技能、学习规则和组织各种竞赛的知识，培养裁判能力。

第二，提高教师的职业素养。一方面，教师可以通过自己的言行进行如何做人的示范；另一方面，教师通过自己广博的知识和专业技能给学生以专业指导，提高学生各项竞赛的整体水平，从而提高学生学习的兴趣。

第三，加强舆论宣传。要培养学生日常能加体育锻炼的习惯，必须加强对体育的正面宣传和引导，营造一种舆论、氛围，以培养、强化学生的自我体育意识，使之形成一种自觉的、内在的驱动力，促进学生锻炼习惯的养成。

第四，获得各级管理部门的支持，在政策、人力、资金等方面给予保证。

2. 师生人际关系

人际关系是指人们在长期社会交往中所形成的各种关系。对于学校来说，人际关系主要包括领导、教师、学生之间的关系。其中，师师、师生、生生关系是最主要的，它们对教学活动的影响最深刻、最具体。体育教学的心理气氛受师生人际关系的制约，作为教学集体意识状态的心理气氛是学生对师生关系的心理反应，教学信息传输的有效度与师生关系的和谐程度成正相关。融洽的师生关系使得教学信息传输通畅，是推动体育教学整体发展的动力。同时，这是多元反馈教学法运用的必不可少的人际环境。

3. 校风

校风是指一个学校的社会气氛，是一种无形的环境因素，也是一种巨大的教育力量。校风对学校集体成员的约束力量最终是靠群体的规范、舆论、内聚力这样一些无形的力量实现的。校风主要包括领导作风、教风、学风和考风等。其中，学校中重知识、爱科学、讲文明的气氛是良好校风的集中体现，与之相联系的是追求真理、实事求是、严谨认真、团结向上、勤于探索的教与学的态度和作风。良好的校风是一所学校生存与发展的必要条件，也是提高教学质量的重要保障，对于运用多元反馈教学法更是如此。抓好校风建设应做好如下几项工作：

第一，抓好师德和教风建设，以师德教风引领校风建设。

第二，抓好校风建设的突出问题，建立良好的学风。

第三，把好考试关，形成良好的考风。

第四，抓好学生的思想道德教育、学习目的教育、爱国主义教育以及集体主义教育。

4. 课堂教学环境

课堂教学环境是学校教学环境的重要组成部分，课堂教学环境的优化是学校教学环境优化中最为经常和重要的工作，也是有效实施多元反馈教学法必须进行调整和优化的环境因素。

（1）树立正确向上的班级集体目标。这是创建良好的班级教学心理环境的首要因素。科学向上的班级集体目标既是班级集体舆论和规范的有效导向，也是班级集体舆论和规范的重要监督力量。科学而积极向上的班级集体目标能够有效地激发全体学生为班级集体努力做出自己的贡献的热情和积极性，而且能够让学生在与通讯互帮互助的活动中增强班级集体团结意识，从而推动和促进良好班级集体心理环境、心理气氛的培育和发展。

（2）形成较强的班级集体凝聚力。班级集体的凝聚力也是衡量一个班级集体的心理环境状态的重要标志。在班级集体的动力中，凝聚力处于核心地位。一个教学班级集体凝聚力的强或弱标志着该班级集体目标的明确与否，体现着该班级成员对目标认同程度的高低，反映着该班级集体成员之间人际关系融洽和谐与否的状态。要形成较强的集体凝聚力，应从以下几个方面入手：

第一，提高教师和班级干部的素养水平，以人格魅力感召全班学生团结在一起。这是形成凝聚力的关键。

第二，创建和谐民主的班级人际关系。这是形成凝聚力的基础。

第三，构建民主管理气氛。这是形成凝聚力的纽带。

第四，开展丰富多彩的文体生活。这是形成班级凝聚力的主要手段。

（3）进行平等对话，促进师生间的交往。教师的领导作风是制约体育教学心理气氛的重要因素。心理学家勒温·李皮特和怀特研究发现，民主、专制、放任三种不同的教师领导作风会产生明显不同的结果。当教师的行动更民主时，课堂心理气氛就更加活跃、生动活泼。这是新型师生关系的重要表现形式之一，也是学生主体地位确立的标志。只有在平等对话的基础上，才能真正实现教师与学生、学生与学生之间的信息交流和情感交流，也才能实现教学过程中反馈信息的多向和多元传递。

（4）形成良好的班级集体行为规范与集体舆论。集体行为规范是学生在集体共同生活中所形成的一种大多数人都能接受的行为准则。它规定什么行为是可以接受的，什么行为是不可以接受的。集体舆论是指集体中占有优势地位的言论和意见，它是集体行为规范的一种表现形式。集体行为规范和舆论作为一种无形的环境力量，影响和制约着学生群体中的个体行为。要营造良好的集体行为规范应做好以下几项工作：

第一，建立和健全班级的规章制度，如学生守则、校纪、校规以及班级环境下的特殊行为规范（多元反馈教学法在运用中可以规定学生在课堂学习中必须参加小组讨论并积极发言等）。

第二，预防和抵制与学校规范相抵触的潜在规范，如不良风气、纪律松懈等。

第三，加强舆论宣传，提倡和引导学生掌握与社会发展相适应的潜在行为规范，如舍己为人、无私奉献等。

5. 教师的期望

教师的期望是一种无形的环境因素，会对学生的学习积极性产生重要影响。著名的皮格马利翁效应充分证明，教师的期望可以通过产生自我实现预言效应来影响学生的学习积极性。与此相反，美国心理学家布鲁姆认为，学生学习不及格的部分原因在于他们的教师并没有期待他们掌握相应的知识。这就要求教师在教学过程中从每个学生的实际出发，确定适合每个学生实际的具体目标，及时获得学生学习中的各种反馈信息，并及时评价和反馈，以促进所有学生健康发展。

6. 建立良性竞争与合作机制

良性竞争可以使学生产生紧迫感和适度的焦虑。一般来说，一定的压力会转化为学生学习的动力，提高学生学习的动机。但竞争对人格的发展既有有利的影响，也有不利的影响。因此，教师在运用竞争机制时，必须强化集体意识，培养团结合作精神，使每个学生都具有积极上进心，产生良性竞争，具体做法如下：

第一，建立健全各种竞争制度，做到公正、公平。

第二，在教学过程中经常有的放矢地采用游戏、竞赛等教学方法，引导学生形成团结协作和公平竞争的意识。

第三，加大宣传、教育力度，强化学生的集体观念，增强教学集体的凝聚力，培养学生的团结合作精神，促使教学心理气氛的优化。

7. 创设和谐、民主的课堂教学气氛

课堂教学气氛是指班级集体在体育课堂教学过程中所形成的一种情绪、情感状态，它包括师生的心境、态度、情绪波动、师生间的相互关系等。积极的课堂教学气氛有利于体育教师和学生之间的信息与情感交流，最大限度地引发和调动学生学习的积极性和自觉性。也只有在和谐、民主、轻松的课堂环境中，学生才能乐学、爱学，才能积极地思考问题，教师才能灵活自如地启发诱导。学生和教师能够不断从教学活动中获得反馈信息，不断改进自己的学习活动和教学活动。

总之，教学环境是教学活动赖以进行的依托，与各种教学要素一起对教学活动的效果产生制约和影响。但教学环境的建设和优化并没有统一的标准和模式，环境的建设必须与学校的培养目标、学生身心发展的特点、学校的实际等客观条件相适应。因此，多元反馈教学法在体育教学中的运用，必须结合自身的特点和对教学环境的需要，调控和优化教学环境中的各种要素，发挥各种环境因素一致的教育影响，提高教学质量，促进体育教育教学改革的深化和发展。

第三节　高校体育教学中多元反馈教学法的应用与创新研究

本节以多元反馈教学法在高校羽毛球教学中的应用为例进行阐释。

一、多元反馈教学法用于羽毛球教学中的过程

（一）多元反馈教学法的课堂教学程序

在传统的羽毛球教学过程中，更多的是基本的挥拍练习、步法练习、定点多球练习等教学方法，教师进行基础动作教学，学生进行大量挥拍练习，教师待学生动作初步固定之后采取定点击球的方式进行多球的重复练习，并结合实际情况进行合理的指导，再针对学生的练习进行合理的评价总结，帮助学生发现练习过程中自身所存在的问题，并得以解决。这种传统的教学方法虽然有着自身的长处，但是相对比较枯燥，教学过程单调无趣，学生从始至终只进行重复挥拍和机械式的学习，很难通过这些练习对羽毛球运动产生兴趣，并且在羽毛球基本技术的学习中缺乏主观能动性，对技术情况掌握的程度也不理想，以致对羽毛球运动失去学习的积极性。笔者通过对多元反馈训练法与羽毛球技术进行联系发现，多元反馈训练法很适合运用在羽毛球基本技术教学当中，但是目前很少有关于多元反馈训练法在羽毛球项目中的应用研究。为更科学、更系统地提高羽毛球基本技术教学质量，改进羽毛球教学方法，笔者将羽毛球基本技术的教学与多元反馈训练法相结合进行教学实验。

根据羽毛球教学的技术理论与原则，在课堂教学活动中使用多元反馈教学法，让师生、生生以及教材与学生进行多方面的反馈，并且在教学前进行诊断性评价，在教学过程中进行形成性评价，在教学活动后进行终结性评价，使教学效果达到最佳。在整个教学活动中，教师处于系统控制的主导地位，根据多方面的反馈和评价信息帮助学生找出优势和劣势，让学生能更好、更快地学习羽毛球技术，从而轻松地掌握本节课的教学任务。多元反馈教学法的结构模式见图 5-1。

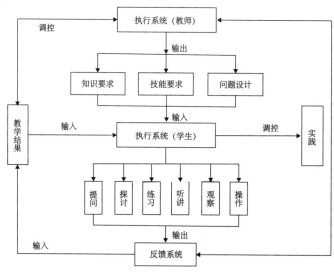

图 5-1　多元反馈教学法的结构模式

（二）多元反馈教学法的教学阶段

1. 录像反馈指导阶段

教师安排一个助手来记录全班同学的练习动作，课后，助手把学生上课练习的慢动作视频和标准的动作视频合成一个视频，发送到师生的微信群中（视频反馈），学生抽出时间与小组一起观看视频，在下节课后每个小组随机抽一名学生总结分享学习体会。

每节课前 15 分钟，教师携带笔记本电脑到球馆，检查学生完成观看学习任务的情况，并现场观看视频指出错误动作，让学生对照正确的示范动作进行分析（学生反馈），选择个别学生对练习情况进行评论，教师提出意见并给予鼓励和总结（教师反馈），提醒学生应该注意的地方，加深对动作的印象，为下一个阶段的复习和学习新的技术动作做好充足的准备。

在课堂中，教师或学生记录同学的错误动作，然后与正确的动作进行比较，同时，教师需要专注于技术点及时暂停并提醒，引导学生找出错误动作，使学生分析自己的问题产生的原因并及时改正。教师根据学生的练习情况对反馈参数进行调整，激励学生多学习羽毛球的理论知识、多观看羽毛球赛事等，慢慢提高学生对球的控制力，更好地了解羽毛球。

相比之下，传统教学法几乎没有录像反馈这一环节。多元反馈教学法录像反馈指导阶段见图 5-2。

图 5-2　多元反馈教学法录像反馈指导阶段

2. 学习新技术阶段

学生在接触一个新动作的早期阶段，即使有指导者的详细讲解和动作示范，再经过反复的动作练习，也只能获得浅薄的感知理解，对技术本身的内在规律仍然知道不多。因此，教师应掌握动作的主要环节，根据学生在练习过程中可能出现的主要问题进行教学，不应过于强调动作的细节，最好用简明的讲解和示范来帮助学生掌握动作。

在学习新技术的前期准备阶段，教师应该做到充分备课，如了解本节课的教学内容，了解每个学生目前的学习状况以及本节课应该用到哪些教学方法。学生应该做到充分预习，提前对所学内容有一些自己的独立想法。教师在课上组织学生观看一些大学生历届羽毛球技能动作训练视频，目的是使学生的学习热情高涨，然后亲自在羽毛球场地做动作示范，通过背面与侧面示范让学生在头脑中初步建立一个完整的动作表象，最后进行动作要领的讲解，目的是加深学生对新动作的进一步思考。例如，在教师示范完反手挑球的动作后进行讲解的过程中，学生会提出如何引拍、如何发力等问题，学生经过思考后进行动作的模仿练习，这时学生之间会进行互相探讨（学生反馈），教师针对学生提出的问题进行反馈评价解答（教师反馈）。教师再次示范，对表现突出的同学给予肯定与表扬并提出需要改进的地方。以上过程在教学中根据学生学习掌握情况进行调整变化。多元反馈教学法学习新技术阶段和传统教学法学习新技术阶段见图 5-3、图 5-4。

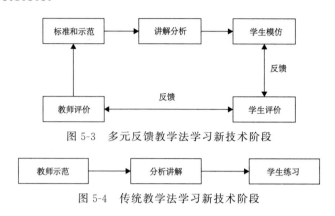

图 5-3　多元反馈教学法学习新技术阶段

图 5-4　传统教学法学习新技术阶段

3．练习阶段

首先，教师组织学生进行集中统一的练习（自我反馈），以实现巩固运动技能的目标，然后将学生分成小组，组长带领小组成员进行组内统一练习，教师鼓励并要求组长指导小组成员，同时得到小组成员的帮助（组内反馈），找出彼此动作的优点和缺点。通过互助和改进的形式学习既帮助了指导者再次加深对动作要领的掌握，又加强了练习者的内在反馈。例如：原地挥拍要求学生在最高点命中击球点，以及掌握侧向引拍动作和发力顺序。教师应引导学生将反馈点集中在技术的主要环节和相对容易出错的地方。再如：问学生为什么击打高远球的时候拍面不正，球总是飞不远，这样学生在击球的时候会把心思更多地放在这一点上，然后与其他同学沟通，观察别人的动作，以便在击球时做到充分挥拍。

同时，教师在来回走动的过程中，用录像机把学生的动作录下来回放给学生看（录像反馈），引导学生提问，引导他们说明动作有错误的地方。教师在结合视频信息提供建议时（教师反馈），首先肯定学生优秀的方面，然后讲解学生需要改进的地方，最后指导学生如何练习，以提高反馈的积极作用。学生自己则可以通过教师和同伴提出的建议做一个当下的自我总结，对自己目前所处的水平有一个清晰的认识。在练习期间，同学们通过分组在课堂上和课后进行交流和比较，学生之间的持续信息反馈形式能够培养学生的自主学习能力，开发学生的创造性思维，提高学生发现和解决问题的能力，同时，教师通过学生等各方面的反馈了解到学生技术学习的情况，再对教学做出相应的调整，不断提高自己和学生的能力，更有效地提高自身的教学水平，以此构成反馈的多元，使动作从泛化阶段逐步过渡到自动化阶段。多元反馈教学法练习阶段和传统教学法练习阶段见图 5-5、图 5-6。

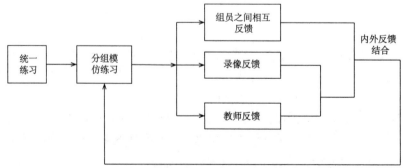

图 5-5　多元反馈教学法练习阶段

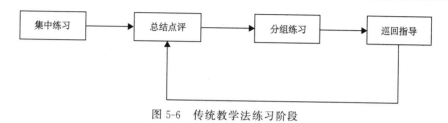

图 5-6　传统教学法练习阶段

4.总结阶段

多元反馈教学法要求各组抽选一名学生总结小组出现的问题以及有哪些优势经验分享给大家（组间反馈）。然后教师集中做出针对性的总结评价，对表现优秀学生给予肯定，对表现有待提高的学生给予鼓励。传统的教学方法只有一般的评价，即教师做整体的评价，这不利于提高学生的积极性。

（三）羽毛球教学中多元反馈教学法和传统教学法的对比区别

1.教学模式理念的区别

多元反馈教学法的教学模式灵活多变，融合了多种教学理念，如师生互帮互助、快乐至上、心理相容等。在学习运动知识和技能的同时，教师通过提出问题来让学生主动思考，从而发挥学生的主体地位优势。传统教学法的教学模式比较单一，学生掌握基本运动知识、理论和技能，只停留在动作技能的方面。教师作为教学的中心，在整个教学过程中扮演控制者，单纯地传授课程知识。

2.教学课程氛围的区别

多元反馈教学法的课堂氛围活跃，融合多种教学方法，组织形式多样化，如游戏、视频、设置问题都使学生学习热情高涨，学习思维活跃，从而主动积极地参与课堂教学过程。传统教学法的课堂学习气氛严肃压抑，教学过程很少有讨论、提问、观看动作视频的环节，教师通过直接讲解向学生传送知识。

3.教学反馈形式的区别

多元反馈教学法的反馈形式是多样的，课前有语言反馈和动作反馈，课中有录像反馈和组内反馈，课后有组间反馈和教师的总结性反馈。在教学过程中，教学示范视频与录像反馈结合，教师和学生在语言反馈与动作反馈的基础上互相交流探讨，形成一个教师、学生、教材彼此之间反馈的路径。传统教学法的教学形式单一，课堂中主要是语言反馈，即在学生练习动作不正确时，教师进行口头纠正。

多元反馈教学法与传统教学法对比见表 5-1。

表 5-1　多元反馈教学法与传统教学法对比

类型		多元反馈教学法	传统教学法
目标		掌握基本技术、发展教学意识	掌握基本技术
方法	教师	信息多向传递，及时反馈、纠正和调控，引导教学	信息单向传递，反馈、纠正不及时，灌输知识
	学生	主动探索，实践思维	被动地学习，平面思维
表现特征		学生参与教学实践，解决一些问题，教学同步，情感共鸣	学生模仿，教学异步，教师不懂如何纠正错误动作
		精讲多练，讲练结合	讲多练少
		学生是技术的学习和探索者	学生是技术的学习者
		学习过程较有挑战性（指导教学）	学习过程相对单调

二、羽毛球教学中运用多元反馈教学法的优势

（一）多元反馈教学法有助于调控教学活动过程

心理学显示，如果学生在学习的过程中没有得到及时的信息反馈，那么心里就会处于饱和的状态，就会认为自己表现良好从而不去努力练习，长期下去不利于激发学生的积极性。例如，在动作结构比较复杂的羽毛球教学中，要实现有效控制，学生就要及时接受信息反馈，并且规范自己的动作，还要时刻与标准动作进行对比。另外，教师也要积极发挥自己的引导作用并控制好课堂节奏，根据实际情况不断调整自己的教学方式，从而培养学生的能力。同时，学生应该积极与教师交流，及时调整状态，更好地实现学习目标和自我价值提升。

（二）多元反馈教学法贯穿了多种教学思想

多元反馈教学法的教学思想不是否定传统教学方法或其他教学方法，而是多种教学思想的本质与多元反馈教学方法的融合。教师在羽毛球课上可以根据每个班级课程内容的不同，采用不同的教学理念和教学方法。比如，教师倡导快乐教学方法，以让学生获得愉快的感觉；鼓励学生大胆地实践探索。以上教学方法中的许多内容都可以融入到多元反馈教学中，有利于教师更好地制订教学计划并完成教学任务。

（三）多元反馈教学法丰富了评价体系

多元反馈教学法的评价体系比传统教学方法模式更加深入，其中既有教师的主观总结评价，也有学生对自我或他人学习成果的评价。多元反馈教学法能让学生更深入地了解自己的不足。同时，在课堂教学过程中，有时教师很难注意到每个学生，学生要学会自我评价并及时反馈给教师，让教师及时调整教学计划，帮助每个学生找到符合自己的学习方法，让课堂可以更加流畅，教学成果更加有效。

（四）多元反馈教学法有助于培养学生的综合能力

在多元反馈教学法中，教师把自己设置的问题抛给学生，学生在接收到这一信息后，迅速做出反馈，教师与学生在互动反馈过程中实现平等对话，学生之间也进行充分的交流，这既培养学生观察事物和分析事物的能力，也养成他们独立思考问题的习惯。例如，在羽毛球教学中，教师会在课堂上针对高远球动作做出解释，同时给学生相互交流的时间，通过实践交流，学生积极地掌握这项技术，并期待做到更好。

三、高校羽毛球教学中多元反馈教学法的促进与创新

（一）反馈的针对性强

在羽毛球技术教学中，教师根据学生学习的情况有效指出问题，学生在动作技能的学习过程中会遇到动作不协调、动作僵硬不自然的情况。因此，羽毛球教师要针对学生存在的问题进行有效的动作纠正。这就是通过学生及时的反馈，教师发现学生存在的问题，从而逐步解决问题。这一过程并不是简单的动作模仿和复制，而是教会学生如何思考动作的过程。教师对学生的羽毛球思维要给予肯定的同时，通过及时反馈促进学生对优点的继续把握和对动作缺陷的自我纠正。比如，对于粗心的同学，教师要引导其观看其他技术好的同学的表现，细致入微的体会教师的示范讲解，对于技术突出的学生，教师要多给予鼓励和肯定，使其起到表率作用，从而带动整体。这就要求教师在教学反馈中具体地去指点和引导，从多方面给予学生帮助。

（二）教学的主体性突出

教师是主体性教学活动的设计者，负责对教学目标的提出、对教学内容的选择、对教学方式的运用，而学生是整个教学过程的主体之一。在羽毛球技术教学过程中，教师要以学生为主体，学生要在教师的指导下，充分发挥主动性，自觉、能动、积极参与教学活动，同时配合教师的教学工作。因为，羽毛球技术教学过程是以羽毛球水平较差的学生为教学起点，以实现课堂教学任务为目的的教学过程。同时，教师要利用各种手段激发学生学习动机，培养学习兴趣和态度，引导学生积极的学习、感知和创造性活动，并根据问答、讨论所反馈的信息，有序地控制课堂，为更好地发挥学生的主体性提供条件，从而体现了发挥学生主体性的开放型课堂。

（三）教学的全面性凸显

多元化教学反馈要求教师关注学生的身体素质、运动技能、心理健康等。在教学过程中，教师不仅要求学生熟练掌握羽毛球运动技术动作的各项基本组成部分，包括力量、速度、耐力、柔韧、灵敏等，还要对其学习动机、学习态度、进步幅度、情感意志等方面进行及时的反馈教学。这也是羽毛球教学改革以人为本的教学理念在羽毛球课程教学中的集中体现。

全面掌握羽毛球技术有利于学生身体各部位、身体形态、机能、素质和运动能力以及心理、性格、思考方式等心理各方面得到全面发展。在羽毛球技术教学中，教师力求在教学内容、方法和过程上多方面影响学生身心，通过信息交流、反馈或者问答、讨论，对学生有全

面的了解，从而在整个教学过程中组织和鼓励学生进行全面的练习和锻炼。

（四）易于发挥教学优势

在羽毛球教学过程中，教师和学生无疑是教学的主体部分。教师依据教学目标，按照教学计划，对教学内容进行科学合理的安排。在此过程中，教学手段和教学趣味性服务于整个教学过程，重点在于调动学生的课堂活跃性和学习羽毛球球技术动作的完整性。教师要科学地引导学生进行羽毛球球技术动作的学习，积极与学生沟通，发现学生遇到的技术动作不协调、动作节奏感不明显等细节问题，改变以往教师动作连续性过强、学生接受时间不足，造成动作学习难度加大，打击学生对技术动作学习的积极性的局面。羽毛球技术教学过程是一个信息发出—接受—反馈—接受的过程。在这一过程中教师合理掌握学生的学习情况，从学生的反馈信息中不断提高教学效率，激发学生的学习动机，改变以往教师因过度威严而使自己和学生之间形成不可逾越的鸿沟的情况。

第六章 高校体育教学中游戏教学法的创新研究

第一节 游戏教学法的理论依据

一、游戏及体育游戏概念

游戏这一形式最早出现于原始社会早期。游戏一般都有一定的规则，是一种为了满足人们生产、生活需要而产生的娱乐活动。作为人类社会的普遍现象，几乎每种游戏都能够反映出其产生时社会的特殊背景和生活方式。一些研究也证实，游戏在人类社会早期是作为一种教育手段存在的，成年生产者通过游戏，对较年幼的生产者进行教育，传授各种生产和生活经验。因为游戏自身与生产和生活是"互为表里"关系，游戏的形式也在社会发展中不断丰富起来。体育游戏就是从"游戏大家庭"中划分出来的一个分支，也是构成游戏的重要组成内容和表现形式。现代社会流行的一些体育活动也是从最初的游戏形式不断被人们规则化发展而来的，这也使得"游戏""体育游戏""体育项目"形成了内在的联系。关于"体育游戏"的概念，不同的学者从不同的角度进行了阐释，本书将其定义为按一定的目的和规则进行的一种有组织的体育活动，是一种有意识的、创造性的、主动性的活动。

二、体育游戏的特点

体育游戏作为游戏的一种重要表现形式，既能体现游戏的一般特性，又能表现出体育的主要特征。体育游戏主要是以人体完成基本动作为主的游戏，是一种能将人的德、智、体等的发展融于浓郁的娱乐氛围中的活动，其主要特点如下。

（一）娱乐性

娱乐性是任何一种游戏的"生命"，体育游戏也不例外，合理进行体育游戏活动，能让体育课生机盎然而不失活力。游戏的娱乐性能使教师和学生在体育课堂上唤醒自身潜在的娱乐冲动，表现出兴奋和活跃，积极应对每一部分教学内容。

（二）普及性

体育游戏的内容是丰富而多样的，不同的人群通过不同的游戏能够满足不同的体育运动需求。体育教学活动也是如此，针对不同学生、不同学段、不同教学内容，教师都应该能够选择或创编出合适的体育游戏，以满足健身、娱乐、教学等不同的需求。

（三）规则性

体育游戏的规则性既可以从原始的游戏中传承，又可以在实际的创编中不断创新，目的就是使体育游戏不断满足不同的需求。体育游戏只有具有一定的规则，才能够保证教学有条不紊地进行，顺利实现教学目标。

（四）竞争性

如果说体育游戏的娱乐性激发了人们原始的娱乐冲动，其规则性保证了体育游戏的顺利进行，那么，竞争性则能最大限度地调动人们参与体育游戏的积极性。竞争能将体育游戏的效果发挥到极致，充分开发人体的潜能。现实中的体育游戏大多是以个人或者集体取胜为目的的竞争性游戏，通过游戏完成的数量、质量和速度来评判胜负，获胜者能够满足内心的愉悦并能够充分地展现自我。通过竞争培养的体育能力对于体育教学来讲无疑是有利的，它会帮助学生更深刻地体会体育的精神内涵与魅力，更加出色地完成体育教学任务。

（五）目的性

通常人们进行体育游戏都具有一定的目的，或者是愉悦身心，或者是培养团结协作的精神，或者是为完成某些体育活动任务。比如，人们在篮球教学中进行体育游戏，或是为了调动大家的情绪，或是为了活动热身，或是为了使某一枯燥的技术学习环节更加生动有趣。总之，体育游戏的进行是行为和目的的统一。

三、游戏教学法的内涵

笔者通过查阅相关词典书籍发现，对于"游戏"一词，解释略有不同，如《教育大辞典》对游戏法、体育游戏、教学游戏有着不同的解释，具体内容为：游戏法是教师组织学生运用游戏的方式，在规则许可的范围内，充分发挥学生的主动性和创造性，以达到游戏目标的一种练习方法；体育游戏亦称"活动性游戏"，为了提高学生的体育兴趣，将某种体育活动加上情节或规则，以活动的结果作为判断胜负的依据，可提高学生参加锻炼的积极性，其构成的基本要素是身体活动、情节、规则、方法、结果和场地器材等；教学游戏亦称"游戏教学法"，是根据教学大纲，将教学内容与生动有趣的游戏相结合的教学方法。金钦昌在《学校体育学》一书中认为，游戏法是教师组织学生，在规则许可的范围内，充分发挥个人的主动性和创造性，完成预期任务的一种方法[①]。游戏法通常有一定的情节和竞赛成分，内容和形式多种多样。季浏、汪晓赞在《小学体育新课程教学法》一书中指出，游戏化教学法是在教学过程中，教师通过各种各样的游戏手段，引导学生进行学习，并培养多方面能力的教学方法[②]。这一方法强调情感和活动的因素在教学中的作用，突出了学生在教学中的主体地位。

综上，笔者认为游戏教学法是教师根据教学内容和教学大纲的要求，把游戏作为教学方法的载体，组织学生在游戏的氛围中，充分发挥学生的主动性和创造性，从而达到预期教学目标的一种教学方法。

---

① 金钦昌. 学校体育学［M］. 北京：高等教育出版社，1994.

② 季浏，汪晓赞. 小学体育新课程教学法［M］. 北京：高等教育出版社，2003.

四、体育游戏对体育教学的意义

（一）体育游戏在体育教学中的应用方法

体育游戏在体育训练应用中最基本的特征就是体育游戏与运动项目具有匹配性。体育游戏只有符合运动项目的需要，才能发挥其应有的作用。一种体育游戏可能适用于好几种体育活动，一种体育活动也可能适用于许多体育游戏，但只有选择最适合的，才能最大限度地调动学生的积极性，帮助学生更好地掌握运动技能。

体育游戏不仅是为了激发学生的兴趣，作为一名体育教师，在激发学生兴趣的同时，更要注重体育游戏对学生智力的启发，引入智力训练内容，启发学生的思维，注重对学生能力的培养。教师在设计体育游戏时，要注意体育游戏的结构不宜太复杂，过于烦琐的游戏会降低学生的学习兴趣。例如，在篮球训练中进行三步上篮的教学时，教师可以将学生按掌握技术的程度均匀地分为两人一组，进行运球上篮的比赛游戏。两名学生持球分别在底线对角准备，以哨声为准开始游戏，学生必须运球到前场三步上篮，进球才能继续运球上篮到对面篮筐，若不进则须将球补进，上篮违例者原地停留两秒，两名学生中先追上对方的学生为胜者。这个游戏不仅结构简单，而且可以使每名学生都参与进来，还可以使学生感悟到技术动作在实战中的应用。

教师要有意识地控制好体能训练和游戏的比例。体能训练具有周期性，学生容易产生厌烦心理，如果在体能训练中加入一些体育游戏，就会增加体能训练的乐趣，但如果融入过多的体育游戏，则达不到训练效果。当学生的学习兴趣随着上课时间的推进而降低时，加入一些体育游戏可以重新调动学生的学习兴趣。在课堂气氛活跃后，学生重新进入训练，会提高训练质量，还不会降低学生的积极性。

（二）体育游戏在体育教学中的应用缺陷

体育游戏可以激发学生的兴趣，激励他们积极参与体育训练，但如果使用不恰当，就很难发挥它的作用。在教学中，体育游戏的应用存在一些问题与不足：第一，体育游戏的选择与运用存在不平衡和盲目的现象。一些教师在结合实际教学任务选择体育游戏和合理安排体育游戏难度方面有所欠缺，不能有效地激发学生的学习兴趣。第二，体育游戏的运用效果欠佳。例如，体育游戏在实际运用中存在趣味不高的现象，一些教师对体育游戏促进学生心理健康与提高学生适应社会能力方面的重视程度不够。第三，由于一些体育教师语言能力有限，对游戏的判罚尺度比较松，游戏的组织效果较差，观赏程度较低。因此，加强对体育游戏的重视，在教学中合理运用体育游戏是提高体育教学质量的重要保证。

五、体育游戏教学法对体育课的辅助功能

在倡导体育游戏教学法的教学实践中，体育课教学的每一环节都能穿插游戏内容或者整个教学过程都能在游戏的过程中完成，并且在实践中得到了验证。首先，体现在对体育课准备部分的教辅作用。在体育课的准备阶段，学生的心理和身体一般都处于比较安静的状态，身体各个关节的灵敏度比较差，肌肉比较僵硬，内心体育冲动不强，大脑兴奋性不高，特别是有些学生本身就对体育不感兴趣，在课上的表现比较消沉。尤其是对于高校的学生来说，因自身素质和学科培养的特点，他们参与体育课的激情不高昂，上述特点表现突出。所以，

体育游戏教学法的应用尤为重要，能够满足学生对体育课的需求。在体育课的开始阶段采用游戏教学法，能够有效地帮助学生在一个娱乐的气氛中实现身体预热，提高学生参与的积极性并产生对体育活动的兴趣。正如心理学家所说，"兴趣"是学习最好的老师，游戏教学法使学生产生参与体育学习的兴趣，等于为学生提供了体育学习的动力源泉。合理有效地组织游戏能使学生精神亢奋，所以在体育课的准备阶段采用游戏教学法，对于体育课基本部分的有效进行是十分有益的。其次，体现在对体育课的基础部分的辅助作用。通常体育课准备部分的内容以复习旧知识和传授新知识为主，传统的体育教学只注重言传身受，教学方法单一，很难提高学生学习的兴奋性，尤其是对旧知识的复习。通过体育游戏教学法，能够迅速提高学生大脑的兴奋性，集中注意力，在游戏中完成旧知识的复习和新技能的学习，使学生面对难度较大的技术动作不再会因为产生恐惧感而退缩，而是在轻松愉快的游戏氛围中逐渐掌握技术动作。尤其是采用经过合理创编的针对性强的游戏，更有益于学生学习新、难的技术动作。最后，在体育课的技术部分安排合理的轻松愉快的游戏，有助于学生缓解体育课神经的高度兴奋和肢体的疲劳，以放松、平静的身心投入到文化学习之中，同时充满对体育课的期待。

六、体育游戏在体育教学中的实施要求

（一）借鉴传统的民间游戏

游戏来源于生活，传统的游戏是我国广大劳动人民智慧的结晶，本身具有浓厚的乡土气息，是劳动人民在生产、生活中自己创编完成的，由于娱乐性强，几乎不受时间、地点、参与人数等因素的限制，传统优秀在民间广为流传。因此，体育教师可以参考和借鉴民间的传统游戏，在探索其教育功能的基础上，结合本身的教学内容和学生特点，适当引入或者改编适合的民间游戏，使体育游戏更加接近地气。

（二）紧密围绕教学目标

任何游戏都有其一定的目的。在教学中，体育游戏的选择也应该紧密围绕本次课程的教学目标，具有明确的目的性。例如，集合队伍时的报数游戏是为了集中学生的注意力，接力跑游戏是为了提高学生的身体素质，专项游戏是为了学生更好地掌握运动技能。教师在教学中应该正确处理好体育游戏和体育教学二者的关系，体育游戏只是传统体育教学的一种辅助手段，而不能代替传统的体育教学，有的教师在教学中为了减轻自己的工作量，整堂课都采用游戏的方式进行授课，这既脱离了课程的教学目标，也会使学生对游戏失去兴趣，体育游戏也失去了真正的意义。

（三）不断开发、创编游戏内容

教学中缺乏新游戏是目前困扰学校师生的一个普遍问题，同样的游戏内容反复进行体验，学生就会从内心产生抵触心理，参与的热情、积极性会大大降低，体育游戏也就失去了其真正的价值。因此，学校相关领导要认识到体育工作的重要性，加大对体育教学工作的经费支持，组织教师外出进修学习与交流。体育教育工作者要在实践中不断开发、创新的游戏内容，考虑到场地、器材设施、课程的教学内容、学生的特点、身体素质等因素，既要考虑到每名学生的心理、生理承受能力，保证所有学生能积极参与到游戏中来，又要体现出体育游戏在德育、智育、体育上的全面教育作用，在参与体育锻炼、掌握运动技能的同时促进学生的身心全面发展。

（四）保证游戏的安全性

在体育教学中，学生的安全问题是摆在体育教育工作者及教育界相关人士面前最为棘手的一个问题，各教学环节具有不确定性和突发性特点，导致学生在教学中特别容易受到伤害。因此，体育游戏的组织实施要保证学生的安全。在上课前，教师要根据气候特点、场地、器材、学生特点、本次课的教学内容进行风险评估，如对器材进行合理的选择、摆放，遇到极端恶劣的天气应及时停止教学活动，遇到学生疾病、伤病等情况应该劝阻其参与体育活动，从而及时地规避风险；在教学中要对学生进行安全教育，时刻关注学生的安全，运动前对肌肉关节进行充分的拉伸，掌握体育游戏的节奏，发现风险应该及时制止，如遇到突发意外事件，及时联系医务室并拨打 120 急救电话，并对学生进行紧急处理和适当的施救措施；在游戏结束后，组织大家做一些舒缓的放松动作，使学生放松身心，避免疲劳积累对学生产生伤害。

第二节 高校体育教学中运用游戏教学法的价值分析

一、游戏教学法在高校体育教学中的教育价值

（一）培养学生良好的体育品德

体育游戏可以分为竞赛类游戏、小组合作类游戏、体力与智力结合类游戏等。体育游戏都有各自的游戏规则，都会对参与人群有一定的规则约束。在体育教学中加入体育游戏，能让参与的学生群体产生一定的遵守规则的意识，养成遵守纪律的习惯。竞赛类体育游戏存在一定的竞赛性，学生在参与的过程中尽自己全力完成体育游戏，能够培养进取精神，提高体育水平。

开展体育游戏活动有利于培养学生的竞争意识。在小组合作类游戏中，学生实力不一，游戏能力强弱不同，大家共同参与游戏，能够培养不放弃、不抛弃的精神，提高团队合作能力。体力与智力结合的游戏不仅可以激发学生的进取精神，促使其体力、智力全面发展，而且能够培养学生机智、勇敢、顽强等良好的体育品德。

（二）具有促进高校体育教学发展的作用

传统的热身手段单一、枯燥，学生往往处于被动接受的位置，致使体育教学任务完成进度缓慢，体育游戏的运用为热身活动增添了新意，学生参与度提高、热身充分，基础知识部分的学习效率大大提高。进行体育游戏的深层乐趣是在运动技术的学习中体验成功。体育游戏让学生在轻松愉快的氛围中学会了高难度动作，增强了学习体育课的兴趣，体育课参与度大大提升。在体育运动中，重要且不可或缺的部分是最后的放松部分，但是学生对放松活动的好处往往认识不足，在体育教学中加入体育游戏，放松效果得到了大大的提升，学生在大强度运动后进行体育游戏活动，肌肉放松效果明显，从而增强了学生体育课的参与度。

二、游戏教学法在高校体育教学中的健身价值

在体育教学中运用游戏教学法能调动学生的参与积极性，改善学生的身体机能。例如：在准备活动中进行最原始的"贴膏药"游戏活动，不仅可以发展学生的反应能力，而且可以提高学生的灵敏性，这一效果在跑圈和做徒手操的传统准备活动中是无法达到的。总之，教师应当根据不同的需要，采用适当的游戏来发展学生的身体素质。

协调能力是学生必备的身体素质，体育教师创编适宜的体育游戏，在调动学生大肌肉群活动的同时，可以发展学生的灵敏性，使其身体各器官机能更加完善，使其协调能力随着身体综合素质的提高而得到提高。游戏在规则和同学间配合的轻松氛围中缓解了学生在面对困难技术动作时产生的肌肉紧张和表现出的动作不协调，提高了学生的动作协调能力。

三、游戏教学法在高校体育教学中的健心价值

（一）学生的心理素质得到改善

体育课是学生参与体育锻炼的主要途径，参加体育锻炼可以增强学生的体质，在体育课上进行难度适中的游戏，能促使学生挑战自我、超越自我、获得自信。教师在教授有难度的技术动作时，适当采用游戏教学法，可以缓解紧张的学习气氛，使学生在轻松的氛围中学会技术动作。

思维和行为的不协调、不统一，容易导致人的心理不健康，而运用游戏教学法，有利于促进学生的心理健康。例如：学生在音乐的配合下，根据健美操课程创编游戏，做出正确的游戏动作，这种思维与行为的统一，对学生的心理健康有良好的帮助作用。

（二）学生的心理健康得到了维护

在社会生活中，良好的人际关系可以消除人们的孤独感，使其获得安全感。随着社会经济的发展和网络科学技术的进步，一些学生沉迷于虚拟的网络中，人际关系日渐疏远，学生的人际交往能力变差。不少少年儿童在成长过程中，其他方面的能力不断提升，但是人际交往能力却不尽人意，缺乏良好的社会适应能力。学生不管面对怎样复杂变化的社会环境，都应有较强的责任感，这是心理健康的良好表现。在体育教学中运用游戏教学，有助于学生提高交际能力，能使学生掌握克服困难的方法，能培养其面对失败不气馁的精神品质。

四、游戏教学法在高校体育教学中的娱乐、趣味价值

娱乐性和趣味性是游戏的一个显著特征，在体育教学中运用游戏教学法的目的也是利用其特性激发学生参与体育活动的热情。游戏的多样性成功取代了传统体育教学的单一与枯燥，我们可利用其娱乐性和趣味性吸引学生对枯燥的体育技术学习产生兴趣，改变学生的体育态度、体育意识和体育价值观。

体育游戏与体育教学密不可分，但是在运用体育游戏进行教学活动时不能盲目，而是要认真分析教材，创编出适合学生发展、适合技术和技能教学的游戏。一般类的体育游戏可以放在准备部分以及结束部分的放松活动中，基本动作技术教学的游戏化要有一定的规范，游戏化并不意味着就是玩，而是在玩中学会动作技术，那种低级且没有肌肉群参与的游戏必须放弃，体育游戏应以动作学习为主，为体育教学服务。

第三节　高校体育教学中游戏教学法的有效应用与创新研究

一、游戏教学法在高校体育教学中应用的依据

（一）学生的生理特点与体育游戏教学

学生时期是人的一生中精力和体力最旺盛的时期，在这个时期，人们的生理机能日趋稳定和成熟，身体素质处于高峰期。因此，在体育教学中，形式与内容要实现规范统一，智能和体能要达到和谐统一，因为这样更有利于促进学生的身心成长与全面发展。随着青少年的年龄增长，其骨细胞不断增长，水分及有机物逐步减少，无机盐增加，骨的硬度增大，骨质密度不断增强，骨骼变粗壮，身高的增长速度开始缓慢下来。在学生时期，人的大肌肉群和小肌肉群同时得到发展，运动能力、协调性和灵活性均得到了大幅度提高。因此，在运用体育游戏教学法时，教师应采用具有一定难度的、较为复杂的、具有一定竞争性的游戏。另外，随着年龄的增长，学生的身体循环系统也接近或达到了成年人的水平，心肌发达，血压相对稳定，在承受较大负荷的运动项目时，对心肌和血管循环系统基本没有不良影响。因此，在教学过程中，我们可以使用游戏教学法，以达到提高心血管系统功能并适当增加运动强度的目的。

（二）学生的心理特点与体育游戏教学

学生的心理在不同阶段有着不同的特点。例如，在大学阶段，学生的心理特征基本表现为记忆力强，抽象思维能力敏锐，思维的独立性、判断性、深刻性和敏捷性都比高中阶段得到大幅提高，情感也更加丰富，但还不是最佳、最稳定的阶段，有时候容易冲动和暴躁。但是，随着认知水平的不断提高，他们已经有了明确的自我意识，可以像观察别人一样审视自己了。尽管他们有时候也为自己的聪明和具有的能力自傲，有时候也会埋怨自己的无能，但他们在这个时期已经具备了自立能力和独立思维能力，对未来充满幻想。因此，在高校体育游戏法教学中，教师可以结合课堂教学的实际需要，多设立一些能够增强耐力、力量和速度的游戏。这样可以在全面提高学生身体素质的同时，利用游戏的复杂性锻炼和发展其逻辑思维能力。随着学生集体责任感和荣誉感的增强，教师可以充分调动班干部和体育爱好生的优势和积极性来提高游戏效果，从而培养其勇于开拓、积极进取、团结拼搏的时代精神。由于性别的差异，女生在力量和难度的复杂程度上可能会产生心理上的劣势。因此，对于女生应多侧重于动作优美、韵律性强、协调性强的游戏教学。

（三）高校体育的基础技术动作教学与体育游戏法教学

在高校体育教学中，尤其是在基础教学阶段，教师往往会忽视一些重要的技术动作的教学，其直接结果就是影响体育教学质量的提高。因此，教师在开展体育教学工作时，一定要重视基础技术动作的教学。而在实际教学中，基础技术动作的学习是非常枯燥的，学生很难从中找到乐趣，如果在教学中引入体育游戏和竞赛机制，就会使学生在轻松愉快的氛围中进入技术动作的练习，进一步提高反应能力和应变能力。

二、游戏教学法在高校体育教学中的应用分析——以羽毛球运动为例

（一）游戏教学法在高校羽毛球步法教学中的应用

1. 体育游戏在羽毛球教学准备活动中的运用

准备活动包括一般性准备活动和专门性准备活动，根据各项教学内容的主要任务，有选择地将体育游戏穿插在各项活动中，有利于调动学生的学习积极性，避免枯燥无味，使课堂气氛生动活泼。

（1）运用于一般性的准备活动。一般性的准备活动是指全面活动各机体，克服机体生理惰性，逐步提高大脑皮层的兴奋性，使学生进入训练状态的活动。其主要目的是迅速地把学生组织起来，明确课程任务要求，使学生集中注意力，进入良好的学习状态。可选用一些报数游戏，如环形跑报数游戏，即在学生环形跑的过程中教师发出口令，喊 1 时学生继续跑动，喊 2 时停止跑动，喊 3 时向后转身跑动；又如"喊数抱团"，全班同学围成一个圈，按顺时针或者逆时针转动跑起来，这时教师突然喊出一个数字，如"4"，4 名同学立刻停下来抱在一起。当然，类似这种报数游戏形式多样，还可以与各种步法结合起来，如左右并步步法、交叉步步法等跑动，这些游戏有利于提高学生的协调能力，吸引学生的注意力，提高其兴奋性，"喊数抱团"游戏的队列队形见图 6-1。

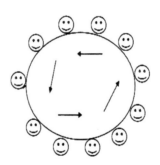

图 6-1　"喊数抱团"游戏的队列队形

传统的准备活动通常采用慢跑、定位操等形式，这些内容的简单重复会使学生缺乏新异刺激，积极性下降。为了改变耐力跑枯燥、单一的现象，教师可以根据一般性准备活动的要求，从教法多样化入手，利用趣味跑的方法提高学生的耐力水平。比如"龙尾变龙头"练习（见图 6-2），即以小组为单位成一路纵队绕操场分别以速度较快、匀速慢跑、匀速大步走为形式练习，排在小组末尾的学生则以快速跑的方法从右侧快速超越整个队伍跑到最前面领跑或走（各种形式以 400 米为基数），做到快中有慢，慢中有快，快慢结合，加大强度与积极调整相结合。实践证明，这种方法容易被学生接受，对提高学生耐力跑水平有很大的帮助。跑动中的"喊数抱团""蛇形跑""螺旋形跑""拉网捕鱼"等，可使学生跑出欢乐、跑出兴趣。以活动肌肉、关节、韧带为目的的徒手操、定位操、行进操，除了充实、改变动作，使其更有新意外，也可以在组织上使其游戏化，使学生在游戏中轻松愉快地活动肢体，提高兴

奋性，达到准备活动的目的。

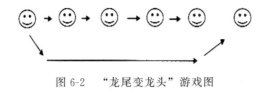

图 6-2　"龙尾变龙头"游戏图

（2）运用于专门性的准备活动。专门性准备活动主要是使与完成基本部分内容有关的肌肉群、关节、韧带和器官，以及各系统机能做好充分的准备。教师可以创编一些动作性质和结构与基本部分教学的内容大体相似的体育游戏作为辅助性和诱导性练习。每节课都必须安排的羽毛球步法练习，就可选择一定的体育游戏与羽毛球的步法紧密结合，如"火车赛跑"游戏：学生分两列纵队站在起跑线后，每名学生都把自己的右脚伸给后面的人，用右手掌兜住前面的学生伸过来的脚，左手搭在前面学生的肩上。排头、排尾不屈腿，组成一列"火车"。听到出发的口令后，所有学生按照一个节拍向前跳动，排头可以走步，以"车尾"先通过终点线的一组为胜。又如"双脚开合跳"，这个游戏的特点是跳跃运动，可以锻炼踝关节的力量。再如，"双脚前后左右跳"主要锻炼踝关节和小腿的力量，"弓步转髋大跨步跳"主要应用于接杀球步法中，锻炼髋部的灵活性和膝关节、踝环节的力量。以提升步法频率和密度为目标的步法移动练习也可以提高步法移动速度，如"摸脚踝走""肘膝相碰跳""后脚跟走"等，通过这些游戏的练习不但可以培养学生的团结合作意识，而且能有效地增强学生的下肢力量，这对训练羽毛球步法有积极作用。这些体育游戏有较强的实效性，不仅能较好地发挥准备活动的作用，而且能提高学生的学习积极性。另外，还有结合下肢力量练习的协调性练习，如健美操的弹踢以及各种形式的变化练习。

在准备活动中运用体育游戏法，应紧紧围绕训练目的，有选择地穿插运用，使学生的兴趣、注意力、身体机能、活动能力有一个逐步适应提高的过程。值得注意的是，教师要注意观察学生的心理变化，控制运动负荷，避免开始就做一些运动量过大、对抗性激烈的游戏。

2. 体育游戏在羽毛球步法基本部分教学中的运用

体育教学的特点决定了教学必须以学生为主体，在教学过程中学生积极主动、自觉地参加练习，承担运动负荷，就会达到较好的教学效果。动作技能的形成是一个复杂的过程，学生良好的机能和心理状况是动作技能形成的必要条件。在技术教学中运用体育游戏法，可以改善教学气氛，使单调、枯燥的羽毛球步法练习变得生动活泼，提高学生的学习积极性，促进其运动技能的形成。教师可以选择、创编一些以羽毛球步法为素材的体育游戏，在游戏中巩固学生的动作技能。

（1）隔网击掌步法移动游戏。隔网击掌步法移动游戏的具体操作如下：利用羽毛球网把场地分成两个部分，把学生分成两队，每队可以分成三个小组——右边、中线、左边，两队分别站在羽毛球场地的底线位置，一一对应，教师喊"开始"，两队的学生从底线位置同时向羽毛球网以高抬腿、侧滑步、后踢腿、摸脚踝、肘膝相碰、后脚跟走、交叉步等步法前进，与网对面的另一队队员网上击掌后接着转身采用前进时的步法向自己的底线方向移动，返回到自己底线位置后与同队的队员击掌，排到队伍的后面。同队队员再继续向前，重复前面队员的动作，这种体育游戏能够提高学生羽毛球步法移动的速度。隔网击掌步法移动游戏队列队形见图 6-3。

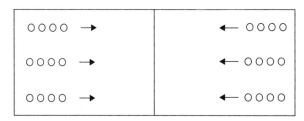

图 6-3　隔网击掌步法移动游戏队列队形图

（2）同场击掌步法移动游戏。同场击掌步法移动游戏的具体操作如下：把学生分成两组，两组学生均站在羽毛球网的一端，每组派一名学生出列，两名学生面对面站立，侧滑步移动，两人掌心相对，但保留一定空隙，在移动过程中不可被对方甩掉。也可以采用交叉步移动等形式，当 A 举起左手时，B 出左手与之相击；当 A 举起右手时，B 出右手与之相击；当 A 举起双手时，B 出双手交叉与之相击，然后交换练习。这种体育游戏不但可以提高学生的反应能力，而且可以提高学生的手脚协调配合程度。同场击掌步法移动游戏队列队形见图 6-4。

图 6-4　同场击掌步法移动游戏队列队形图

（3）步法移动的梯式练习。梯格是指把羽毛球场地想象成划分成梯子的格子。在步法移动的梯式练习中，可采用"双脚起跳"练习方法，即两脚并步站立，轻轻地屈膝，跳动时大脚趾用力，尽可能快速跳动，注意不要用脚尖阻止身体前行，这是动作完成的关键。步法移动的梯式练习队列队形见图 6-5。

| ○1 | ○2 | ○3 | ○4 | ○5 | ○6 | ○7 |
| ○1 | ○2 | ○3 | ○4 | ○5 | ○6 | ○7 |

图 6-5　步法移动的梯式练习游戏队列队形图

（4）平行跨步跳移动游戏。平行跨步跳移动游戏的具体操作如下：两脚并步站立于"梯子"上，右脚立于右侧线之外，第二、三步依次跨入一个梯格中，按左右脚顺序完成动作。第四步时，左脚向斜前方跳步，落于左侧线外侧。第五、六步依次跨入一个梯格中，按右左脚顺序完成动作。平行跨步跳游戏队列队形见图 6-6。

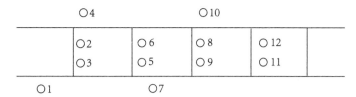

图 6-6　平行跨步跳移动游戏队列队形图

另外，还有"锯齿形跳步""跳跳分腿""跳分腿""快步跑""交叉跨步""扭腰跳步""空中交叉步"等游戏方法。这类游戏可以加强学生的下肢力量，提高学生的手脚协调能力和步法的灵活性。

（5）"点位移"练习方法。学生站在四个不同颜色的物体中间，教师在外面说颜色，学生从该颜色绕过，然后回到原位。例如，教师喊口令"黄"，学生就从黄色绕过回到原位，动作要快；教师喊口令"黄、红"，学生从黄色绕过回到原位，再从红色绕过回到原位；教师喊口令"绿、蓝、绿"，学生从绿色绕过回到原位，再从蓝色绕过回到原位，再从绿色绕过回到原位。也可以学生之间配合练习。练习该游戏的目的是锻炼学生的前后、左右移动及回位、急停能力。

在羽毛球步法教学中运用体育游戏，关键在于把单调枯燥的羽毛球步法练习创编成生动活泼的游戏，使其具有游戏的特点，调动学生的学习积极性，努力提高教学质量，完成教学任务。值得注意的是，将游戏运用于羽毛球步法教学中要注意运用时机，一般来说，在动作掌握的开始阶段尽量避免使用游戏形式。动作技能基本形成后的巩固与运用阶段可大量采用游戏形式，以便在变化和提高难度的情况下使学生的动作技能得到巩固。

3. 体育游戏在教学结束阶段的运用

教学结束阶段的主要任务是使学生逐渐恢复到相对安静状态，体育游戏法教学对于心理及身体机能的放松具有独特的功效。融健康、有趣、协调、轻松、愉快为一体的游戏性放松活动能转移大脑皮层运动神经的兴奋，使运动器官得到放松与恢复，使学生的身心恢复到较好的状态。因此，在教学结束阶段的整理活动中，教学要突出游戏的趣味性特点，在内容形式上做到新颖、轻松、活泼，充分拉伸腰部、肩部、大腿内侧肌肉韧带以及侧腹肌腰肌的韧带等，使学生摆脱体育活动造成的心理和生理上的紧张状态。拉伸可以放松，如甩腿、拍打等方法可以使肌肉得到放松。学生可以自己拍打，也可以相互拍打。又如"双人背靠背"，即两人背靠背背起同伴震动，使同伴通过震动放松身体，尽快使神经系统和运动系统高度由兴奋状态恢复到相对安静的状态，以便投入其他学科的学习。

（二）体育游戏法在羽毛球教学中的注意事项

1. 游戏前的准备工作

教师在上课前，甚至在备课阶段，应该根据教学内容和教学需要清晰地选择体育游戏。有些体育游戏可以作为基础教学的辅助性教学出现；有些则是为了促使学生更好地进行热身活动，调动其运动的积极性和兴奋度；还有些是为了放松肌肉，增强或恢复体力、耐力。只有这样，才能将场地、人员、游戏所需教具准备充分，更加有利于教学工作的开展。

2. 游戏的合理性和时间比

在高校羽毛球教学中，由于正处在思想相对成熟期，也形成了自己鲜明的个性特征，学生既具有一定的独立意识，又以一个团体的形式存在。教师在设计和组织教学游戏时，要充分考虑以上因素，既要在竞争中展现学生的个性特长，又要有意识地培养和考查他们在游戏中的团队意识。在安排游戏时，教师要注意人员分组的合理搭配，只有这样，才能充分调动各组队员的积极性和主动性，增强游戏的竞争性，教学目标也更能充分实现。同时，教师要注意游戏教学所占课堂的时间比，根据实际教学内容需要安排游戏时间，通常以 60%～80% 为宜。所以，在设计游戏时，教师要从实际情况和具体要求出发，结合教学进度，结合时间比，对游戏项目进行有计划的改进和创新，制定更新、更有趣味性的游戏规则。也只有这样，才能使游戏更加合理化，更加具有科学性，从而实现游戏辅助教学的目的。

3. 游戏过程中注意强调组织性和纪律性

在体育教学中运用游戏教学法时，必须强调组织性和纪律性，这是原则要求。一旦分组搭配方案确定，各小组成员就必须按照既定的游戏规则和方法开展游戏，不能以自我为中心，自作主张地改变游戏规则和方法。在开展投掷项目游戏、跑动中游戏和球类游戏时，组织性和纪律性的要求更严格，更要有步骤、有次序地进行，否则很容易出现混乱现象甚至出现人身伤害事故，影响羽毛球教学的正常进行，影响学生的身心健康。

4. 注意游戏的结束与评判

在教学过程中，教师要在恰当的时候结束游戏，并做出评判。例如，当规定的游戏时间已到或者已经达到预期的教学效果时，教师就应该结束游戏。在游戏结束时，不能草草收场，教师要对参加游戏的人员进行评价，给出评语，通过比较评出优劣，对成绩优异、表现突出的学生给予表扬，同时提出需要注意的事项；对失利方给予鼓励，希望他们争取下次取得胜利，圆满完成游戏任务。

三、游戏教学法在高校体育教学中的创新分析

（一）游戏教学法在高校体育教学中的优势

1. 可以激发学生的运动积极性

笔者发现，在平时的体育课堂上，学生对有些体育运动项目不是很感兴趣。这是因为，有的体育项目除了较为枯燥之外，还需要消耗大量的体力。大学生正处于身心成长的关键阶段，如果长期处于疲惫状态，除了不利于其健康成长，还会削弱其学习体育知识的积极性。以长跑为例，学生完成长跑以后往往十分疲惫，若这样的状态持续时间过长，就会让学生产生畏惧心理。基于此，教师可以把长跑更改为比赛接力的形式，这样产生的教学效果一定不一样。比如，在进行 2000 米长跑训练时，教师可以结合学生的实际情况将其划分成多个小组，每一组由 8 名学生进行接力比赛，哪组第一个完成比赛，就给该

组以奖励。这种类型的接力方式可以激发学生的运动积极性，增强团队合作能力，更好地实现体育训练目标。

2. 可以帮助学生更好地发展

受就业形势的影响，大学生面临着严峻的学习压力。各学科的学习时间都比较紧张，而体育是一项可以让学生全身心放松的学科。将游戏教学法引入体育课程，可以使学生保持愉悦的心情、积极锻炼身体、顺利完成学业，进而得到更好的发展。

3. 可以帮助学生掌握体育技能

趣味性强的体育游戏能够加深学生对体育教学内容的印象，有利于学生更好地掌握体育技能，这是当前体育教学方式和以往体育教学方式的差别，也是游戏教学法的优势所在。趣味性强的体育游戏教学比较符合大学生的基本要求，除了有利于活跃课堂氛围之外，还能够进一步激发学生学习体育的积极性，能让学生更好地参与到体育活动中。

（二）游戏教学法在高校体育教学中的创新应用

1. 体育教师应优化教学理念，激发学生的自主学习意识

体育教师应当优化教学理念，激发学生的自主学习意识，使学生积极主动地参与到体育活动中。体育教师要按照新课程标准提出的各种要求，解决以往单一教学模式中存在的各种问题，突出学生的主体地位；要多和学生沟通交流，了解学生的想法，选取学生感兴趣的游戏进行教学，吸引学生的注意力，使学生感受到体育运动带来的乐趣。

2. 体育游戏活动要做到公平公正

大学生参与体育游戏活动的动力往往来自游戏比赛结果，基于此，体育教师在组织相关体育游戏活动的时候，应当对整个环节进行周密的设计，确保游戏活动公平公正，以免挫伤学生的积极性。如果发现某些学生存在违规行为，就要对其进行警告；对获胜的学生要适时进行表扬，进一步激发其参与体育锻炼的积极性，从而实现体育教学的目的。

3. 根据学生的实际情况选择与之相符的体育游戏

体育游戏具有多样化的特征，这就要求体育教师适当转变之前的体育训练观念，结合学生的实际情况选取与之相符的体育游戏，引导学生积极参与到体育运动中，从而提升运动能力。例如，想要对学生的腿部力量进行训练，教师可以开展"蹲跳"方面的游戏活动；想要锻炼学生的上肢力量，可以开展"小推车"游戏活动。除了上述锻炼方法以外，教师还可以采取"大龙尾"游戏锻炼学生的灵敏性。

4. 在课程结束环节组织轻松好玩的游戏活动

在多数的体育教学中，体育教师会在完成教学活动以后安排学生做一些运动量比较大的活动，此种教法对提升教学效果没有太大的作用，相反会使学生对体育课产生厌倦心理。基于此，在体育活动结束环节，教师可以为学生留出一定的时间，使其参加一些运动量比较小的游戏活动。比如，在体育活动完成之后，教师可组织学生听歌、猜谜语等，让学生保持轻

松愉悦的心情，更加期待下一节体育课。

在高校体育教学改革深入落实的背景下，体育游戏教学依靠较强的娱乐性和趣味性受到了高校体育教师的广泛重视。在体育教学中科学合理地应用体育游戏，除了有利于激发学生的积极性之外，还可以加深师生之间的感情。

第七章 高校体育教学中分层教学法的改革创新研究

第一节 分层教学模式的内涵及理论依据

一、分层教学相关概念概述

（一）分层教学

"分层教学"是教师依据同一班级学生存在的差异，在教学过程中转变常规的教学模式，改变传统的教学方法，根据因材施教的原则，有效地进行区别对待、科学合理地解决学生学习中学不会的真实情况，充分发挥每个学生的特长及使学生学习能力都得到完全的发展，[①]让各个层次的学生都能感受到自己的进步，激活学生内在学习兴趣，提高学习信心，达到学生全面发展，共同进步，提高整体学生的素质发展。

"分层教学"在新华字典中是指在学生知识基础、智力因素和非智力因素存在明显差异的情况下，教师有针对性地实施分层教学，从而达到不同层次教学目标的一种教学方法。[②]故"分层教学"是在学生认知水平、学习能力、学习情感、自身素质及学习态度存在差异的情况下教师有针对性地对他们进行分层教学，发挥学生专长，提高学生学习兴趣，让每一个学生在相同的环境中获得最有效的学习，培优并补差，满足各层次学生的需求，达到有教无类学习目标的一种教学方法。

（二）体育分层教学

所谓的"体育分层教学"就是依据学生在体育学习中存在的个体差异性来划分层次，制定相对应的体育学习目标，有目的地进行体育教学，并制定不同的评价标准的一种教学模式。[③]

陶磊在《分层次教学理念在高校体育教学中的应用》中指出，体育分层教学是根据学生在体育课程中的学习方式、学习速度、能力倾向、兴趣爱好等，有区别地进行体育教学，有

---

① 张秀丽. "分层教学"模式在普通高校排球选修课中运用的实证研究［D］. 成都：成都体育学院，2016.

② 万正平. "分层升降教学"模式在高职院校体育教学中的应用研究［D］. 湘潭：湖南科技大学，2014.

③ 戚鹏宇，陈涛. 学校阳光体育运动开展模式的选择［J］. 教学与管理（理论版），2011（3）：148-149.

针对性地对不同类型的学生进行学习指导，从而使每个学生都能得到最优发展。[①]

总之，体育分层教学是教师依据学生在体育课程中体现的差异性，根据不同学生的能力进行层次划分，采取一定的教学方法对不同层次的学生有目的地进行体育指导，从而使学生得到全面发展。

（三）分层教学模式

毛振明等人在《体育教学模式论》中提到体育教学模式是体现体育教学思想的一种教学程序，形成一种相应的体育教学方法体系，体现在教学单元和教学课的设计和实施上。[②] 张秀丽在《"分层教学"模式在普通高校排球选修课中运用的实证研究》中提出：分层教学模式是依据学生之间的差异性，对学生依据标准进行层次的划分，在教学过程当中，提出不同的学习要求及完成任务，运用不同教学方法及组织形式，激励每个学生都能积极地参与到学习中去，实现全体共同提高的目标。[③]

总之，分层教学模式是根据学生学习环境、教育环境等诸多来自外界的因素的影响，导致每个学生在校期间在不同年龄阶段上有着不一样的心理活动、生理状态及学习中表现出的某种差异所制订大同中深藏不同的教学计划的一种教学方法。其采用更有针对性的教学手段和方法，遵循"因材施教"的原则，对学生进行更有针对性的教学指导，并定期进行测评，让每一名学生都能依据自己的能力而适当学习并进步。

二、分层教学的指导思想

教师的教要适应学生的学。学生是有差异的，教也要有差异。教育要促进全体学生的发展，以人为本，包括学习困难学生在内的每一个学生都是有充分的发展潜能的，教师在教育过程中特别是在课堂教学中要促使全体学生在原有的基础上有所收获，有所提高，不能以牺牲一部分人的发展为代价而求得另一部分人的发展。学生之间的差异是一种可供开发、利用的教育资源，为了开发利用这种差异资源，教师要在课堂上努力创设一种合作学习的氛围。在这一思想指导下，分层教学应做到以下几个方面：一是符合学生的学习心理。分层教学的立足点是面向全体学生，因而必须使教学适合每一个层次学生学习的"最近发展区"，使学生在学习中获得成功与自信。二是符合学生在发展中客观存在的需要。每个人都受到不同的遗传因素、家庭因素及社会环境等方面的影响，这必然使学生的发展存在着客观差异，分层教学必须针对学生的"个体差异"，做到有的放矢，区别对待。三是符合课堂的教学原则。在教学过程中，针对不同层次的学生，教学目标分层、教学环节分层等应符合"因材施教"原则。四是符合有利于发挥教师主导作用的要求。因为检验教师是否发挥主导作用的重要标准就是能否使学生积极主动地参与教学，所以分层教学必须使教师的"教"适应各个层次学生的"学"，学生才能真正地发挥主体作用，促使"教"与"学"互应。

---

① 陶磊. 分层次教学理念在高校体育教学中的应用［J］. 长春理工大学学报，2010，5（7）：158 -159.

② 毛振明，吴键，马铮. 体育教学模式论［J］. 体育科学，1998（6）：5 - 8.

③ 张秀丽. "分层教学"模式在普通高校排球选修课中运用的实证研究［D］. 成都：成都体育学院，2016.

三、"分层教学"的理论依据

(一) 孔子的因材施教理论

在国内，分层教学是一个古老而又崭新的话题。其思想渊源最早可追溯到春秋时期的孔子关于"因材施教"的思想。孔子是我国古代伟大的教育家，他之所以有三千弟子、七十二贤才这样令人称羡的业绩，除了他本人具备良好的素质外，主要得益于他因材施教的教学思想。关注兴趣，分层优化，孔子对这一问题的认识是相当高明的，他明确提出自己的主张："中人以上，可以语上也。中人以下，不可以语上也。"在学习上，何者为"中人以上"，何者为"中人以下"，孔子认为："知之者不如好之者，好之者不如乐之者。"如此看来，兴趣应为区别其层次之第一要素，而知识结构、认识水平等为次。通过这样的区分，学生的兴趣、爱好、才情等的不同就相对符合他应受教育的实际情况，更便于教师从不同层次、不同角度对他进行教育，更易于最经济地发挥教育之优势，收到更好的教育效果。因材施教的核心是在发现其兴趣、优势后正确引导，扬长避短，进而使其能力得到很好的展示。正因为每个人的优缺点不一，决定了其不可能成为同一类型的人才。分层优化这种做法，远比一刀切的"大锅饭"式的教育更适于学生的发展和提高。对不同的受教育者施以不同的教育，这是孔子因材施教思想的精髓，也是这一思想得以实施的保障。它既应成为我们实施教育的指导思想，也应是学生才能有效培养的捷径。

(二) 布鲁纳的"学科基本结构理论"

布鲁纳运用结构主义的方法原理，借鉴其认知心理学的研究成果，提出学科基本结构理论，围绕"教什么，什么时候教，如何教"阐述了其基本观点。布鲁纳认为，教学活动的程序会影响学生获得知识和发展能力。[①] 因此，教师在教学过程中应该注意设计和选择最佳教学程序，这种程序要考虑学生认识的发展、学生个别差异等。他强调，教学要探求向优秀学生挑战的计划，不要"破坏那些不很幸运的学生的信心和学习意志"。他还指出，"任何学习的首要目的，应该超过和不限于它可能带来的兴趣，而在于它将来为我们服务"。在教学方法上布鲁纳主张"发现学习"。分层次教学"分层施教、整体提高"的思想也符合布鲁纳关于优生差生都要重视其教学的观点。

(三) 巴班斯基教学过程的最优化理论

教学过程最优化是巴班斯基教育思想的核心。他指出："教学过程最优化是在全面考虑教学规律、原则、现代教学的形式和方法、该教学系统的特征以及内外部条件的基础上，为了使过程从既定标准看来发挥最有效的（最优的）作用而组织的控制。"[②] 分层教学要体现素质教育的精神，使全体学生既要学得好，又不感到负担过重，就要探索教学过程最优化的方法，以使学生在有限的教学时间里获得最大的发展。

---

① 上海师范大学外国教育研究.教育过程［M］.上海：上海人民出版社，1973.
② 巴班斯基.教学教育过程最优化［M］.吴文侃译.北京：教育科学出版社，1986.

1. 评价最优化的基本标准

我们可以把教学过程最优化的评价标准规定为以下几点：

（1）在形成知识、技能和技巧的过程中，在形成某种个性特征、提高每个学生的教育和发展水平方面可能取得的最大成果；

（2）师生用最少的必要时间取得一定的成果；

（3）师生在一定的时间内花费最少的精力取得一定的成果；

（4）为在一定时间内取得一定的成绩而消耗最少的物资和经费。

2. 教学过程最优化的方法体系

教学过程最优化的方法体系是指相互联系的、导致教学最优化的方法的总和。这一方法体系强调教学双方最优化方法的有机统一，它既包括教学过程的五个基本成分（教学任务、教学内容、教学方法、教学形式、教学效果），又包括教学过程的三个阶段（准备、进行、分析结果）；既包括教师活动，又包括学生活动，强调师生力量的协调一致，从而找到在不加重师生负担的前提下提高教学质量的捷径。

巴班斯基提出要研究学生实际的学习可能性，包括个人接受教学的能力、思维、记忆等基本过程和属性的发展限度，学科的知识、技能和技巧，个人的学习态度等内部条件，家庭、教师、学生集体等影响的外部条件，根据具体情况选择最合理的教学方法。巴班斯基认为，每种教学形式和方法都有自己的优点和不足，有自己的适用范围，实施教学过程最优化必须根据具体情况选择合理方法。而且教学方法具有辩证统一性，各种方法互相渗透，师生从各方面相互作用，因此教师应该根据相应教学阶段的任务、教材内容的特点、学生的可能性以及运用各种方法的可能性来选择教学方法，并对教学方法进行最优组合，配合运用，采取合理形式，实行区别教学，对学生进行区别教学是教学过程最优化的一个重要办法，为此，教师必须把全班的、小组的和个别的教学形式结合起来。区别教学绝不是简化教学内容，而是对学生进行有区别的帮助。

巴班斯基的教学过程最优化理论具有兼收并蓄的特点。巴班斯基从辩证的系统结构论出发，使发展性教学的所有研究成果都在教学过程最优化理论体系中占据恰当的位置，通过教学过程最优化体现出发展性教学的最优效果。

3. 教学过程的最优化理论与分层教学

教学过程的最优化理论，从教学目标上提出使全体学生得到最大可能的全面发展，这对全面实施素质教育有极大的启示作用。巴班斯基提出的两条最优教学标准，有利于减轻师生的教学负担，有利于教师优质地完成教学任务和提高教学质量，最大限度地促进学生的身心发展。分层教学正是按照教学过程最优化的理论对教学的各个环节、要素进行优化，本着"照顾差异，分层提高"的原则，使得目标确定、内容安排、教法选定、反馈评价等都有所区别，使之适合不同层次学生的"实际学习可能性"。教师根据教学过程最优化理论的方法体系，优化最基本的教育活动，推动教学过程的整体优化，谋求全体学生的最优发展。

四、国内外关于分层教学的研究现状

（一）国外关于分层教学的研究

1. 分层教学在国外产生的历史背景

分层教学是顺应教育、教学发展，顺应潮流的必然结果。19世纪下半叶，随着第二次工业革命给社会带来的巨变，班内学生的个别差异由于社会分工的专门化，商业的发达和人口集中等因素而加剧。拥有较长历史的班级授课制度的约束性逐步暴露。它忽视了个体的差异性，这不利于学生良好的个性发展以及创新精神的培养。鉴于此，诸多学者试图打破单一的班级授课制形式，另寻出路。因此，分层教学的出现成为必然。

2. 分层教学在国外的研究现状

从分层教学的产生到现在，其发展大体历经四个时期。

（1）分层教学初步发展时期

从19世纪末期到20纪初期，分层教学形式在美、德等国家盛行，一些类似的分层教学形式也随之应运而生。文纳特卡制和道尔顿制占据重要的影响位置，它们都主张学生以自学为主，甚至全盘否定了教师的主导作用，最后因实施困难而退出历史舞台。

（2）分层教学的衰落期

随着1929年经济危机的爆发，美、英等资本主义均被波及，第二次世界大战的爆发更使各国没有时间进行教育教学，于是分层教学的热潮逐渐冷却了下来。除了外界因素以外，一些人批判分层教学"不民主""歧视低能儿童"且加剧了种族间的不平等，这无疑对当时的分层教学而言是雪上加霜。

（3）分层教学的恢复期

第二次世界大战后，各国为了赢得科技竞争，又把焦点转移到了教育事业上来。分层教学的研究再次受到重视并推动了又一波热潮。在众多国家中，美国分层教学的状况在当时最具代表性，其分层教学在得到恢复的同时，又在自身的基础上得到了发展。

（4）分层教学的兴盛与多样化时期

20世纪60年代以来，教育理论空前活跃，这在很大程度上也为分层教学的进一步发展奠定了基础。在当时的美国，各种各样的分层教学形式依旧热烈地开展着。在历经时间的沉淀以及实践的探究后，有重要地位的个别化分层教学就此横空出世。受美国影响，其他一些国家开始重视分层教学，并相继开展了实验研究。

总而言之，国外分层教学的发展历程用"马鞍形"来形容再合适不过，分层教学的形式更是趋于多样化。一些相关文献研究指出分层教学利弊两分，但在如何解决分层教学弊端方面的研究少之又少。笔者认为，虽然反对分层教学的运动不会成为时代的主流，但是我们应该透过现象去深层次探究解决问题的本质，只有这样，才能使分层教学在未来的发展中更加科学、多样化。

（二）国内关于分层教学的研究

1. 国内分层教学的产生与发展

在我国，追根溯源的话，孔子提出的因材施教可谓是分层教学的鼻祖。朱熹评价孔子说"孔子教人，各因其材。"魏晋南北朝时期的颜之推对传统的因材施教进行了进一步深化，提出对于不同的学习者应当采取不同的学习内容。[①] 唐代大学者韩愈强调，在教学中，教师要"因人而异"，使其各得其所。这些思想虽未明确提出分层教学，却为分层教学在我国广泛传播奠定了思想基础。

1914 年，朱元善开展的"分团教授法"实验研究可以被看作开辟了我国分层教学实验研究的先河，但受当时各方面因素的限制，它在当时并没有很大的突破和发展。

1949 年后，因为缺乏条件，分层教学的开展数次陷入低迷状态，再加上随后出现的"文化大革命"，使得分层教学实验几度暂停。为了消除当时留级率过高的这一现状，由胡兴宏领衔的研究组提出了关于"分层递进教学"的构想，在《关于分层递进教学的设想》一文中，胡兴宏把分层递进教学主要分成四部分内容：①学生的分层；②目标的分层；③分层施教；④立马纠正，确定新目标，[②] 并在上海当时最大的棚户区虹镇老街的一所薄弱初级中学——飞虹中学进行首轮实验，且取得了一定成果。

分层教学法正是在时代激流勇进的大背景下应运而生的。它不仅顺应了新课改的发展潮流，更能与学生的身心发展规律相吻合，这也正是它在历经时代变迁仍经久不衰的关键所在。例如，1994 年在白山市实行的自由流动的分层次教学，其流动的标准取决于学生对自己的了解以及兴趣所在。同时，以"走班式分层教学""小班化分层教学"为主的新型分层教学模式逐渐兴盛起来。

2. 分层教学在国内的研究现状

自实施素质教育这一方针政策以来，对分层教学的探究愈发激烈。其在实施过程中并不是一帆风顺的，一些质疑声让分层教学的发展一度止步不前，但仍然改变不了分层教学在未来的蓬勃发展趋势。

分层教学的多样化发展势如破竹。比如，"分层递进教学""分层合作教学"以及"动态分层教学"等教学理论就是在"分层教学"漫长的历史进程中所演变出来的，是对分层教学的进一步升华。

综上所述，自 20 世纪 90 年代以来，分层教学广受教育工作者的青睐，其展现出强大的生命力，"分层递进教学""动态分层教学"就是在其理论历史演变过程中的产物。但是我国学者对分层教学的研究主要集中于实验研究方面，而在分层教学本身教学理论方面的探究甚是匮乏，在教学评价方面更是微乎其微。笔者认为，任何教学方法研究都应该是始于理论，回归与检验于实践的时间产物。分层教学也不例外，只有在日臻成熟的理论基础之上逐步发展，才能长久。例如，在分层教学的教学评价过程中，我们应从智力与非智力两个角度出发，建立一套完备的教学评价体制，包括具体的评价指标和各指标所占的分值比例。

---

① 孙培青，李国钧. 中国教育思想史（第一卷）[M]. 上海：华东师范大学出版社，1995.

② 胡兴宏. 关于"分层递进教学"的设想 [J]. 上海教育科研，1992 (6)：1-6.

第二节　高校体育教学中实施分层教学模式的必要性及实施策略

一、高校体育课实行分层教学的优越性和必要性分析

（一）分层教学进入普通高校体育课堂的优越性

现代体育理论研究表明，21世纪学校体育的目标应该更加注重开发学生智力，完善学生的人格。"分层教学"的体育教学模式在实施过程中依据以下目标进行，即促进学生的生长发育，增强学生体质；传授知识，掌握一些基本的运动技能；培养运动兴趣和爱好，发展学生的基本身体活动能力；体育教学中渗透思想品德教育，培养良好心理品质；养成良好的体育锻炼习惯，形成健康的生活方式。"分层教学"的体育教学模式是基于"快乐教育""终身教育""成功教育"这三大理论产生的。它在教学上重视学生的个性发展，可以打破过去的"一刀切、一锅煮"的格局，一切从实际出发，满足不同层次学生的需要，体现区别对待的原则，让学生在自己的学习领域里享受成功的喜悦，充分发挥长效性。

（二）科学的体育课程体系的要求

《面向21世纪教育振兴行动计划》[①]明确提出，要全面推进素质教育体育是实施素质教育的重要组成部分。在实施面向21世纪教育振兴行动划的进程中，努力构建适应素质教育需要的大中小学相衔接的、较为科学的体育课程体系。据调查，目前我国新入学的大学生，受应试教育的影响，其体育素质很不理想，他们在进入大学以前，已经接受了十二年的体育学习，但已经掌握了一项运动项目的基本技术的人却占不到总人数10%。甚至有一少部分学生很少上过正规的体育课，大部分时间都是放羊式的自由活动。传统的教学方式很难完成这些参差不齐的中小学体育教育与大学教育的接轨。[②]

（三）分层体育教学有利于面向全体学生

素质教育的一个重要特点是面向全体学生。分层教学较好地解决了统一施教与学生程度参差不齐的矛盾，有针对性地使优秀生"吃饱"、后进生"消化"、中等生"解渴"。由于教师实施了"低起点、多层次"教学，每一名学生都自信地参与教学活动，感受教学带来的快乐，因而中向优靠拢、落向中迈进则十分自然。随着教学活动层次化由低到高的发展，学生学习和探究能力也得到了相应的提高，各层次的学生都在自己的邻近发展区"跳一跳，摘果子"。分层教学适应学生多极化的差异，并使处于不同水平或者类别的学生能得到充分的发展。

（四）分层体育教学有利于发挥学生在课堂教学中的主体作用

教学活动是师生的双边活动，学生是教学活动的主体，因此教学过程一定要符合学生认

---

① 中国共产党第十五次全国代表大会. 面向21世纪教育振兴行动计划［Z］.1998-12-24.

② 王卓存，张馥罡. 试论高校体育在学生素质教育中的作用［J］.体育科学，1999（4）：36.

识事物的规律。分层教学的特点之一是尊重学生的需求和重视学生的情感体验，注重教师在教学活动中的主导作用的同时强调体现学生的主体地位，以充分发挥学生的学习潜能，提高学生的体育能力。分层教学改革了传统的教学手段和授课形式，促进教学过程的"个别化""个性化"，以学生独立的、自主的活动来代替班级呆板、统一的活动，给学生更多的适应个性的机会。尊重学生在知识、技能、兴趣、个性等方面客观存在的差异，努力实现"个别化"与"集体化"的最优组合以弥补传统教学单一、呆板和僵死的严重的缺陷。这是主体性教育思想对当前体育教育的迫切要求，也是体育课实施分层教学的优势。

（五）分层体育教学有利于提高学生的兴趣，树立终身体育的观念

学校体育是终身体育的基础，大学体育是学校体育的最后阶段，大学时期的体育教育对终身体育观念的树立有着重要的意义。在学校实施终身体育教育关键是要培养学生锻炼身体的兴趣，养成习惯，持之以恒。学生对参加学校体育的兴趣、爱好和习惯的形成，是奠定终生体育基础的重要标志之一。因此，学校体育教学应该培养学生对体育的兴趣、爱好，要求和促使学生养成体育锻炼习惯。实施分层教学，就是根据学生原有的知识和技术水平把学生分成相应的组别，为其设定相应的学习目标，这些目标对每个学生来说都不是可望而不可及的，也不是不努力就可以达到那么简单的，而是经过一定的努力过程才会得到的收获。这种方式使学生感受到成功的快乐，从而提高学习兴趣，对能力较高的学生而言，难度可以设置得更大一些，让他们享受到挑战的快乐。在每一个学生心中种下自信的种子，促使他们发挥积极性、主动性。

分层教学使每个学生都可以在教师的引导下，根据自己的水平和能力从低层次目标开始逐步升级，这样，每一个学生的水平和能力都得到提高，教师做到真正意义上的因材施教、循序渐进，由浅入深、有一定的梯度，学生根据自己的限度，通过自己的努力，实现自己最近发展区的运动能力，从而不断地有所进步和发展。分层教学是以"问题探索——问题解决"为主线，以学生自主探索活动为主体，以教师点拨为主导，以培养学生学习兴趣和能力为中心，以优化课堂教学、培养学生学科素质和大面积提高教学质量为目标的课堂教学模式作为学习的主体，学生虽然处于不同的认知和能力发展阶段，但是他们作为教育对象从本质上来讲没有优劣之分，只有不同层次之分，不同层次的学生所获得的相同甚至不相同限度的进步，对于教师来说本质上是相同的。分层教学注重发展每一个学生的潜能，为不同的学生创造各种尝试、探索、发现和发展的条件和机会。在分层教学过程中，不同层次的学生通过努力，能在各自学习的"最近发展区"获得最佳发展，人格受到尊重，个性得以发展，素质得到提高。分层教学符合教学规律和学生实际，有利于学生发展，符合学生愿望，实施分层教学是必要而又可行的。

二、高校体育课分层教学的实施原则与策略

（一）高校体育课分层教学的实施原则

高校体育课分层教学在实施过程中必须遵循六个教学原则，即因材施教和可接受原则、多元性原则、层次性和整体性原则、递进性原则、隐蔽性原则、反馈性原则。

1. 因材施教和可接受原则

如果教育要在一切的关系上培养一个人，它就应该首先了解人的一切关系。可见了解学

生之重要，它是"因材施教"的基础。要全面深入地了解学生，就应坚持全面和发展的观点，科学地分析其个别差异与可变因素，引导其向好的方向发展，有针对性地"对症下药"，把"因材施教"真正地落实到每个学生身上。在教学中，教师既要从绝大多数学生的需要出发，又要考虑到个别需要。无论什么样的学生，肯定有其特殊的一面，应该认识到每个学生都有自己特有的长处"对症下药"，采取有效措施发挥学生的特长，使其得到充分发展。可接受原则要求教学的安排符合学生实际学习的可能性，使他们在智力上、体力上、精神上都不会感到负担过重。教学要求应该是学生学习可接受的，学生通过努力可以达到的，使每一个学生充分地发展。层次的选择也应该是学生可接受的。

2. 多元性原则

体育课分层教学的层次划分不能简单地依据身体素质水平测试情况和运动技能掌握情况，而应该提倡尊重学生的自我意识、兴趣、爱好、个性、特长等方面的区别。分层体育教学的形式也应该是多元化的，不应该拘泥于班级内分层、年级内分层、运动项目分层等单纯某一个形式，应该坚持多形式包容贯穿。

3. 层次性和整体性原则

教师要充分考虑各层次学生在基础知识、学习方法、学习能力等多方面的实际情况，分层设计教学目标、教学内容、课外锻炼、测试与评价，形成矫正—调节—提高的完整体系。虽然教师对学生进行分层教学，但学生的发展应该是完整的，让全体学生通过自己的努力都能得到最佳发展才是整体的目标。

4. 递进性原则

层次的划分要公正、客观，充分考虑学生的实际情况，同时要用发展的观点看待问题。经过学习，学生的学习情况是不断变化的，所以层次和目标也应是动态的。教师通过各种渠道，及时调整层次及教学计划，加强个别指导，使低层学生能大步跟上，少数优生能脱颖而出。对学生的分层划块是非固定的。教师要根据学生的学习和发展情况进行阶段性调节，做到"有进有出""有上有下"。其目的是始终把学生置于最有利于他们发展的环境中。

5. 隐蔽性原则

教师从各层次学生的实际出发，尊重学生的人格和创新精神，在分层次教学的过程中不断增强他们的内驱力，使有着差异的学生都能自觉地、积极地、主动地参与到整个教学活动之中，参与实现教学目标的全过程，教师应清楚地掌握学生分层的具体情况，做到心中有数，但又不能将某个层次定义为差、中、优、良等，不将其作为评价学生的依据。这是因为：分层不是针对学生学习成绩的终结性评价，也不是对学生能力的测验，而是为了学生的发展。具体操作时应注意保护学生的自尊心，尽量减少分层对学生造成的心理负担。

6. 反馈性原则

无论采取何种形式的分层，教师都要注意保护学生的自尊心，在实施教学策略的过程中，要加强反馈，及时补救，对中下层学生的一点一滴的进步也给予充分的肯定，激励他们努力向上，挑战自我，享受成功的喜悦。在分层教学过程中，教师对教学内容和学生的掌握限度要评估准确，对各项内容的分层效果评价要细致、科学并设计或调整下一步教学。

（二）普通高校体育课分层教学的实施策略

为了推动普通高校体育课的分层教学，在贯彻好分层教学实施原则的前提下，我们必须采取若干有效的策略。本书结合理论研究与以往的实践归结，提出实施分层体育教学的两种主要策略，即在体育教学中始终把握"以人为本"的教育理念，把握分层教学的方式及系统性。

1. 始终把握"以人为本"的教育理念

人的全面发展是教育追求的最高目标。当代世界教育思想发展的核心是以人为本。分层体育教育应贯彻以人为本的教育观念。在实行体育教学实践中，确立学生的主体地位，增强学生的学习自信，营造良好的教育氛围，发掘学生的发展潜能。人本主义教育认为，教育的核心目标就是挖掘学生的潜能，促进每个人内在潜能的发展；重视培养受教育者的完整人格。人本主义教育主张培养"完整的学生"，追求"人的能力的全域发展"；学生是学习的主体。人本主义教育从"以学生为中心"的教育原则出发，十分重视在教育过程中调动学生的积极性，发挥学生的主体作用；要求尊重学生的个体差异。人本主义教育认为，不论是发展的限度还是发展的方向，每个人的潜能都是各具特色的，在教育过程中应承认差异，尊重差异。

2. 分层教学的方式及系统性

在分层方式上，有些学校对分层教学盲目实施，或是分层标准单一，简单地按身体素质，或依据运动技能的掌握程度将学生分成高、中、低班，这种单一地按某一个因素分班的方式，可能给学生带来了沉重的心理负担，使其失去自信心。同时，低层班级的学生通常不能获得足够的教学资源和激发学习兴趣的课程。分层教学的方式可以依据学生的身体素质、运动技能掌握情况、学生的兴趣爱好、学生的自我倾向等关键因素全面考虑，由学生自己选择。在对学生分层的基础上，在教学上要做到有针对性地进行分层备课、分层授课、分层训练、分层辅导、分层评价，使得整个分层系统完善，建立新的考核评价制度、创新评价工具，做到教学有的放矢、区别对待，最大限度地调动各层次学生的学习积极性，使每个学生在原有基础上得到尊重和发展。教师根据实际情况对学生提出较高要求、一般要求和最低要求，把原来统一的教学内容变为不同层次的教学内容，让不同层次的学生自主选择适宜自己的目标要求，并在学习中表现为达成目标所做出的积极行为。使面向全体与注重个别差异既辩证又统一，既突出群体水平的提高又照顾了个别学生的一些特殊要求。激发学生积极学习的竞争心理，贯彻激励原则，采取动态式的层次管理的方式，随时肯定和帮助一些学生。作为教师还应该认真地研究不同层次学生的特点、教学内容的安排、教法与学法的选择等多方面的问题，更好地完成分层教学的目标。

第三节　高校体育教学中分层教学模式的构建与创新研究

一、高校体育教学中分层教学模式的构建意义

分层教学更加符合学生主体的差异化需要，也为因材施教创造了条件。高校体育实施分

层教学的意义主要表现为以下三点。

第一，照顾到了不同层次学生的发展需求。分层教学的宗旨是面向全体学生，将全体学生纳入体育运动中来，并结合不同层次学生的体育素养设计符合其接受范围的教学方案。

第二，有利于促进体育学科的教学评价逐渐合理化。在传统体育教学实践中，学分是衡量学生体育课程完成情况的主要依据，但实际上，学生的差异在学分核算中得不到明确的体现。而利用分层教学对传统评价模式进行调整与优化，将个体差异融入体育评价能提升学生参与体育锻炼的积极性。

第三，进一步优化教师的教学主导角色，提高体育课堂教学效率。在层次化教学设计中，教师需要准备差异化的教学内容与实践方式，这有利于激励教师不断完善自身的职业素养，提升体育教学实践效果。

二、高校体育教学中分层教学模式的构建策略

（一）合理分层，明确教学对象

实现学生分层，明确不同层次教学对象的特征，是高校体育教学中分层教学模式构建的基本前提。学生个体的差异是客观存在的，体育知识、运动偏好、体能情况、身体素质、运动习惯等都会对学生的综合体育素养造成影响，这也是教师划分学生层次的基本依据。具体来讲，教师应通过问卷调查、运动考核等方式了解学生具体信息，并按照一定比例确定不同层次学生，即 A 层次学生身体素质较好，热爱运动，已经形成了良好的运动习惯，且对于体育运动项目的探索兴趣浓厚，乐于参与体育运动；B 层次学生身体素质与体育综合素养一般，日常运动比较随意，尚未形成稳定的运动习惯，但是上进心和自尊心较强，希望在运动中获得一定成绩；C 层次学生身体素质较差，日常运动量不足，对于体育运动比较排斥，且对于体育教学内容接受能力偏低，并由此产生了自卑和焦虑心理。教师根据学生的分层情况制订分层教学实施方案。

（二）明确目标，构建教学过程

教学目标是教学实践的重要指引，在高校体育教学实践过程中，教师应根据不同层次学生的需要，制定不同水平级的可行的教学目标，引导学生进入不同体育素养培养阶段，并在"最近发展区"内实现自我成长。例如，在篮球运动技术教学设计中，教师根据学生需要设计如下目标：C 层次学生需要掌握往返运球上篮的动作要求，能够根据教材中的内容，以及教师在多媒体课件中的动作示范指导了解动作技巧，并结合之前所学内容进行初步的动作训练；对于 B 层次学生，则要求其依据设定条件进行技术训练，并练习双手胸前传球、急停接球后交叉步突破上篮等动作技巧，形成流畅的运球、上篮等动作，同时能够初步从战术配合的角度对篮球运动技术进行分析；对于 A 层次学生，则要求其学习往返运球上篮的考核动作技术，全面掌握篮球运球、传球、上篮的技术动作，剖析动作背后的战术要求，并分组合作实现对抗练习。这样的目标设计贴近每一个层次学生的运动实际，从而有效提升了体育教学目标的实施效果。

（三）优化方式，体现教学差异

在高校体育教学实践中，教师应把握学生主体特征，结合学生层次化需求设计授课内

容，处理好不同层次之间知识的难度衔接，使所有学生都能参与到体育运动训练中来。在体育课堂构建中，教师应结合学生实际要求落实分类指导策略，实现因人而异、因材施教。例如，针对 C 层次学生，教师可以采用更加生动、有趣的教学方式，引入信息化教学手段，吸引学生参与到体育的理论学习与运动项目中来，潜移默化地吸引学生不断突破自我；对于 B 层次学生，可以以小组合作训练方式，引导学生在合作中相互促进，共同提升；对于 A 层次学生，则可以采用"以赛代练"的方式，组织学生进行体育比赛，在分组竞争环境中促使学生更加全面地掌握体育理论与体育技能，提高体育综合素养。

（四）完善评价，落实分层教学

统一化教学模式中的评价机制相对简单，评价标准更多反映的是学生体育训练的最终成果，强调的是学生体育综合素养与课程标准之间的差距，忽视了学生在运动中的成长，从而导致 B、C 层次学生更多的是看到自身的不足，难以体验到在体育运动中的成就感，降低了积极性。针对此，在分层教学模式中，教师可针对 C 层次学生侧重于克服心理障碍，提升运动自信；针对 B 层次学生侧重激励与赏识，强化学生在运动中的成就感，提升其运动技巧，改善其身体素质；针对 A 层次学生则采用个性化学习方式，设计竞争性评价方式，激励学生丰富体育理论，夯实运动技巧，为终身体育奠定良好基础。

总之，在体育教学实践中，教师应深入分析分层教学理论内容与实践要求，并结合体育教学实施过程进行学生分层、目标设计、方法创新、评价优化，进而形成切实可行的体育课程实践模式，实现个性化教学指导，并为学生体育素养的综合发展创造良好的环境。

三、高校体育分层教学模式实施过程中存在的问题

近年来，高校体育分层教学模式实施过程中存在的主要问题主要有以下三个：

一是"定标导向"之后不少学生难以跟上递进要求。例如，任课教师依据其对学生的知识水平、能力和行为习惯等的判断，把学生初步分为 A、B、C 几个目标组，实施分层次教学，试图经过一段时间的分别教学使学生如期达到各个级别的目标要求，但事实上，有许多学生不能按期实现教师拟定的教学目标，尽管有些目标是经过师生共同协商制定的。

二是相对较低目标的班组，由于没有基础较好的学生的直接示范，同学之间缺乏竞争，学习积极性受挫。

三是分层教学模式实施的管理制度建设滞后。例如，教师在学生进校后按照一定的规则进行分班或分组，然后实施递进性课程教学，给予不同班组以不同的教学进度和课程内容，到一定时候进行流动，这时容易出现管理紊乱现象。此外，在分层教学实践中，不仅应重视解决差生问题，也要加强尖子生培养。因而，"必须优化课堂教学模式和结构；必须动态实施"。[①] 从小学到大学，学生的智力和身体运动能力随着年龄增长和受教育程度的提高而不断增长，每一步的实现都会激发出新的发展需求和新的可能实现目标，即有一系列"最近发展区"的存在。学生跟进困难只是一种现象，问题的根源绝不在于学生素质的差异，因为分层教学模式的实施本身就是基于学生差异的，如没有差异，就不会出现分层教学的构想。也正因为差异的存在，包括学生个体兴趣爱好、素质能力等多方面，这一模式才受到学生的普遍欢迎。

---

① 宋秋前．关于分层递进教学的教学论思考［J］．中国教育学刊，2000（3）：46-48.

四、高校体育教学中分层教学法的改革创新

(一) 理论创新: 精品教育发展及课程教学制度变革

分层教学模式运用的关键在于针对学生最近发展区而进行的定标导向, 以及动态的课程教学组合。当今世界经济形势风云变幻, 如何依据当代高等教育的发展特征确定高校学生的最近发展区, 并科学制订课程教学方案, 是一个重大理论问题, 涉及高等教育发展的时代特征、人才培养目标定位和课程教学改革战略。

从历史演变进程看, 高等教育已经经历了学徒制、正规化、特色化的三个大的发展时期, 目前正在进入精品时代。高校体育教育, 尤其是体育专业的教育教学也进入了精品化时代。一方面, 精品教育时期的核心问题是以人为本, 关注每一个体的发展, 即高校体育教育发展的伦理价值在于保障每一社会成员, 能够在国家伦理实体中得以自主发展。高校体育教育要在市场竞争中发展的技术技能型人才, 这已经成为当代高等教育的人才培养标准。另一方面, 落实到高校体育专业课程教学制度上, 就需要在包括校企合作、产教结合的人才 "订单" 培养模式、菜单式教学和多证书就业等基础上进行制度创新。其中, 体育专业精品课程群的分层体系结构的建构与运行将是一个关键。这里所指的体育精品课程群, 是把学校一个体育专业的所有课程作为一个人才培养的功能单位, 通过若干门精品课程和准精品课程的建设, 形成主干课程与辅助课程合理匹配, 具有共同的精良品质的课程集合。

基于上述分析, 精品教育发展时期高校体育分层教学模式的实施, 应该是以学生个体发展为本的, 是对学生最近发展区的确立、否定与新建的周期性过程, 即学生最近发展区的否定之否定过程。我们既要依据精品教育发展时期高校体育教育课程教学改革的需要, 对分层教学模式进行高效化, 又要同步协调课程的实施, 还应吸纳并融合其他教学模式, 以丰富和完善分层教学模式的内涵。

(二) 实践改进: 分层教学模式的高等化及方案改进

高校分层教学模式的具体实施需要高等化, 即根据高等教育发展要求对模式进行一系列改进。尽管分层型课程教学模式具有广谱性, 也是所有学校教育建构与实施课程教学的基础, 这从该模式的理论基础和基本内涵已经显而易见。然而, 既然是一种模式, 其机制一旦运行, 就可能出现大致相同的结果, 形成大致相似的格局。显然, 这种模式的广谱性只是一种思想的、基本理念的共同特质, 在不同类型教育以及在不同教育阶段, 其运用与实施必然应该有其关键的实施机制, 否则是不符合逻辑的。

分层教学模式的高等化实践改进, 关键是以年级为基准制订课程方案并实施分层教学、项目课程选修 (包括专项选修与学分制项目选修) 和 "教学俱乐部" 的课程教学组织框架的建构。这种改进的基本假设是, 青少年的认知和体能发展与各自的年龄, 特别是在现代教育体制中因这种年龄层次形成的学业基础具有直接关联性。从现代教育格局的角度来看, 整个学校教育依次分为幼儿教育、小学教育、初中教育、高中教育和高等教育, 不同年龄的青少年进入不同教育阶段的不同年级, 接受不同程度的课程训练, 因而形成不同的学业基础, 甚至是不同的素质结构。首先, 这种差异表现为群体差异, 不同年龄的学生形成不同的群体, 在一个群体内部表现出一些共同的特征。其次, 这种差异表现为不同群体的不同发展需求, 如果暂且不考虑个体差异的话, 不同年龄的学生群体应该具有不同的最近发展区。最后, 这

种差异将引发以年级为基础的学校教育教学分层现象的产生。

例如，某高校在体育教学进入分层课程教学模式的全面实施阶段，经过一个学期的实验后，确定了改进方案，其主要思想和基本做法如下：

一是交叉分层，即将教学层级和学生素质结构层级结合起来进行动态分层。体育教学部将一、二年级的体育教学分为三个层次，即一年级第一学期、一年级第二学期、二年级；同时，根据学生兴趣和特长组建学习训练小组，所有学生分别进入各个小组。一年一期开设体育基础课（普修），以全面锻炼和提高身体素质为主，着眼于学生的体育基本理论知识掌握、体育基本素质提高和体育基础能力培养，开设有田径、球类、体操、武术等内容，从学生的兴趣和实际需要出发科学合理地遴选教学内容。考核以全面的素质指标和机能指标为主，教师结合技能指标，注重传授体育基础知识、基本技术和技能，增强学生体质，教学组织形式前期则以原教学班为主，后期以兴趣特长小组为主。通过一个学期的学习，学生从根本上转化对体育课的认识，产生内在的驱动力特别是求知欲望。

二是项目选修与学分制选修。一年二期开设专项选修课，其特征是遵循因材施教的原则，从学生的生理和个性心理特征的实际情况出发，并根据专业特点设置一系列适合学生未来职业特点的实用性体育课程，遵循实用性原则、灵活机动性原则、理论和实际课并重原则、学以致用原则、优胜劣汰原则编写并使用高职教材，并在教师的精心指导下由学生选修体育课程内容，使知识结构更合理，体现职业特色。二年级采用学分制选修，由学生自主选择教师和项目，从事学习和锻炼，同时采用"俱乐部型"形式集中开设一些项目的有偿性课外俱乐部，以学生自我锻炼和提高为主，满足学生在某些项目上继续学习和提高的需要，也解决了二、三级学生参加体育锻炼少、高校体育教学效益连续性差的问题。后两个层次，即一年二期、二年级分别设置一系列适合学生未来职业特点的实用性体育课程。比如，酒店、文秘专业女生在选项和选修课必选形体、健美、体育舞蹈其中一项，物流管理、物流工程男生必选篮球、排球其中一项，等等。通过三年的实践，毕业生在形体、体能、社交等方面以绝对优势适应就业，实现了进入社会后在高效率、快节奏的劳动竞争或职业转换中发挥良好的体质基础和心理状态。某高校正在实施的体育教学结构图见图 7-1。

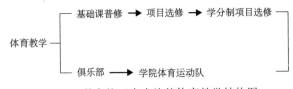

图 7-1　某高校正在实施的体育教学结构图

以上结构是一个在技术、技能上层层递进的过程，晋级到每一层次都有不同的条件要求，学生通过学习在技术技能上达到一定专业指标。实践证明，分层教学模式通过选修、选项制的改进，既能够营造出一个和谐的教学氛围和宜人的教育环境，大幅度增进学校体育的精神感召力，又能够让学生找到表现自我的个性"闪光点"，培养学生身心自我完善的能力和提高学生对自我锻炼重要性的认识，使之具有终生锻炼的欲望，不仅在学生时代，而且在踏入社会后都能自觉地、独立地从事身体锻炼，以保持体育教学效益的连续性和延伸性；而且使体育教学在遵循体育教学规律，遵循学生的兴趣、爱好和特长的前提下，不受传统教学计划、教学内容、班级授课制的限制。显然，这种模式的实践改进是有益的，而且有利于体育教师专业特长的发挥，更好地体现了"教学相长"，从而为学校体育的延展打下了良好的基础。

第八章　高校体育教学中合作教学法的改革创新研究

第一节　合作学习概述

一、合作学习的定义、科学基础和价值观

（一）合作学习的定义

学习可以是独立的，也可以是合作进行的，与合作学习对应的应该是独立学习。笔者认为，合作学习应该是以合作方式进行的学习，区别于个人的独立学习。这个定义强调学习中的社会性和合作性，区别于学习中的个体性和独立性。用这个定义，我们就可以讨论所有形式的合作学习。由于是合作学习，因此教师要进行设计和组织，还要考虑资源消耗或成本。课堂教学的最重要成本是时间，即合作学习活动占用的课堂教学时间。因此，合作学习的设计和组织要充分考虑时间成本。

实际上，独立学习和合作学习各有优势，都具有重要作用，教学中要让二者彼此配合，各自发挥优势，又能彼此弥补、相得益彰。独立学习有助于认知框架构建，合作学习有利于认知框架的检查、调整、修改。两者结合是被古今中外教学经验反复证明了的有效课程设计模式。因此，计划采用合作教学模式为主的教师，一定要注意给学生留下足够的独立学习空间。反之，计划采用独立学习模式为主的教师，也要考虑给学生创造足够的合作学习空间。独立学习和合作学习，二者缺一不可。

（二）合作学习形式的科学基础

根据赵炬明《打开黑箱：学习与发展的科学基础》一文的论述，合作学习形成的科学基础可以概括为：

第一，人是社会性动物。因此在漫长发展中，人类大脑发展出了专门的脑区来帮助人进行社会性学习。最能反映社会对人脑影响的现象是，大脑发展出了整套的组织和功能来满足人的社会性学习需要。其中最重要的两个系统是镜像神经元系统和语言神经系统。前者为了模仿，后者为了交流。

第二，大学生的认知发展主要集中于理性思维和认知模式发展，即人脑通过构建与外部世界相对应的认知框架来表征、理解、分析和应对外部世界。但学生在构建认知框架时很容易出错，这时就可以通过与其他人的交流互动来检查、调整与修改自己的认知框架，以保持其处于正确状态。

第三，在学生构建认知框架时教师固然可以发挥主导作用，但在检查、调整、修改、验证这些认知框架时，同学之间的互学互教往往可以起到比教师更好的效果。这是因为他们都处于相同的经验状态，更容易发现彼此的问题与不足，也更容易相互帮助。第四，合作学习

本质上是一种社会互动，通过合作学习可以帮助学生发展认识社会和与社会互动的能力，这有助于促进学生的社会化发展。

尽管人们都知道，人是社会性动物，个人离开社会无法生存。但社会达尔文主义奉行"社会竞争、强者生存"的丛林法则。当这种思想进入学校，人们就把学校学习看成学生之间的竞争，主张学习上的个人主义。当学生把这种基于个人主义的竞争思想带入社会，就会严重妨碍他们的与人合作能力和顺利融入社会的能力。因此，高校有责任培养学生的合作能力和团队工作能力，而合作学习就是一种有效方法。

（三）合作学习的价值观然而，作为一种特定的教育方式，合作学习需要一种特定的价值观，即相信人因合作而共存、因合作而发展。开展合作学习，不仅可以使学生获得学业上的进步，还可以促进他们的社会发展。只有当这种互助共存的价值观成为学校的主流价值观时，学校才可能广泛开展合作学习。并且，成员之间对合作的态度最终决定了合作的结果。

二、合作学习的基本要素

（一）相互依赖

相互依赖就是相互依存的意思，这是合作学习的基础。只有小组成员之间具有相互依靠的状态，小组合作才有可能产生。要让小组内的每一个成员都感觉到自己是小组的一员，自己能够并且愿意接受和容纳彼此，自己的一言一行都会影响小组内每一个成员，小组就是一个和自己息息相关、荣辱与共的整体。在具体实施时，可以通过小组成员的任务分担等来实现。

（二）个人责任

个人责任是小组合作学习的载体，如果一个小组没有划分好各成员之间的责任，合作学习就是一个理论上探究的空壳子。个人责任的明确，可使不同学习基础的学生在活动中得到相同的尊重，同时能防止"搭便车"现象的产生，从而有效地提高其学习积极性，促进每个学生的发展。

（三）社交技能

社交技能是提高小组合作学习效率的催化剂，部分学生的社交技能比较薄弱，导致他们在小组讨论的时候无法顺利地进行，从而导致合作学习的效率非常低。如果不及时地进行相应的调节，合作学习便会受到阻碍，严重时，合作学习甚至会无法继续开展下去。因此，在课堂教学中实施合作教学时，更应该注重对学生社交技能方面的训练，为合作学习的顺利进行打下基础。

（四）小组自评

小组自评即小组内部成员之间的互评，这是小组合作学习的优化剂，通过小组自评，可以发现小组活动中存在的问题，查找原因并给予改正，最终提高小组合作学习的效率。小组自评的主要内容如下：第一，明确发展的目标和方向；第二，总结有益的经验；第三，明确小组的目标。

（五）小组分组

小组分组是合作学习的展现形式，在划分小组时应该综合考虑各个方面的因素，不能以学科成绩作为分组的唯一依据。合作小组分组是否科学合理，也在很大程度上影响着小组合作学习能否顺利开展。

第二节　高校体育合作教学中存在的问题及构建路径

一、合作学习在体育教学中存在的问题

（一）学生参与的积极性和互赖性不强

目前高校体育课大多以选项课为主，在选课时，部分学生能选上自己心仪的体育课，但是由于班级人数有限，不少学生选不上自己喜欢的课程，从而只能选择其他并不是十分感兴趣的课程，这就造成了很多学生学习的积极性和主动性不强。加之选项班中的学生来自不同的班级，学生之间并不熟悉，对于教师在课堂上进行分组合作学习，学生会经常出现闹矛盾、不愿倾听他人讲解、不愿与人分享和交流的现象。学生之间的相互帮助与紧密的依赖关系没有真正建立，导致合作学习的氛围不浓厚，小组成员不能做到齐心协力，加上一些学生的责任感不强，认为其他同学的学习与自身无关，从而严重制约了学习效果的提升。

（二）学生对合作学习的意识不够强烈

现在的大学生多数是独生子女，从小在比较独立的环境中长大，形成了以自我为中心的心理，生活中缺乏与他人合作的意识，不懂得合作对自己产生的影响，更不懂得如何与别人尤其是同学之间进行合作。大学生在日常生活中都不易建立的合作意识，在体育课中就更加艰难了。体育教学中运用合作学习，如果教师让学生自由组合，大部分学生会选择跟自己关系较好的同学一组，或者技能水平相对较好的同学会自行组合为一组。这就容易出现两极分化的现象，导致体育训练"好的更好""差的更差"，不利于全班学生技能水平的整体提升。如果教师遵循"组内异质，组间同质"的原则进行分组，虽然会使组与组之间的整体技能水平相当，但是又会因为学生之间彼此不熟悉，有些学生性格比较内向，不善于沟通，从而导致彼此之间不愿互相帮助，合作学习的关系并没有真正形成。

（三）教师的教学理念与角色还未改变

合作学习教学中更多的是强调发挥学生的主动作用，课堂的"教"与"学"有了新的含义，使得教师的角色发生了新的变化。教师的主导作用在教学过程中发挥着非常重要的作用，然而实际上不少教师的教学理念还没有真正地实现转变，还没有真正地承担起课堂教学的设计者与组织者、协调者与指导者、监督者与评价者这些角色的职责，而是停留在传统的教学理念上，在课堂上一味地向学生灌输知识和技能，并不去关心和了解学生的学习情况。学生只能被动地接受教师灌输的知识，实际上对于知识和技能没有得到深入的理解，没有真正学会技能动作的要领。因此，这不利于合作学习教学的科学发展。

二、高校体育合作教学模式的构建路径

(一) 转变传统体育教学思想，培养学生合作学习意识

新时期高校体育的发展现实要求各高校转变传统的体育教学思想，更加重视对学生全面素质的培养，充分认识到提升学生合作学习意识的重要性。教学思想是指导教学实施的一个前提和基础，合作教学的思想是根据小组学习中的团体压力和相互间的沟通交流来提升学生的学习主动性、体现学生学习的主体性。通过小组的合作学习改变传统以教师为主的教学模式，真正让学生成为教学的中心，形成师生间、学生间的动态互动模式，从而能够相互借鉴、共同学习。

(二) 创新设计学生合作学习的过程，进行合理分组

高校体育教学模式在真正实施中，首先要创新性地设计学生合作学习的过程，即学生按照怎样的方式进行具体的合作学习。首先，要根据教材的内容来制订方案，目的是达到教材中某一时期的教学目标，只有确定正确的目标才能追求；其次，根据每个学生的不同兴趣爱好以及身体状况、体育特长等进行分组，并制定小组的目标，这个目标的制定要符合小组的实际并能使每个同学都起到重要的作用。

(三) 完善体育教学的评价标准，激励合作学习的主动性

高校体育合作教学模式的实施是否收到成效，是否符合教学目的，这都需要拥有一个具体的评价标准，合理的教学评价标准有助于激发学生的学习主动性，也能够为教师提供一个明确的教学方向。合作教学的评价主要包括教师的评价、小组自身的自我评价以及其他小组的评价等，当然，最重要的是要将小组视为一个整体进行评价，这样才能构成一个完整的评价体系。此外，教学评价要科学、全面，不能全部否定也不能完全认同，要本着对每个学生有激励作用的原则进行平等的评价，在强调个人对小组有重要作用的基础上，肯定每一位成员的进步，并能根据学生的不同基础水平进行不同程度的评价。

第三节　高校体育教学中合作教学法的创新应用研究

一、合作学习模式在高校体育教学中运用的意义

合作学习在高校体育课程教学中的应用，能够体现出学生的主体地位，让学生学习的主观能动性得到释放。有效利用合作学习模式能激发学生对体育健康知识的热爱，也就是对体育锻炼和运动技能产生兴趣。从心理学的角度进行分析，以及根据学生在课堂中的表现，我们发现合作学习能够培养学生的团队精神，增强他们适应社会的能力。高校体育课程是高校学生的一门必修课，是增强学生身体素质和提升体育技能的主要课程。如果能够有效利用合作学习模式就能促进学生与教师的交流与互动，学生与学生的交流与协作，从而实现育人功效，让学生的体质和健康水平得到提升，促进大学生身心健康发展。

二、合作学习模式的优势

高校体育课程教学中采用合作学习模式进行教学，有利于促进学生社会化发展和个性的

发展。大学生终将走向社会，要和其他人进行交流和合作。如果在体育课中进行合作学习，学生之间的交流与合作机会增多，学生社会化发展就会得到增强。另外，在课堂中进行合作学习也为学生今后的工作和学习进行了演练，是学生今后成人、成才的基础。由于合作学习模式的要求，学生在体育教学中相互交往和协作增多，从而进一步完善自己。

高校体育课程教学中采用合作学习模式进行教学，有利于培养学生的自主性和能动性。学生在学习各个体育项目时进行团队合作，并在小组合作学习中让自己的潜能得到释放，参加活动的积极性和能动性得到提升，学生自主学习的能力就会得到增强，他们会和同伴按照自己的思路探究问题。学生在合作过程中认识到自身的不足，发现别人的长处，从而形成新的认知。另外，在合作学习中，通过语言的交流、思维的碰撞以及动作技能的训练，同学之间可以建立良好的友谊，从而共同学习，共同进步。

高校体育课程教学中采用合作学习模式进行教学，能够促进学生的全面发展。小组合作学习让学生能够充分地展示自己，让学生有了更好的学习平台。在合作学习中，学生的个人学习能力得到展示的同时，也更加全面地了解自己。学生与同伴之间的思维碰撞，使他们能够从体育课中找到适合自己发展的计划和空间。学生在展示自己优点的同时，也暴露了自己的不足，这样就能及时发现自身的问题，从而通过实际行动来改进自己的不足，促进自身全面发展。

高校体育课程教学中采用合作学习模式进行教学，有利于提升教学质量。在体育课堂教学中，学生通过合作学习以及同伴之间的对比，就能发现自己的优劣势，特别是体育动作技能，在同伴影响下可以及时纠正和改善。他们通过交流学习体会，分享学习乐趣，可以改进动作，提高动作质量，同时，那些不善于思考的学生能在小组学生的号召下，建立学习的信心，激发求知欲望，这样学生就能高效、愉快地学习体育知识和技能。小组合作学习仍然是当前教学中学习有效的方式之一，学生在同伴的互助和协作下进行交流、操作、展示和分享，让各自都能提升自己的能力，并在互助中培养了学习能力。

三、合作学习模式在高校体育课程教学中应用的策略

由于合作学习模式在高校体育课程教学中有着重要的意义，以及合作学习模式本身所具有的优点，因此在进行高校体育课程教学时要善于应用合作学习模式，发挥其功效。根据合作学习模式的特点和操作要求，结合体育教学的实际，精心设计教学内容，教师要做好必要的引导和指导，以提升学生的合作能力，提升体育课程教学的质量。

（一）发挥教师主导作用

小组合作学习并不是不需要教师，任由学生发展，而是在教师的指导和调节下进行自主学习，教师在学生的合作学习中仍然处于主导地位，把控学生学习的方向，促进学生达到教学目标。如果没有教师的指导，学生就会盲目地学习，无法完成教学任务。因此，教师要在合作学习中发挥主导的作用，对学生有全面的了解，并对学生的合作能力有一定认识，然后才能指导学生该如何合作。教师对学生完全了解之后，按照分组的要求，让学生组成学习小组，并将教学任务和具体的操作要求告知各组。同时，教师在课堂上要注意观察学生状态，对各小组合作的效率进行监督，记录学生的课堂表现，根据合作小组的实际情况进行针对性的辅导，特别是对于一些错误动作，教师要在各小组中再次进行示范和讲解，从而突破不易掌握的知识和内容。当学生合作能力提升后，教师就可以将学习任务完全交给学生，让学生

自主制定学习目标。教师在小组合作学习中的主导作用，还要根据学生的合作情况，进行合理调整，让学生能力得到发展和展示，从而培养他们的学习能力，并提高学习的效果。

（二）合理进行学习分组

小组合作学习的分组有两种：一种是在教师的安排下进行的，一种是学生自由组成的。这两种分组都能提升学生的能力，并激发他们的学习兴趣。为此，我们要根据学生的特点以及教学内容进行合理的分组。体育教学涉及的各方面因素较多，其中学生的技术水平、身体素质和技能状况都有不同，教师要根据学生的这些状况指导学生进行分组。比如，很多教师会安排体育技能好、中、差的学生进行组合，目的在于让学生能够互助学习，以好带差，共同进步。合作学习中有不同的任务与分工，让学生各司其职，尽力完成教学任务，从而可以有效调动学生的积极性。另外，学生可以根据教学的内容，自己决定组成学习小组，进行合作学习完成学习任务。这样学生的学习积极性可能会更高，因为他们能够成为一个小组，主要是由于志趣相投。学生自主组成的学习小组，他们有更大、更自由的发挥空间，有利于发展个性和特长，促进合作能力和创新精神的发展。在小组合作学习的过程中，他们会呈现出一种高涨的学习状态。例如，在体操技巧教学中，教师先强调动作的正确性和规范性，接下来让学生组成合作学习小组，要求他们合作完成的任务是在原来的体操技巧动作的基础上，不改变动作，自由进行各个动作的连接。编排完成后，学生进行全班展示，最后教师给各个小组综合评价，各小组根据评价的结果进行改进，下次课再进行展示和分享，然后教师评出最佳创意小组，并给予表扬。

（三）师生合作促进交流

在传统的教学过程中，教师主宰着课堂，教师是知识的所有者和传递者，学生只能被动地接受知识，学生的主体地位被忽视，这显然不适合现代教育的发展。在高校教学改革不断推进下，高校体育教学十分重视教师和学生的交互主体性，倡导学生学习的主观能动性，学生学习的积极性提高，自然就能主动地接受知识和技能。因此，可以说教师、学生和教学条件是相互依存和制约的。随着当今社会的不断变革与发展，知识更新的速度快，学习的途径多，知识信息量广，那么教师拥有的知识就显得比较薄弱，教师与学生互动合作，也能让教师受益。教师需要在知识与学生之间建立一个通道，从而把前沿的学科知识加工后再传授给学生。为更好地促进与学生的合作，通常教师会采用多种教学方法，如启发式、探究式、互动式和鼓励式创设良好的学习环境，让学生和教师有了合作的关系，增强了师生的感情。特别是一些团队项目中，如足球、篮球活动中，体育教师可以成为其中一员，对学生的表现进行及时讲解和评价，学生也可以表达自己的看法，这样教师和学生会进行思维的碰撞。教师应以此为契机进行足球、篮球动作要领、配合技巧等方面的传授，在边做、边议、边学中让学生体育技能得到发展，教师也在与学生思维的碰撞过程中提升自己的专业素养，这样师生在教学相长中都能取得进步。

（四）生生合作共同提升

合作学习是当前学校普遍采用的教学方法。在合作学习的过程中，学生之间分组练习，相互协作。具体而言，我们可以将合作学习理解为学生在小组中从事学习活动，并根据小组整体成绩进行评价，这就是创新的课堂教学技术。我们都知道，合作与共享已经成为人融入社会的基本素养，也是大学生今后走向社会应具备的条件。在高校体育教学中，我们要重视学生之间的关联性，让他们学会共同学习、互助学习。在合作学习的过程中，学生之间增进了感情，团队意识得到增强，不仅有利于学生掌握体育技能，也为学生融入社会打下基础。在课堂教学中，学生之间通过小组合作完成教学活动，小组成为组织单位，学生为了表达自身的存在，彼此之间会进行体力、智力和情感的交流，这样彼此有共性的学生组成了小群体。要充分发挥小群体中各要素的积极作用，可以让他们通过竞争、合作去完成教学任务。例如，在乒乓球训练的过程中，教师通过对学情的了解，把不同技术水平的学生分成不同的小组，在课后相互帮助，力求每名同学都能达标，按照小组的综合成绩进行评价。显然这种合作学习模式可以使各个小组成员共同进步。技术好的同学帮助技术差的同学提升技能的同时，自身的能力也得到巩固，这就是合作学习发挥的功效。

（五）教师做好合作指导

小组合作学习强调了学生学习的主观能动性，但学生在学习过程中遇到的问题需要教师合理的指导和引导。学生分组后，体育教师要对学生合作学习的过程进行针对性的指导，具体到使用什么方法和在什么时候进行指导，并且让学生明确合作的要求。教师在做好指导的同时，也要让学生的主体地位得到体现。例如，在体操教学中，教师首先要给学生讲解如何做好身体的保护，示范保护和帮助的动作，接着引导学生在合作中树立共同的目标，这样才能让每个学生的主观能动性都得到发挥。教师进行小组合作学习的有效指导，引导学生制定合作的学习目标，是提升学生合作学习的有效保证。如果没有教师的有效指导，课堂上任由其发展，教学效果肯定不理想。因此，合作学习是在教师的指导下，让学生合作完成教学任务。

（六）充分的展示与交流

在体育课程教学中，小组合作学习结束后，教师集合队伍，让每个小组展示学习成果，交流学习心得。当其中一个小组在展示时，其他小组要认真观察，积极思考，从而发表自己的见解。之后，教师要进行教学评价，让学生明白自己需要改进的地方。同样，这个过程也是小组合作学习的过程。通过展示、交流和评价，学生能够更清楚地意识到合作的重要性。学生也可以把合作的范围扩大，小组之间再合作，这样便于集思广益，提升小组合作的实效。小组合作的形式比较灵活，对学习成果的展示与交流，能够让学生相互交流，各抒己见，也能让教师了解课堂学习情况，以便于调整教学策略。

四、合作教学方法在教学实践中应用的注意事项

（一）改变传统的教学观念

为了全面推进素质教育，在教学中发挥学生的合作意识也就成为必然。要想学生的主体性得到充分的发挥，转变传统的教学观念势在必行。体育教学中采用合作教学方法，意味着重新认识学生，把学生放在一个具有主观能动性的个体的位置上，尊重学生的人格，师生共同合作探究，在交流与合作的基础上，知己知彼，互相沟通。

（二）树立正确的学生主体观

高校体育教学实践中应用合作教学法，应树立正确的学生主体观，具体应做到三点。第

一，在教学过程中，教师应该有意通过情境、故事、破绽去激发学生的思维，然后引导他们从多角度、全方位去探求问题的答案；在探求过程中，潜移默化地培养学生的独立性和自主性。第二，教师的引导要引导在关键点上。教师的重要责任之一就是解惑，教学的重心应该是放在学生的困惑处和课本的难点上，能够通过问答、讨论、比较、观察等手段让其掌握知识，让学生在轻松、愉快的环境中学习。第三，教师的主导性发挥应该注重教学目标的落实，如果偏离了教学目标，学生的主体性也得不到体现。

此外，积极的课堂教学环境，可以促使学生对教学过程充满兴趣，并能使学生主动参与到整个教学过程中。教师要改变过去那种由自己一人"说了算"的课堂局面，随时征求学生意见，了解他们的心态和需要，不断改进教学，不断在民主和谐的交流配合中合作。在学生自主学习的过程中，教师要以激发学生的学习兴趣为主，充分发挥其指导性、激励性的特性，培养学生提出问题、分析问题和解决问题的能力以及面对问题时独立思考的能力，推动学生的求知欲，树立自觉主动学习的积极性和主动性，变"要我学"为"我要学"，创造性的学习使学生在积极主动的学习过程中，构建自己完整的人格。

（三）做好教学评价工作

合作教学是以导向和激励为目的学习评价，师生互评和生生互评能使学生及时了解学习情况，对本人的学习行为做出合理调整，教师进行科学、合理的评价有助于正确引导学生根据评价结果调整自己的行为，明确学习目标，主动、积极、创造性地参与课堂模式，获得较好的教学效果。

总之，合作教学方法主要强调培养学生的主体意识、合作意识和合作能力。在互动中，学生可以逐渐熟悉各种社会角色，逐渐培养沟通、理解和合作的技巧，培养价值观、态度、能力和观点，促进了自身社会适应性的发展。在课程教育改革的背景之下，我们要大力推进素质教育，发展人的个性，培养人的合作意识。在体育教学中，我们更应该注重学生合作意识的培养，让学生的主体性真正得以体现，培养具有创新精神和创新能力，有个性的体育人，为21世纪人才培养和竞争注入新的活力。

第九章　高校体育翻转课堂教学方法的改革创新研究

第一节　翻转课堂概述

一、翻转课堂的产生

翻转课堂起源于美国。2007 年，乔纳森·伯尔曼和亚伦·萨姆斯两位化学老师开启了真正意义上的翻转课堂，成为翻转课堂的创始人。他们为给缺课的学生补课，将讲课过程的演示文稿以及上课过程录制成视频，上传至相关教学平台，收到较好的效果。后来，这两位老师又将上课方式改为先让学生在课前看教学视频，之后在课堂上完成作业，并对学习中遇到困难的学生进行详解。结果发现这种教学模式受到了学生的广泛欢迎。随后翻转课堂在世界各地的各级学校开始应用起来，并于 2011 年传入我国，引起我国教育界的极大关注。

翻转课堂教学理念的起源时间要追溯到 21 世纪初，是现代数字信息技术在传统教育行业中应用的典型体现。教师可以通过互联网工具、电子视频邮件等来将课堂中的重要内容以课件、视频作业等互联网资源的形式传送给学生，使得学生不受传统教育空间的束缚，在任一时间地点都能够完成教师所布置的任务，也促进了教师与学生之间的双向交流，资源共享。翻转课堂使得传统教育环境中学生、教师、教育资源这三者形成由点到面的发展趋势。因此，在中国教育发展过程中，翻转课堂将扮演着极其重要的推动与促进角色，广大高校体育教师应当将翻转课堂模式充分利用到体育教学改革发展过程中。

二、翻转课堂教学的构成与意义

（一）翻转课堂教学模式的构成

关于翻转课堂的构成要素，很多学者经过研究后提出，其构成要素包含以下三个方面。

1. 课前内容传达

在翻转课堂模式中，其教学的基础在于课前内容的有效传达。就目前来说，我国翻转课堂模式往往会采用教学视频与纸质学习材料这两种模式来传达教学内容。其中，教学视频被视为最基本的形式。对于教学视频的来源，主要有以下两种途径。

（1）使用现有的教学视频

使用现有的教学视频是教师的最佳选择，主要基于以下两个方面的考虑。第一，教师在面对视频录制仪器时可能会产生紧张心理，这会严重影响教学的进程与效果。因为视频录制通常是教师面对机器自言自语，这与传统授课形式带来的心理感受完全不同。第二，教师的教学任务十分繁重，没有时间、精力来制作视频。因此，如果可以在网上找到该门课程的高质量教学视频，那么教师就可以省去很多的精力。当前，网络上关于教学的视频多种多样，教师可以自己下载并在教学中使用。

（2）制作新的视频

对于翻转课堂模式中运用的视频，教师除了运用现有视频外，也可以进行录制。当然，这需要教师有多余的时间和精力，他们可以运用电脑、录音软件、麦克风、手写板等进行制作。具体可以从如下几点着手：教师可使用录屏软件来捕捉电脑屏幕上幻灯片演示和电脑操作轨迹，利用麦克风来录制讲述的音效，利用手写板实现平常书本上的书写效果，利用音频编辑软件加工录制声音。

除此之外，教师还需要关注视频的画面质量。对此，建议制作短小精悍的视频。当代学生的生活节奏快，视频只有短、快才有可能受到他们的欢迎。如果视频太长或内容太过复杂，往往会引起学生的反感。

2. 课中教学组织

教师安排本节课教学内容以及学习任务，做到能够把握课堂的整体方向，并有针对的向学生提出本节课需要学习和研讨的任务。在教师安排的教学任务以及创造的学习环境下学习，即能够保证课堂秩序，又能够保证学生自我进行学习研究，找到自身问题并尝试解决，对解决不了的问题在组内进行探究并纠正。在这一过程中，教师主要进行引导和监督，对于学生自身出现的问题及时进行指出，并要求学生努力解决，也可进行个性化指导。经过小组内合作探究，每个小组需要进行展示学习成果，其他同学需要认真观看，并找出存在的问题，小组间进行合力探究，教师在这一环节可进行诱导性纠正，最后对本次成果展示，做出点评，指出问题所在，并进行纠正。学生经过一轮的合作探究以及教师点评后，对依旧出现的问题进行解决，教师主要抓住问题比较严重的同学，进行监督指导，督促学生练习，完成学习任务。

3. 课后效果评价

翻转课堂教学模式同样需要重视对学生学习结果的评价。对于翻转课堂中所采用的个性化学习测评，主要依靠教师在平常与学生接触的过程中所形成的评价。教师需要依靠自己的教学经验来判断学生对知识的掌握程度。这种即时测评的优点是利于纠正学生对知识的误解，并根据学生的认知差异为学生提出合理性的学习指导。

因翻转课堂兴起时间较短，其评价与测试形式并不完善，所以翻转课堂模式的学习评价主要是要求教师与学生进行及时交流与沟通，并根据学生的不同个性特征加以引导。此外，教师需要通过更多渠道为学生展示学习成果，让学生建立起足够的成就感和自信心，激发他们学习的积极性和动力。

（二）翻转课堂教学模式的意义

在传统的课堂教学中，为了促使学生学习和掌握知识，教师需要密切注意课堂纪律与学生的注意力，以免学生因某些事情分心而影响学习进度。但在颠覆了传统教学模式的翻转课堂教学中，这些问题都不存在，而且更能显著提高学生学习的效率。以下就具体阐述翻转课堂教学模式的意义。

1. 有助于扭转传统的学习观念

翻转课堂扭转了传统的学习观念，学生有了自我学习的机会和空间，这主要体现在以下几个方面：

（1）翻转课堂有助于学生合理安排学习时间。对于即将毕业的大学生而言，他们需要在实习工作上花费很多时间，因此并没有充足的时间置于课堂学习。这些学生需要的是能够迅速传达知识的课程，以便在闲暇时间学习知识。对于这些学生来说，翻转课堂模式是非常适合的，能够有利于他们合理地安排自己的学习时间。

（2）翻转课堂有助于师生互动。翻转课堂改变了传统教学模式中师生之间的相处方式，在翻转课堂中，教师与学生之间形成了一对一的交流。如果学生对某一知识点存在质疑，那么教师可以将这些学生集中起来，对他们进行特别指导。另外，在翻转课堂中，教师不再是学生知识的唯一来源，学生与学生之间还可以进行互动学习。

（3）翻转课堂有助于后进生的反复学习。在传统课堂教学中，教师总是习惯将关注的重心放在成绩优秀的学生身上。他们可以跟上教师讲课的步伐，积极主动地举手回答教师的问题。其他后进生则往往被动听课，有的完全跟不上教师讲课的速度。对于这种不良局面，翻转课堂教学模式可以有效解决。在翻转课堂中，学生可以随时暂停、重放视频，直到自己看懂理解为止。另外，翻转课堂模式可以节省教师的大量时间，让教师将更多精力投注于成绩不好的学生。

2. 有助于提升学生的主动意识

通过翻转课堂，师生和生生之间的互动更加频繁，学生的主观能动性得到了最大限度的发挥，学生掌握了学习的主动权。在当前的时代背景下，网络、计算机技术的飞速发展颠覆了传统课堂的教学方式，从而使翻转课堂教学模式获得了名正言顺的教学地位。在翻转课堂教学模式中，学生根据教师提供的资源首先进行自主学习，然后在课堂上与教师展开探讨，进一步深化与掌握知识内容，有效体现了学生的主体地位。

3. 有助于课堂管理的人性化

在翻转课堂中，其管理要比传统课堂管理更加人性化，这主要体现在以下两个方面：

首先，翻转课堂将学习的主动权归还给了学生。虽然传统课堂中教师也会辅导学生，但由于受传统理念的影响，这些教学改变只存在于形式上，教学活动仍侧重于讲授，学生完全没有占据主体地位。但在翻转课堂中，学生可以根据教师提供的资源进行自主学习，这体现了学生的主体地位，而在课堂上与教师的讨论中，学生可以深化自己的知识。

其次，翻转课堂淡化了学生对教师的依赖性。这是因为翻转课堂中知识的习得置于最前的位置，学生的自主性逐渐提高，有效淡化了学生对教师的依赖。在自主学习中，学生不得不将自己获取帮助的想法转向其他同学，经过一段时间后，学生便形成一种习惯，即主动学习知识，并与其他同学进行探讨和交流，这在提升学生知识水平的同时能提升其交际能力。

三、翻转课堂教学模式的内涵与特点

(一) 翻转课堂教学模式的内涵

翻转课堂是一种教师依据教学目标将教学内容制作成视频或文本资源，传递给学生，学生利用一定的时间，按照自己的步调进行学习，并解决一系列问题，在此基础上开展师生交互活动，促使学生学习过程中的问题得到解决的教学模式。[①] 它是一种信息技术环境下的教学变革，是利用现代教育技术营造学习环境，促进学生课外自主学习，在课堂上展开活动，解决问题的混合式教学模式。借助计算机和网络技术，翻转课堂前期利用教学视频把知识传授的过程放在课外，让学生按照自己的步调进行自学，课堂上，教师和学生共同解决问题来实现知识的内化。

翻转课堂是一种将传统教学中教师的传授与学生的内化两个过程颠倒的教学模式。从其本质来说，它是一种先学后教的教学模式。学生利用各种资源进行自主学习，独立完成学习任务，然后与教师或同伴交互，最终实现教学目标。在交互的过程中，学生与同伴形成学习共同体，促成交流、分享的氛围，教师作为教学活动中的指导者，对学生个体或群体进行及时有效的辅导。在先学后教的步骤中，学生的自主学习可以是在课下时间完成的，也可以是在课堂中实现的，依据教学内容以及学生的特点，教师可以有不同的安排。在课堂中完成自学过程的，称为课上翻转，它更利于教师监控学生的自主学习过程，但受时间限制，不能完全实现个性化学习。与之相对应的是课下翻转，即学生在课下自由安排时间来进行自学，这种方式使学生能够更好地安排自己的学习过程，但对自主学习的过程，需要学生有较强的自制力。翻转课堂中教师的教不同于传统课堂中的教，它更是一种辅导、引导、指导。在师生互动完成教学活动的过程中，教师观察、倾听学生的行为，与之形成协作的关系，促使学生顺利内化教学内容。翻转教学模式中的课堂是围绕着一系列的问题开展的活动，这些问题可以是习题式的，也可以是真实情境中的问题，教师将它们按照一定的顺序组织起来，形成与学生共同参与的活动。翻转课堂先学后教的教学次序突破了传统教学中的一个瓶颈，即学生发现或遇见学习中的困难而教师不在身边时，问题该怎样解决的情形。翻转课堂给学生提供自主时间去发现问题，同时在课堂上为学生解决问题提供支架，通过师生交互、生生交互将知识内化的难度进行分解，同时将知识内化的次数增加，最终使学生获得知识。

(二) 翻转课堂教学模式的特点

1. 师生角色转变

(1) 教师的角色转变

在翻转课堂教学模式下，教师的角色发生了实质性的转变，教师从传统的作业安排者和评判者向学习的设计者和引导者转变。与以往的教学模式不同，在翻转课堂教学模式下，教师不再是上完课之后给学生布置相应的习题作业，让学生自主完成，布置没有明确指导的预习，教师会精心地设计好适合学生课前学习的材料，同时在课堂上或在线上交流平台给予学

[①] 欧阳巍娜，侯飞亚，刘子涵. 大学外语教学中的慕课和翻转课堂研究［M］. 西安：世界图书出版公司，2017.

生详尽的指导。此外，课堂不再是教师单向对学生进行知识灌输的场所，而是师生平等展开对话交流、探索知识的场所。教师会通过对学生的课前学习情况分析来制定相应的、针对性的教案，以适应学生的学习，教师从讲台上的讲授者转变为对学生学习的组织者、管理者和辅导者，真正做到教师由 sage‐on‐the‐stage（讲台上的圣人）移步到 guide‐by‐the‐side（旁边的指导者）。

在翻转课堂教学模式下教师的作用更加凸显，虽然学生学习知识可以脱离教师的直接讲授，但学生依旧需要在教师的引导下进行有目标的自主学习。同时，在课堂中，虽然是以学生的合作与展示为主，但是整个课堂的进展与提升在很大程度上需要教师的整体把控与设计。而且，翻转课堂教学模式给教师提供了更多时间对每个学生进行更加细致的观察与评价，从而为每个学生提供更有针对性的教学辅导。

有效的教学必定是师生共同去实现的，教育的目的是对学生学习能力的不断开发与发展，而教育也离不开其社会属性——人与人之间的活动。因此，教师在教育中的角色也是无可替代的。教师是引导学生追求知识与真理的桥梁，翻转课堂只是借用信息技术发展的有利条件来实现教师对学生的更充足和更有效地引导。教师由课前的教案编写者、课堂的知识传授者、学生课后学习的局外者转变为学生学习的指导与设计者、课内外交流互动的组织管理者、学生学后表现的观察与评价者。翻转课堂教学模式把教师从基础知识的讲授中解放出来，让教师有更多的时间去设计多样、有效的教学活动，促进学生的深度、内化学习。

（2）学生的角色转变

翻转课堂教学模式对学生的角色进行了重新定位，教学的进展在很大程度上依靠学生的学习状态，学生成了自主学习的管理者，在教学过程中学生的主体地位不断凸显。在获取知识方面，学生成了主动的、有目的的探究者。在翻转课堂教学模式下，学生带着学习目标，通过课前自主学习来获取自己所需要的知识，学生的学习权利增强。在课前阶段，学生拥有更多对自己学习支配的权利和机会；在课堂上，学生有更多的时间、机会和知识基础对自己的学习进行有效的展示，并且学生还需要在课堂学习活动中参与学习的合作与讨论，进行更深层次的认识。同时，学生会作为一个评价者对同学以及自己的学习进行评价和反思，总结出自己对知识的掌握情况，进而内化与巩固学习。翻转教学下的课堂成了构建深度知识的课堂，学生便是这个课堂的主角。总之，翻转课堂教学的整个过程，都显现出学生真正由被动学习者（passive learner）过渡到主动学习者（active learner）。

2. 教学资源多元化

（1）教学资源的内容更丰富

信息技术的发展、网络资源的共享教育与信息的进一步融合，使教学资源获取的渠道多样化。在以往的教学模式下，教师只能在课内利用有限的时间、有限的教学资源来让学生学习和体验，而在翻转课堂的教学模式下，教师不用受课堂教学条件的限制，可以给学生提供多种学习资源的获取途径，如提供学习网址、学习视频等既方便又实惠的方式来满足学生的学习需求，或者多样化地呈现教学资源方式，如用名师的授课视频、教师自制的视频、户外视频等，并从学生的角度考虑视频的效果，如根据教学内容的特点设计学生的学习材料，根据学生学习的喜好选择学习材料的风格，根据学生的差异性来分层设计练习题，等等。

教学资源灵活化主要是指学生可以根据自身的学习水平和喜好来灵活地调整自己的学习进度，同时，学生可以根据自己对知识的掌握情况灵活地选择和复习自己所需要的知识。例如，在观看教学视频时，学生可以根据自己的学习需要实现暂停、回放或快进，有利于学生在学习过程中灵活地调节，又不必担心知识的遗漏，更加有效地记录笔记。

（2）教学时间高效利用

在以往的教学模式下，教师为了实现班上大多数学生能够理解、接受教学的内容而对知识进行反复的讲解，这对不同水平学生的学习进度差异有所忽视，也在一定程度上损害了他们的权益。翻转课堂教学模式一方面使教师不用在课堂上给学生进行统一的知识讲授，而是将这一环节转移到课外由学生自定步调进行，这给学生个性化的学习提供了公平的外部机会。因此，学生可以根据自己掌握知识的能力和速度来决定自主学习的时间，使每个学生都有机会在个性化的学习时间中进行有效的学习，而且课堂为学生完成学习巩固和内化拓展知识等提供了更充足的时间和机会。另一方面，学生是带着知识和问题进入课堂的，因此学生在课堂上可以进行深层次学习，并且在教师合理的引导和帮助下进行更有深度的思考。

四、翻转课堂教学模式的优势分析

（一）有助于个性化学习和因材施教

在翻转课堂中，课前、课上和课后，学生都能够依据自身情况，设定自己的学习步调，而不必去追赶步调快的学生或等待步调慢的学生，真正实现了分层次学习。在学生遇到困难、疑惑时，能得到有针对性的指导，教师还可以根据不同学生的不同情况布置不同的任务，真正实现了个性化学习，培优补差，因材施教。

（二）有助于素质教育的推进

目前我国推行的素质教育，要求以全面提高全体学生的基本素质为根本目的，尊重学生的个性，注重创造能力、自学能力的培养。学生根据自己的步调开展学习，并能随时获得个性化指导，这充分体现了学生的主体地位。课堂上主要以学生的自主探究和协作探究活动为主，以此培养学生的自学能力、探究能力和创造能力。翻转课堂丰富了教学内容，扩大了知识量，拓宽了学生的视野，对学生综合素质的培养具有显著作用。同时，翻转课堂关注学生整个学习过程，关注学生个体的全面发展。

（三）有助于教学相长

在翻转课堂中，教师需要策划出让学生感兴趣、具有一定难度的问题；需要录制出思路清晰、高质量的微视频；需要为学生提供一系列丰富、有趣的学习资源，为学生提供针对性的指导，对学习对象进行分析；需要对学生开展多元化学习评价。因此，翻转课堂教学形式是对教师技能的挑战，也有助于教师教学相长。

（四）有助于发挥信息化在教育中的作用

信息技术的注入，使得学习过程突破了时空的限制。在传统课堂中，由于受课堂时间的限制，教师只能为学生提供最简洁、最有用的学习资源。而在翻转课堂中，教师可通过网络环境向学生提供形式多样、内容丰富的学习资源，尤其是教学视频的使用，使翻转课堂得以实现，也使学生的个性化学习、分层次学习变为现实。信息技术的使用弥补了时间和空间不便，使师生之间、生生之间可以随时随地开展互动。并且，教师可以通过网络环境及时掌握学生的学习情况。另外，翻转课堂还有助于提升师生的信息技术素养，提高运用现代教育技术的能力。

当然，翻转课堂也存在一定的不足，如需要有一定的硬件和软件支持，学生长时间观看教学视频可能会对视力产生一定影响，对学生的自主学习能力，教师的微视频制作能力、课堂活动的设计能力，以及师生的信息素养都提出了挑战。

五、翻转课堂教学模式的理论依据

（一）布鲁姆的掌握学习理论

掌握学习理论是由美国当代著名心理学家、教育家，芝加哥大学教育系教授本杰明·布鲁姆提出的，它是美国 20 世纪五六十年代教育发展的产物。掌握学习理论是指只要学生所需的各种学习条件具备，任何学生都可以完全掌握教学过程中要求他们掌握的全部学习内容。布鲁姆指出：教师如果按规律有条不紊地进行教学，如果在学生面临学习困难的时候而给予帮助，如果为学生提供了足够的时间以便其掌握知识，如果对掌握知识规定了明确的标准，那么所有学生事实上都能够学得很好，大多数学生在学习能力、学习速度和进步的学习动机方面会变得十分相似。[①] 在总结前人研究的基础上基于自己的教育理论，布鲁姆提出为"掌握而教"的思想，进而提出掌握学习理论。他认为只要让学生具备各种条件，每个学生都可以掌握所要掌握的内容。

布鲁姆的掌握学习理论是在卡罗尔学习理论的基础上发展而来的。他吸收了卡罗尔提出的学习理论中的五个变量，进一步为掌握学习理论构建出模型并在自己的教学实践中得到印证。这五种变量包括学习时间、学习毅力、教学质量、理解教学的能力和能力倾向。这五种变量相互影响，最终影响学生的学习效果。

大多数学生（也许是 90% 以上）能够掌握我们所教授的事物，教学的任务就是要找到使学生掌握所学学科的手段。这就是为掌握而教的核心思想。作为教育者必须改变传统的教育思想，树立新的学生观。勇于质疑传统的教学思想，改变传统的认为学生的学业成绩正态分布的思想。布鲁姆认为学生的学业成绩分布是完全可以改变的。

布鲁姆提倡的是一种新的学生观，相信在教师一定方法的引导下，大多数学生可以学好专业知识和有更高学习动机的积极性。

掌握学习理论是一种新的教学观、新的学生观，为我们的教育实践工作提供一套全新的教育研究方法。它也从根本上解决教育上的最大误区，即"牺牲多数保证少数"的正态分布理论，为我们改进教学方法，提高教学质量提供新的途径和思路，之前我们一直采用传统式的教学方式以追求少数学生的成绩为根本教学任务，忽视大部分学生的一般发展，然而布鲁姆的翻转学习理论为我们的实践教学提供一个新的视角看待教育问题。

掌握学习理论是在美国特定的背景下产生的，主要是为解决美国"八年研究"所产生的问题而诞生的一种新的教育理论。它作为一种教学理论和策略，有其适用的条件的限制和约束，如它适用于基础理论、基础课程等封闭性课程的教学，对于创造性强等开放性课程不适用，在掌握学习理论的实施上也存在问题。掌握学习理论在实施中强调反馈—矫正，但是这

---

① 　本杰明·S·布鲁姆等. 布卢姆掌握学习论文集［M］. 王钢等译. 福州：福建教育出版社，1986.

个过程会浪费很多时间和精力，可以保证一般学生的普遍性发展，但是对于智力超常儿童的发展不利。掌握学习理论可以保证学生知识的掌握和巩固，但是在某种程度上会忽视成绩所不能代表的学生其他方面能力的发展问题。

（二）混合学习理论

混合学习是继网络学习后，教育领域出现的一个新名词。对于混合学习，李克东教授认为"混合学习是人们对网络学习进行反思后，出现在教育领域，尤其是教育技术领域较为流行的一个术语，其主要思想是把面对面教学和在线学习两种学习模式的整合，以达到降低成本，提高效益的一种教学方式"。[①] 何克抗教授将混合学习更简单地概述为，"混合式学习就是要把传统学习方式的优势同网络化学习的优势结合起来"。[②] 混合学习既发挥教师的引导、启发、监控教学过程的主导作用，又充分体现学生作为学习主体的主动性、积极性与创造性。将这二者结合，使其优势互补，能够获得最佳的学习效果。

从总体上看，混合学习包括了学习理论、学习资源、学习环境和学习方式的混合。在混合学习中，网络学习资源和传统教学资源相融合，既创设了网络学习环境，又有传统课堂环境。从学生视角看翻转课堂，学生在课前根据自己的需要，选择适合自己的步调观看教学视频，开展网络学习，完成知识传递；在面对面的课堂中，当学生遇到问题时，随时寻求教师或同伴的帮助，在教师的指导下，同伴间协作解决问题，实现知识内化。由此可见，翻转课堂正是网络学习与传统面授的结合，它将面对面的教学与在线学习进行优势互补，通过创造性地使用技术和微视频的学习活动，提升学习效果。

第二节　翻转课堂教学模式在高校体育教学中的应用研究

一、高校体育翻转课堂教学模式应用的必要性与可行性

（一）必要性

体育教学和其他科目教学有着一定的区别，具有很强的动作示范性。高校在进行体育教学时不仅要让学生能够学习体育基本知识，让他们掌握正确的运动技巧，更需要让学生树立终身体育这一良好意识。为此，教师要想提升体育教学的效果，必须运用多种教学模式让学生能够更好地掌握体育知识。翻转课堂可以适应当前高校在进行体育教学改革时所呈现的多种需求，也可以为大学生营造一种比较和谐的体育学习环境，在保障理论知识讲解的同时可以有效提升大学生身体素质。教师对教学资源进行科学的编辑，能够让学生更好地掌握所要学习的体育知识。同时，教师可以将一些重大比赛的视频作为知识讲解的学习资源，不仅能够让学生以更加直观的姿态学习一些体育动作，也能让课程教学更加具有新颖性。此外，实施翻转课堂能够让学生在课堂教学前对教师所要讲解的体育知识进行学习或者是练习，这样

---

① 李克东，赵建华.混合学习的原理与应用模式［J］.电化教育研究，2004（7）：1-6.

② 何克抗.从"翻转课堂"的本质，看"翻转课堂"在我国的未来发展［J］.电化教育研究，2014，35（7）：5-16.

可以有效保证课堂学习的效率。

（二）可行性

对体育教学进行分析可以发现，学生不仅要掌握理论知识，也需要正确运用一些运动技巧。在进行动作知识学习的时候，体育教师要对他们进行专业引导，这样才能让学生将动作技能转化为自己的学科素养。当前高校在进行体育教学时，普遍存在大学生动作训练时间不够充足的问题，加上一些大学未能保障器材设备的支持，所以不能取得预期的教学效果。翻转课堂具有一定的创新性，是对传统课堂教学的翻转，能够让大学生通过计算机等媒介的操作获得更多的学习资源，可以对运动技巧进行深层面的理解。[①] 同时，大学生具有很强的思维判断能力，可以对教学资源进行自主学习，也可以较好地表达自己对课程的问题或者是意见。所以翻转课堂可以有效调动大学生在进行体育知识学习时所呈现的积极性，也能够让课程教学更加具有创新性，让大学生可以根据自己的认知能力和专业素养对课程教学资源进行合理的选择，这样做可以保障体育教学的效果。

二、高校体育教学中应用翻转课堂教学模式的优势

（一）体育教学方式更加灵活

翻转课堂是由学生通过自学掌握基础知识后，教师再进行针对性的讲解。运用翻转课堂教学模式后，学生在学习体育理论和运动技能时不再是单调地听课和模仿，视频等现代信息技术也迎合了学生前卫的思想和兴趣爱好，促使学生更加热情、主动地参与到体育学习和锻炼中，高校体育教学的质量和效率也得到了相应的提高。

（二）促进师生之间的有效沟通

在体育教学中应用翻转课堂教学模式后，学生先通过视频教学资源进行体育项目的自学和练习，然后教师根据重点和难点进行有针对性的指导，这样一来，教师和学生之间的交流机会就会大大增加，教师对学生的学习和运动状况也有了更加深入、细致的了解。除此之外，互联网的发展为师生沟通提供了更多的渠道，教师和学生可以通过网络交流平台进行沟通，一方面，可以消除面对面沟通的紧张感；另一方面，交流可以不受时间和空间的限制，保证沟通的及时性和有效性。

（三）促进课堂时间的高效分配

在翻转课堂教学模式下，教师用更多的时间进行体育教学和促进学生学习而不是站在讲台上说教，促进学生在交流中学习。学生在课外时间遇到学习困难可以拿到课堂上讨论，教师可以利用课堂时间与学生进行高效率的交流，观察、引导和帮助学生准确掌握体育知识和技能。

---

① 台盼盼．高校体育翻转课堂教学模式的应用研究 ［J］．教育理论与实践，2018，38（15）：63 -
64.

（四）促进体育教学评价的完善

一方面，翻转课堂教学模式的应用使体育教师开始将更多的注意力放在学生的学习过程上，而不再一味地关注学生的阶段性测试成绩，对学生学习过程中的态度、方法、问题等有了更深的了解，这样对学生进行评价时也会更加全面、客观；另一方面，翻转课堂教学模式的应用离不开互联网和信息技术，学生通过互联网进行学习和交流时会留下客观的数据记录，这些数据为构建完善的体育教学评价体系提供了很好的量化指标，便于更好地进行过程性评价，也可以使综合评价结果更加客观、准确。

三、高校体育翻转课堂教学模式的应用策略

（一）提供良好的外部条件

第一，高校要建立起完善的互联网体系，保证学生在任何时间和地点都能利用互联网通过视频学习体育知识。

第二，提高学生的信息化意识和自主学习意识。当前，大学生对互联网和信息技术的认识及使用都比较熟练，但是利用互联网开展学习的意识还需要加强。

第三，翻转课堂教学模式对学生自主学习能力要求较高，要注重培养学生自主学习的意识和能力，才能更好地适应翻转课堂教学模式的应用。

第四，提高体育教师的信息技术水平。翻转课堂教学模式的应用离不开信息技术的支持，通过学习培训提高体育教师搜集资料、制作视频、搭建学习平台等方面的技术水平，以保证翻转课堂的顺利运行。

（二）做好充分的课前准备

第一，确定教学目标。教师要科学分析教学大纲和教学计划，对体育教学的总体方向有清晰的认识和理解，然后将总体教学目标分解到每节课中，确定本节课的教学目标，并以此为出发点开展其他教学工作。

第二，确定教学内容。教师在确定教学内容时要深入了解学生的个人水平、兴趣爱好、性格特点等，在教学目标的指引下对教学内容进行科学设计。

第三，制作教学视频。教师确定教学内容后要将其制作成教学视频，视频可以从网络上搜索，也可以自己制作，要保证教学视频清晰、明了，知识点和动作要领一目了然，知识难度要循序渐进，适当降低学生学习的难度。

第四，引导学生自学。为了保证学生自学的效率和质量，教师可以列出教学目标和教学任务，让学生有针对性地预习，找出学习中的难点，为课堂探讨和交流做好准备。

（三）构建高效的课堂教学

课堂教学环节的针对性讲解和解疑答惑是翻转课堂教学模式应用的核心步骤。学生通过课前预习已经掌握了基本的知识内容，教师根据学生的反馈梳理教学内容的重点和难点，为课堂讲解提供依据。因此，教师在讲解过程中要全面分析学生的个人水平和学习深度，然后因材施教，有针对性地采取差别化、分层次的教学方法，引导学生掌握体育教学的内容和运动技能，帮助学生形成良好的体育锻炼习惯。

（四）重视教学评价与巩固环节

翻转课堂教学模式的应用可以有效改善传统的以成绩为主的评价方式，构建更为科学、完善的评价体系。一方面，将学生在学习和锻炼过程中的表现纳入评价环节，过程性评价和结果性评价相结合，更加全面、客观地评价学生的体育学习；另一方面，除教师参与评价外，将学生也纳入评价主体的范围，通过师生互评、生生互评等评价活动提高评价体系的科学性和综合性。除此之外，教师可以通过翻转课堂教学模式应用过程中学生的反馈和自身感受不断总结和完善教学方案，进而提高教学质量。

第三节　高校体育翻转课堂教学模式的构建

一、高校体育翻转课堂教学模式构建的条件

（一）硬件设备

翻转课堂要想在学科教育中得到更好的应用，首先需要保证硬件设备的支持。该种教学模式主要是让学生可以在课程学习之前对相关信息资源进行认知，以此让学生可以初步掌握课程理论；在教学环节中引导学生进行知识讨论，这样学生可以将知识内化为自己的学科素养。对翻转课堂进行分析可以发现，其模式基础是互联网，教师通过多种网络技术的应用为班级学生营造一种比较开放的课程教育环境。在具体教学中，学科教师必须掌握基础的信息技术和计算机操作能力。这样才可以让翻转课堂教学顺利地进行，打破课程学习的空间限制，让学科教育更加体现创新性。学科教师就能立足该种教学模式对班级学生进行创新性的知识讲解，强化知识讲解的实效。基于此，高校在实施翻转课堂教学时首先应该具备的条件是硬件设备，只有保障硬件设备的支持，才可以开展翻转课堂。

（二）信息技术的保障

翻转课堂就是让学生在课前通过互联网、计算机获取到教学内容及教师自行制作的学习资源包，以此让学生提前掌握所学的知识，在课堂上针对原有的教学内容与教师进行互动讨论。这种新型的教学模式以互联网和计算机为基础，[①] 通过一种具有开放性及前沿性的教学方式来达到提升学生学习兴趣，调动学生的主观能动性的目的。

（三）学生需具备自主学习能力

高校实施翻转课堂应该具备的条件，除了硬件设备之外也需要学生拥有自主学习能力。学生必须依据教师所提供的课件学习资源提前学习教学内容，通过对视频或者是课件知识的学习，能够明确教师在进行知识讲解中所体现的目标和知识教育的重点。同时，学生必须在课程讲解之前对这些学习资源进行细致的分析，能够了解教师在课堂讲解中所需要运用的知识点。因为在这一自学环节中没有学科教师对他们进行监督，所以学生就必须对自己的行为

---

① 李青梅，杨言昆. 高校体育教学"翻转课堂"模式构建策略研究 [J]. 湖北开放职业学院学报，2021，34（11）：128-129.

进行控制，可以自主地学习知识。基于这样的学习现状，学生需要对自我进行约束，具备自主实施知识学习的能力。只有通过学习资源的学习，学生才能初步掌握课程内容，发现自己在知识学习中出现的问题，在课堂教学中和教师进行良好的沟通，这样才可以让翻转课堂取得更高层面的实效性。

（四）对问题进行分析以及解决的能力

翻转课堂其实是对传统课堂进行一定的翻转，改变师生在知识传授中所体现的位置。在翻转课堂中，师生需要进行知识的平等互动，而知识互动是依据教材内容进行的，能够对学生的学习问题或者是课程知识进行讨论和解决。学生通过视频等资源对所要学习的学科知识进行学习时，会存在一些不清楚或者是不能理解的课程知识，需要自己对这些课程知识进行深度的分析，更好地认知这一学科知识。所以学生在学习课程知识时，需要对学习中体现的问题进行分析，将学习问题作为和教师进行课程讨论的要点，在此基础上，依据教师的指导进行知识探究，和班级同学或者是学科教师进行知识讨论，积极解决知识学习中遇到的问题或者是障碍。这样不仅可以解决学生在课程知识学习中所出现的问题，也能够培养他们对问题进行分析和实际解决的能力，可以让翻转课堂获得更优的教育效果，让学生在课程翻转的过程中实现学科能力的有效培养。

二、高校体育翻转课堂教学模式构建步骤

（一）课程教育之前

高校在构建翻转课堂体育教学时，需要在课程教育之前合理地运用教学资源引导学生对课程知识进行主动的学习。体育教师要依据教学大纲和课程培养目标等内容对课程知识进行重点区分，保证教学资源设计上的合理性；可以依据学生的生活环境或者是他们所呈现的认知能力对教学素材进行合理的选择，也可以立足课程教学所要突出的重点和特点对教学素材进行加工，这样可以让大学生更好地掌握课程学习的重点内容，也能帮助他们快速掌握一些运动技巧。此外，体育教师在选择教学资源的时候，除了可以自己制作课件之外也能够对网络资源进行合理的应用，对所选择的网络教学资源进行文字或者是图片插入等加工，能够让学生直观了解到所要学习的体育内容。体育教师也需要对教学资源的时长进行合理的把控，让教学环节可以得到科学的安排，保障最终课堂教学所取得的效果。

1. 教师活动

一是分析教学目标。一谈到翻转课堂，人们的第一反应就是制作教学视频。但是在制作教学视频之前，我们需要分析教学目标。教学目标就是通过教学活动期望达到的结果。二是明确教学目标。我们期望学生通过教学学到什么，这是任何教学所要明确的首要的关键事情，只有教学前确定清晰的教学目标，我们的教学才有针对性，才能明确我们要采用的具体的教学方法，如哪些内容需要探究式的教学方式，哪些内容需要直接的讲授，等等。总之，实施翻转课堂教学模式之前的教学目标的分析，有利于我们分析什么内容适合通过视频的方式直接讲授给学生，哪些内容适合课堂上通过师生的合作探究获得最佳的教学效果。而明确教学目标，可以避免教学中的盲目性和无目的性。

2. 制作教学视频

在翻转课堂中，知识的传递是通过视频来完成的。教学视频可以由教师自己录制也可使用其他教师制作的教学视频或者是网络上优秀的视频资源。制作教学视频是翻转课堂教学模式的重要部分。体育教师在制作教学视频时，可以按照以下的步骤进行：做好课程安排，明确课堂教学的目标，判断视频是不是合适的教学工具来完成课堂的教学目标。如果教学内容不适合通过教学视频的方式讲授，那么不要仅仅是因为要实施翻转课堂而去使用视频。翻转课堂并不仅仅是为课堂制作教学视频。教师在录制教学视频过程中应考虑学生的想法，以适应不同学生的学习方法和习惯。大部分实施翻转课堂的学校在录制教学视频中并不呈现教师的整个形象，而是呈现一双手和一个交互式白板，白板上有教师所讲授内容的概要。录制教学视频必须选择一个安静的地方，这样制作出来的视频才能保证学生在观看教学视频时不受视频中噪音的干扰。

3. 做好视频发布

对于教师来说，最大的问题是把视频放在什么地方以使学生都能够观看视频。不同的学校会根据本地区、本学校和本校学生的具体情况来确定视频发布的地方。大部分高校体育教师会把制作出来的教学视频发布到一个在线托管站点，如 Moodle 平台、YouTube 等，也会为家里没有网络或者电脑的学生制作 DVD。为了方便学生观看到视频，学校可以延长校园多媒体中心开放时间，在这里学习的学生可以使用属于自己的账户登录到校园多媒体中心观看教学视频。总之，学校可以选择一到两种方法满足学生的需要。

4. 学生活动

首先，观看教学视频。教师通过对教学内容的分析，把适合直接讲授的部分内容用教学视频的形式发给学生，这在一定程度上避免了课堂时间的浪费。学习速度快的学生可以快速地进行知识的学习。对于学习进度慢的学生，他们不用担心传统课堂上跟不上教师节奏的问题，可以根据自己的实际学习情况对教师讲授的内容做适时的停顿。在观看教学视频的过程中，学生遇到不懂的地方可以做笔记，把自己不懂的问题带到课堂，这样学生可以完全掌控自己学习的步调。在此过程中，学生需要对所观看的教学视频里讲授的知识做一定程度上的梳理和总结，明确自己的收获和疑惑的地方。

其次，进行适量练习。学生观看完教学视频后需要完成教师布置的针对性课堂练习。这些练习是教师针对教学视频中所讲的知识，为了加强学生对学习内容的巩固并发现学生的疑难之处所设置的。根据"最近发展区理论"，教师需要对课前练习的数量和难易程度进行合理设计，明确让学生做练习的目的是帮助学生利用旧知识完成向新知识的过渡，加深对教学视频中知识的巩固与深化。学校可以通过网络交流平台与学生进行互动，了解学生在观看教学视频和做练习过程中遇到的问题。教师可以通过学生所做的练习的反馈情况时刻了解学生实际的学习情况。同时，同学之间可以互动解答，彼此交流收获。

（二）课程教育之中

在这一教学环节中，体育教师可以依据学生所呈现的学习问题对他们进行专业解答，或者是自己示范一些体育动作，让学生可以更好地掌握这些体育知识。体育教师必须清晰掌握课程教学任务，全面掌握班级学生在进行知识学习过程中所出现的各种问题，对这些课程问题进行有效的归类，然后让学生在自己的引导下进行知识讨论，以此来解决一些体育学习问题。体育教师在这一过程中可以让学生以合作小组的模式对一些体育专业知识进行多方面的思考，加深他们对学习问题解决的能力。体育教师要鼓励学生参与到课程讨论这一环节中，让学生依据自主学习发表自己对体育知识的观点。这样不仅可以让学生对体育知识进行深层面的学习，也能够强化学生的协作意识。此外，体育教师需要依据学生所呈现的专业能力对他们进行针对性的课程练习，指出学生在动作练习中所出现的一些错误，这样可以让体育教学获得更高层面的成效。

1. 确定问题，交流解疑

人是社会中的人，在交流中才能实现成长。在传统的课堂教学中，教师主宰着课堂，师生之间的交流是建立在师生地位不平等的基础上的。课堂中要实现真正的交流需要一种融洽的环境做保障。

在观看教学视频的过程中，由于知识结构、看问题的角度不一样，学生对事物的理解也会不同，这样学生之间会产生一种认知的不平衡，学生之间认知的不平衡会导致学生新的认知结构的产生。在课中活动开始阶段的交流中，教师需要针对学生所观看视频的情况和通过网络交流平台所反映出的问题进行解疑。学生也可以提出自己在观看教学视频中所存在的疑惑点，与教师和同学共同探讨，因此，学生本身就是一种交往的学习资源。

2. 独立探索，完成作业

独立学习的能力是学生必备的能力之一。一个没有独立学习能力的人，必然无法在社会中生存。独立性是个体存在的主要方式。在传统课堂中，教师一手包办学生的学习，课堂的大部分时间用来讲授知识，学生课下的时间被大量的机械性的作业所填满，学生独立学习和探索的能力越来越被压制。学生是独立的个体，他们本身有着独立学习的能力。学生知识结构的内化需要经过学生独立的思考，而教师只能从方法上引导学生，而不能代替学生完成学习。

翻转课堂为学生提供了个性化的学习环境，学生在课堂中独立完成教师所布置的作业，独立进行科学实验。在独立完成作业的过程中，学生审视自己理解知识的角度，建构知识的结构，完成知识的进一步学习。教师要在刚开始时给予学生一定的指导，帮助学生完成任务。待学生有一定的独立解决问题能力的时候，教师要"放手"，逐渐让学生在独立学习中构建自己的知识体系

3. 合作交流，深度内化

学生在独立探索学习阶段，已建立了自己的知识体系。但是要完成知识的深度内化，需要在交流合作中完成。交往是人与人之间直接相互作用的过程。所谓的交往行为，是一种主体之间通过符号相互协调的相互作用，它以语言为媒介，通过对话达到人与人之间的相互理解和一致。交往学习是学生在与他人的对话、交流、讨论等学习活动中所开展的学习过程，学生在此过程中实现自身的发展。

在翻转课堂里，你可以看到的课堂形态为：学生分成小组，一般为3～4人为一组，学生与学生之间通过独立探索阶段的所学，与同伴交流自己对知识的理解。教师不是站在讲台

上俯视着课堂里所发生的一切，而是走下讲台，走进学生的探讨中，真正地融入学生的小组合作活动。当学生在讨论中遇到问题时，教师可以给予及时的帮助，引导学生澄清对知识的错误认知。在此过程中，学生的批判性思维、课堂参与能力和对待学习的态度发生很大的改变，真正实现学生学习的主体地位。当学习本身成为学生自身需要的时候，学生就会成为真正的学习的主人，变"要我学"为"我要学"。教师也从说教、传授的角色转变为学生学习的引导者和促进者。基于合作学习越来越受到教育界的关注，现今学校中的很多课堂教学采用合作学习、小组学习等。但是在传统课堂里，合作学习只是课堂教学的"微弱"的补充，难以真正激发学生积极探索的积极性，合作学习只是流于形式。在翻转课堂教学模式下，课堂中学生与学生之间、学生与教师之间的合作学习才是真正意义上的合作学习。

4. 成果展示，分享交流

学生在经过独立探索和合作交流后，完成个人或者小组的成果。学生可以通过报告会、展示会、辩论赛或者小型的比赛等形式交流学习心得、体会。在成果展示过程中，学生或小组可以通过教师与学生的点评获得更深的了解，同时可以通过在观看其他学生或小组的展示中，学习到他人的优点，明确自己的优势与不足。学生在此过程中不断领略学习给他们带来的乐趣，更以一种积极的乐观心态面对以后的学习，增强自身的自信心。这也是一个交流的平台，学生在交流中彼此的智慧火花得以展现。教师在分享交流环节可以通过学生或者小组的汇报，明确学生知识的掌握水平，有针对性地进行后期的"补救"工作。当然，在学生展示的环节，教师所做的是为学生创设一个民主、平等的和谐、自由的课堂环境，适时调控学生学习的进程和发展方向。

在实施翻转课堂教学模式时，教师不仅鼓励学生在课堂上进行展示，也鼓励学生在课下通过制作微视频的方式把自己的汇报上传至网络交流区，供教师和同学讨论和交流。翻转课堂教学的成败并不在于视频制作的好坏，而是在于课堂学习活动设计的好坏。如何改变传统的教师主宰课堂的局面，让学生真正成为学习的主人，是翻转课堂教学模式给我们的课堂教学带来的关键点。

（三）课后教学

高校在构建翻转课堂教学模式时，要对学生课程学习情况进行评价。体育教师对学生在体育练习中所出现的错误或不足进行及时总结，能够帮助学生发现自己在体育技能训练过程中所出现的一些问题。同时，依据课程教学中学生所出现的学习问题，体育教师需要对日后的教学进行灵活的改进和完善，通过制作多种学习资源让学生能够在一个开放环境中学习体育知识。体育教师在对学生的学习能力进行检验的时候，让学生以动作示范或者是角色扮演的形式进行技能讲解。这样不仅可以让学生正确地把握动作要领，也能够满足学生展示自我的需求。在课堂教学之后，体育教师可以通过体育练习的方式让学生对专业知识进行有效的巩固，这样能让课程教学更加具有先进性。

总之，翻转课堂对当前的体育教育有着积极的促进作用，能够让教师通过其他方式构建一种创新性的课程体系。高校在进行体育改革时，可以有效应用此种教学模式加深学生对体育知识的理解，也能引导其对运动技巧进行深层面的理解。翻转课堂可以适应当前高校在进行体育教学改革时所呈现的多种需求，通过创建翻转课堂，体育教师可以为大学生营造一种比较和谐的学习环境，在保障理论知识讲解的同时可以有效提升大学生身体素质。所以，高校需要合理应用翻转课堂构建高水准的体育课程，强化课程教育的成效。

三、高校体育翻转课堂教学模式的质量评价

（一）质量评价的作用

1. 保证学生知识的掌握

传统的评价是为了给学生划分等级，最主要的目的不是学生的发展。翻转课堂教学模式的质量评价建立在帮助学生实现发展的基础上，因此翻转课堂教学模式的评价可以保证学生知识的掌握。看教学评价的好坏在于是否实现了学生的发展，翻转课堂教学模式的教学评价帮助学生明确自己实际知识水平。翻转课堂教学模式的评价的目的是基于学生的发展，测试学生实际掌握知识的程度。学生在没有达到要求时可以拥有多次机会最终达到掌握要求。当然，对于已达到掌握要求的学生，学生可以依据自己的情况确定剩余的评级部分。

2. 保证学生公平地位的实现

学生是平等的个体，然而在传统的课堂教学中，学生被一纸测试的结果划分等级。在现今的学校文化里，学生群体之间更是以成绩来划分。课堂中，展示与发言的机会掌握在少数学生的手中，结果导致"差生"更差，"差生"学习的自信心受挫，严重影响了学生心理的健康发展。教师只通过学生考试的成绩评定学生的等级，不利于学生的全面发展。

翻转课堂教学模式最大的优势在于：所有学生拥有平等的学习机会，学生可以得到教师个性化的指导与帮助。教师的目光不再只是停留在少数尖子生的身上，而是可以更多地照顾到有更多学习问题的学生。学生达到既定的水平就可以达到 75％ 的学业等级，剩下的 25％ 是基于学生自身的实际情况。这在一定程度上保证了所有学生可以达到既定的水平。但是要达到既定的水平，接受速度慢的学生可以拥有多次机会来获得这个结果。这在一定程度上保证了学生地位的平等性。因此，翻转课堂教学模式的质量评价更注重公平性与整体性。

（二）翻转课堂教学模式的评价体系要解决的关键问题

1. 如何知道学生已掌握课程内容

在传统课堂教学中，课堂教师讲授知识，课下学生完成作业。学生对知识掌握的程度可以反映在学生完成作业的情况上。教师对学生的作业情况予以批改，并没有条件对每个学生的作业情况予以指导，教学进程的安排并不能一味用来讲解学生所做的练习。教师所做到的少量的个别辅导并不能急切关注到急需要得到帮助的学生。学生疑难点没有得到及时的澄清，会影响下一个知识点的学习与理解。再者，对于学生是否真正掌握知识，掌握到什么程度，教师无法通过练习掌握和了解，从而不能对症下药。翻转课堂教学模式的评价，首要解决的问题即如何知道学生对知识掌握的实际情况。只有了解到学生对知识掌握的实际情况，教师才能为学生创造各种条件，帮助学生找到问题的症结所在。

2. 当学生没有做到掌握学习内容时教师应该如何做

当了解到学生对知识掌握的实际情况后，对于不同的情况教师必须采用不同的方法。对

于已经掌握本单元或本节课知识学习的同学，教师可以给他们布置任务让他们继续学习。对于知识的掌握还存在欠缺或者对知识的掌握没有达到规定的水平的同学，教师需要为学生提供个别化的指导。这种指导可以是让学生在教室里的电脑重新观看教学视频，也可以是给学生提供其他学习资源让学生翻阅查找等，直到学生对知识的掌握达到既定的标准。

（三）翻转课堂教学模式的评价体系

对于翻转课堂教学模式，最大的一个挑战在于建立合适的评价体系。这种评价体系在客观上能以对学生和教师都有意义的方式评价学生的理解水平。翻转课堂教学模式的评价体系是在掌握学习理论模式下评价体系基础上发展起来的。它们都以"保证所有学生都能学好"为思想指导，在当前集体教学模式下，辅之以个别化指导，从而保证大多数学生能够达到课程目标所规定的掌握标准。然而，风靡一时的掌握学习最终以失败而告终，其主要原因在于评价体系的主观性。翻转课堂教学模式下的评价体系采用现代技术为学生提供有价值的反馈信息，帮助教师实施翻转课堂教学模式，并使这种模式的实施成为可能。美国维克森林大学在多年的实践中总结出行之有效的评价体系，它很好地融合了形成性评价、总结性评价和美国学校采用的基于标准的分类系统评价的作用。

1. 利用形成性评价测试知识理解度

形成性评价是教学活动中根据把握到的中间成果来修订教学计划，进行必要的补充和指导或者根据每个学生的实际情况来安排要学习的内容的评价活动。就这一点来说，它在观念上和在教学活动结束时，从整体上对教学成果进行综合检讨的总括评价是有明显区别的。形成性评价是为了及时掌握学生的学习成绩、学习态度、情感等的评价，以此激励学生的学习，帮助学生监控自己的学习过程。

在翻转课堂教学模式下，形成性评价的主体是学生。教师告知学生本阶段的学习目标，并给学生提供完成学习目标必备的学习资源，但是学生被要求给教师提供自己已经学习过这些学习资源的证据。若学生不能提供证据证明自己正在向学习目标行进，教师必须快速了解学生的知识理解水平并当场根据学生的具体情况制订补救计划使学生"倒车"，学习他们未掌握的内容。当然，教师可以根据学生具体的情况提供不同的补救性措施。例如，教师可以让学生重新观看教学视频以再次了解本节课的内容，或者给学生教材资源让学生查阅相关资料等。在乔纳森实施的翻转课堂教学模式里，他把掌握学生实际学习情况比喻成 GPS，既有追踪定位的作用，又有导航的作用。此阶段教师的作用就是及时了解学生的知识掌握水平同时给予及时的指导，帮助学生走上正确的"轨道"。有教学经验的教师确信自己的学生理解教学目标，教师的任务就是提供教学刺激，推动学生进行他们可以达到的更深入的学习。形成性评价的应用，即是更好地了解学生实际的知识掌握水平的主要途径。

2. 利用总结性评价测试知识内化度

在翻转课堂教学模式下，形成性评价在学生对知识内容和学习材料的理解上尤为关键，它在学生知识架构的形成中扮演着重要的角色。然而，翻转课堂教学模式同样需要总结性评价，学生可以陈述教师对学习目标的掌握度。总结性评价模式下，测试阶段最重要的问题就是测试的完整性问题。翻转课堂教学模式所进行的总结性评价是在一个无监督的环境中进行的，会出现学生作弊等现象。此时，教师应做出调整，把测试尽量安排在课堂中进行，利用电脑程序，学生每次测试都有进入系统的密码，学生在准备好测试的时候输入自己的密码便可进入测试系统。这种阶段性测试所产生的信息可以为总结性评价提供准确的数据依据，进而明确学生知识内化程度，在翻转课堂评价体系中具有重要作用。

3. 基于标准的评分系统

在学校里，学生仍然需要学分来证明是否完成了课程的学习，因此，教师必须对学生的学业水平进行分级。如何使翻转课堂教学模式的评价在此种评价体系下实现评价方式的改变？这种改变对于学生学习能力的培养至关重要。乔纳森·伯格曼和亚伦·萨姆斯两位教师提出一种混合式的评价体系：部分采用基于目标评分加上采用传统的 A—F 评分。两位教师提出在成绩进入学生成绩册之前，总结性评价在学生的评分中占 50％，学生必须在每次总结性评价中达到 75％。剩下的 50％的分数是学生基于自身的实际情况进行提升的形成性评价的部分，翻转课堂完美地与基于标准的评分系统相契合。来自美国科罗拉多州威斯敏斯特区的阿达姆斯的 50 个学区系统采用了本区制定的等级评分系统。在他们的课堂中学生的成绩可以在不同的等级。这个学区教育部门的官员也致力于创新他们的评分系统。每个学校都有着自己本身的评分系统，实施翻转课堂教学模式的学校并不是要完全摒弃其之前的评分系统，而原有的评分系统能够在一定范围内进行创新，使原有的评分系统很好地与异步的视频教学这种教学模式相配合，更好地实现学生的终身发展。

第十章 慕课理念下
高校体育教学方法的改革创新研究

第一节 慕课概述

一、慕课的内涵与基本属性

（一）慕课的内涵

"慕课"即"MOOC"，是"Massive Open Online Courses"（大规模开放式在线课程）的简称。Massive 即"大规模"，学习人数众多、学习规模巨大；Open 即"开放共享"，免费注册，丰富的学习资源向全国乃至全世界开放，学习者眼界也随之扩展到国外；Online 即"在线"，学习和教学主要通过网络进行，交流与互动都是在网上进行。在慕课模式下，整个课堂教学和学生学习可以完整、系统地在线呈现。慕课是包含讲授、讨论、作业、评价以及回馈的教学过程，不只是纯粹的教学或者自学，是融合教师讲授、学生学习的整个教学过程。课程中，教师的主电脑连接到学生电脑，方便教师观察学生的学习状况。学生如何学习、学习效果如何都会在线呈现，教师获得相关的学习反馈。

作为在线教育的最新形态，慕课将社交服务、在线学习、大数据分析和移动互联等理念融于一体，向用户提供大规模的免费在线高等教育服务以及生动的学习体验。慕课的巨大优势已经引起政策决策者、投资者以及教育人士的广泛关注，并吸引他们投身于慕课建设。现今主要有 Courser、Audacity、Edx 三大学习平台负责课程的推广。这三家公司提供模块化在线材料，播放简短视频片段，开展互动问答等活动，通过网上论坛让学生展开讨论、进行学习。实际教学在视频授课之外，横跨博客、网站、社会网络等多个平台。大量来自世界著名高校的丰富课程资源，吸引了世界各地的学习者共同在线学习。在各专业教师带领下，学习者在线无障碍、无距离地进行学习。

慕课规模具有可伸缩性，没有学习人数的限制，学习人数可以高达上万人甚至更多。课程资源包括全世界最优秀的、最先进的教育资源。师资力量雄厚，教师由世界著名大学的教授担任。所有课程资源都是开放的，所有人都可以免费注册进行学习。课程的讲授和学习都是在线进行，对时间和地点的要求很低。

（二）慕课的基本属性

1. 高度的互动性

交互式教学是慕课与传统网络课程的一大区别。在教学过程中，教师与学生之间、学生

149

与学生之间的互动频繁。

师生互动：在课堂上教师对学习者提问进行集中答疑，以一对多的形式进行互动；授课教师还提供每周两小时左右的论坛在线时间与学生开展交流，课后测试通过客观题与学习者进行一对一形式的实时互动交流。由于先进网络技术的支持，教师可以看到学习者的笔记、问题，对其学习效果有清晰的了解，可以更有针对性地解答学习者的问题。

生生互动：合作学习是慕课的主要学习方式。在授课过程中，教师将学习者分为若干小组，以小组为学习单元，每个小组研究一个主题。在完成任务过程中，教师充分调动每个成员的积极性，成员讨论学习主题、交流学习知识。对于不懂的问题，小组成员可以相互交流，也可以询问授课教师以及助教。学习者在线下可以通过微信、微博、论坛等形式交流遇到的问题。

2. 学习的便捷性

慕课学习的便捷性主要体现在学习的自主性以及灵活性上。慕课彻底颠覆了传统教学"教师主导、学生遵从"的关系，充分体现为以学习者为主体，教师、网络共同主导这样一个全新"双主"关系。在课前，学习者搜集学习资料、观看课程视频、阅读相关材料、完成习题，为上课做准备。在上课过程中，学习者自己选择学习方式，标注笔记，自主选择重点；在课下，对于不懂的问题通过论坛、邮箱、微博等方式进行讨论。学习者充分发挥学习的自主性，教师只发挥引导、辅助的作用。

慕课的教学与学习是在线上进行的，每节慕课都是由十几分钟的短视频组成。教学中大量采用图片、视频等，教学灵活多样，激发学生兴趣，加深学生对所学知识的理解。慕课学习模式对学习者的学习地点、学习时间以及学习方式没有固定要求。学习者可以利用自己闲散的时间，以自己喜欢的方式开展学习。学生学习的过程通过网络完整呈现，在线评价系统会及时对学生进行评价，帮助学生了解自己学习的情况。上过的课程投放在网上，帮助学生循环观看学习。如果学习者有某个知识点没有掌握可以选择回放，再次学习该知识点直至掌握。可见，慕课学习具有极大的灵活性。

3. 受众的广泛性

基于互联网的普及、移动技术的迅速发展，慕课受众非常广泛。其广泛性主要体现在课程的开放性以及规模性。所谓开放性，即向一切人开放，任何人都可以注册，进入资格没有严格限定。学习者只要在网上注册、登录，按照自己的兴趣和需求选择学习的课程。来自不同国家、不同文化背景的学生在网络世界实时参与一个共同的学习任务和课程项目，学习体验跨越地域的限制，延伸至全球。

课程没有学习者人数的限制，具有显著的规模性。规模性一方面是指课程学习者的数量庞大，另一方面也指课程资源覆盖范围广。课程资源涵盖世界高校优质的教育资源，学习者来自全世界各个国家。现在一门慕课所授学生数目可能比以往一名教师几十年教授学生数目的总和还要多。慕课向社会公众传播文化，普及教育资源，教育的社会服务职能能得到更好地实现。

4. 课程的免费性

慕课的宗旨是"开放教育资源，使所有人都能接受教育"。慕课课程是各高校联合开设的网络学习平台，免费提供优质课程。任何学习者只要注册之后即可享受来自世界知名大学教授的讲授以及其所研究专业领域的前沿理论知识。相对于传统大学课堂须缴纳高昂的学费，慕课则可以节约很大的经济成本。而且，由于跳出了本来学校以及教师的圈子，接受世界范围内的专业知识，学习者视野更广，理论也更先进。

慕课合作高校在网上开设特定课程，学习者可以在线跟从课程的学习，无论是即时提问、提交作业以及最后的参加考试，这些都是免费的。学习者也可以在课下观看高校录制好的视频（高校课程的制作团队制作好课程之后，将其上传）。在整个课程学习过程中，学习者无须缴纳任何费用（除了获取特定的证书或学分外）。只有真正的免费才能实现高等教育的真正开放。不花任何费用接触到世界范围的优质教育资源，这是慕课的最大优势，也是慕课为高等教育带来的巨大改变。

二、慕课教学的主要组成部分

慕课作为网络开放式在线课程，其基础是网络平台，传授者是教师和各方专家学者，教学的内容是在线视频课程，学习者是慕课网络在线平台的注册学员。所以，网络平台、网络视频课程、教师和学员都是慕课的主要组成部分。除此之外，互联网技术、资金投入、相关国家政策支持、高校和教育机构及互联网企业的参与和推动都是其不可或缺的重要组成部分。

（一）网络平台

网络平台是慕课建立的基础。网络平台为慕课课程资源的展示以及慕课课程参与者之间交流沟通提供了可能。慕课网络在线教育平台是基于互联网技术搭建起来的，它对外公开免费开放，为教师提供授课场所，为学员提供丰富的学习资源，它为学员和教师之间、学员之间搭建沟通交流的平台，实现了学习资源的互动共享。除此之外，慕课在线网络平台还提供教学管理和学员学习考核等功能。网络平台是慕课在线网络平台重要的组成部分，是一个巨大的根据地，承载着慕课教育革命的所有使命。慕课网络平台内部也有分类，根据所服务的教育属性不同可分为服务高等教育的慕课平台、服务基础教育的慕课平台、服务职业教育的慕课平台。

（二）网络视频课程

网络视频课程是慕课在线网络平台的核心组成部分。慕课的课程以在线视频讲授的形式进行，即授课教师提前录制好视频，然后传至网络平台。视频课程的录制基于大学内的传统教学课堂安排，同时结合互联网的传授特点，通常每一门课程的教学时间是4～16周，但是不同课程的节数会不同，授课教师根据教学大纲、教学目标和教学内容来具体安排，课时数一般都不会超过16周。每门课程所录制的视频是基于传统1～2个小时的课程，按照知识模块来分解成时长为8～15分钟的微视频。慕课微课堂的设计是为了提高学习者学习的自主性，使学习者自由把握学习进度，学习者只有按教师要求完成一个模块的学习后才可以进入下一个模块的学习。慕课课程的教学结构主要包括短视频、嵌入式小测验、课后测验、结业考试、课程讨论区等。慕课网络课堂嵌入式课程测试与评估的设置不仅提高了学习者的学习参与度，更是激发了学习者的学习热情，提高教学质量。另外值得一提的是，慕课网络课堂的所有课程视频学员都可以下载下来重复观看学习。慕课网络课堂的互动性也极强，平台上有许多极富生气的讨论区，选择同一门课程的学员聚集于其中互相交流，有些授课教师也会积极参与其中，或者由教学助理将讨论区中学员热议的问题反馈给教师，然后教师集中解答。有的学员不甘于线上谈论，甚至会通过线上约定时间、地点见面讨论学习情况。慕课网络课堂与其他远程教育或在线教育相比，除实现了教育资源的优化共享外，更实现了学员与教师以及学员之间的交互沟通，实现了线上课程测试与考核的结合，它建立起了完整的课程结构，大大提升了学习体验和学习质量。

（三）教师

教师是慕课在线网络平台的主导，任课教师通过录制讲课视频来传授知识。慕课课堂的教师和传统教师的职责不同，虽然都是讲课，但是不再是以往在固定教室里面对面地授课了，慕课网络课堂的任课教师必须根据课程安排提前录制讲课视频，设置微课堂的课堂小测，还必须在课后登录网络平台为学员解答疑难问题。而且慕课网络课堂对任课教师要求很高，任课教师不仅要具备专业的知识功底，还需要掌握不同的授课技巧，因为他们要接收全球各个国家、各个阶层的学员，需要得到更多人的信服和认可，只有专业功底强硬、讲授内容纯熟、讲授方法新颖独特才可以得到更高的点击率。

（四）学员

学员是慕课在线网络平台的主体，他们不仅参与课程的讲授环节，还参与课程学习交流、课程测试及考核等各个交互环节，且慕课学员来自全球各个国家，不同种族，不同语言，这些都丰富了慕课网上学习资源。学员们加入慕课也有不同的学习动机和学习需求，有的希望在名师指点下填补知识空白、完善知识结构，而有的仅仅是兴趣爱好；有的是工作之余的学习充电，而有的是真心想接受新知识，不断学习，掌握社会潮流趋势。慕课在线网络平台的学员在整体上呈现高学历、多知识结构的特点。

慕课在基于网络平台、网络视频课程、教师和学员的基本构架之外，互联网高新技术、资金投入、相关国家政策支持、高校和教育机构及互联网企业的参与和推动也都是其不可或缺的重要组成部分。不可否认，技术为慕课的发展提供了多方的便捷，网络的普及使得计算机成为生活必需品，人们已经开始接触并习惯于从网络获取新知，而大数据、人工智能、云计算等技术的发展为慕课高效共享教育资源提供了便捷。同时，大量资金的投入是慕课快速发展的一个重要原因，慕课商业化的运作可以吸引更多优质资源，使管理更加规范，运作更加高效。慕课高效运作也离不开国家政策的大力支持与引导，高校、互联网企业、教育培训机构是慕课快速发展的推动者，在慕课发展的历程中发挥着倡导和参与的积极作用。

三、慕课教学的特色分析

笔者结合过去几年学习、体验、持续追踪国内外有关慕课及其研究报告的心得，归纳总结慕课教学法有以下几种。

（一）分布式学习与开放教学

慕课的教与学是基于互联网的教与学。因此，慕课教学法自然离不开互联网思维的影响，Web2.0、分众、众筹、分布式学习、开放内容与开放教学等都可以归结为慕课教学的策略与特色。

其实，回顾慕课的历史，慕课的分布式学习与开放教学思想可以说是贯穿始终的。2007年，科罗拉多州立大学（CSU）的戴维·威利基于 Wiki 技术，开设了一门在线的开放课程，来自 8 个不同国家的 60 位学习者共同参与了课程的建设。该课程的学习可以说是一种产生式的学习，而不是消费式的学习，因为学习者的学习本身就是课程建设的过程。因此，其课程最大的特色可以说是开放内容。

同样在 2007 年，加拿大里贾纳大学的亚历克·克洛斯教授开设了一门名为"社会性媒介与开放教育"的课程。该课程邀请了来自世界各地的专家学者担任客座教授在线参与课程与研讨。因此，该课程最大的特色可以说是开放教学。

而到了 2008 年，加拿大学者斯蒂芬·唐斯与乔治·西蒙斯共同开设了一门课程，名为"连通主义与关联知识"。这门课程之所以被公认为历史上第一门慕课，是因为它不仅吸收了戴维·威利的开放内容的思想，而且吸纳了亚历克·克洛斯的开放教学的思想。更重要的是，这门课程采用了连通主义的学习理论和架构，支持学习者的大规模参与。

回顾早期的慕课，学习当前主流慕课平台上的这些课程，不难发现慕课教学实践中的这些开放内容、开放教学、分布式学习的鲜明的 Web2.0 思想，并由此逐渐形成慕课不同于以往大学课程乃至以往在线课程与网络课程的教学法特色。

（二）带有测验题的、短小精悍的视频

视频作为教学材料，在远程教育与开放教育实践中的应用由来已久。然而，以往的视频课件由于缺乏互动，加之时间普遍过长，不符合互联网时代人们的认知规律和"注意力模式"。为此，短小精悍的在线教学视频开始受到人们的普遍欢迎，这也是微课盛行的原因。

其实，在现有的慕课平台和课程实践中，人们看到的课程视频，除了短小精悍之外，还有一个非常突出的特色就是在课程视频中嵌入测试题。嵌入了测试题的课程视频看起来似乎更加短小精悍。这些测试题既是对学习者在线学习效果的检查，又可以使得课程视频变得便于交互，互动性更加突出。

在慕课中的课程视频方面，特别值得一提的是，几乎所有的慕课都提供了短小精悍的课程简介视频，从而使得学习者在选择课程之前对课程的目标、内容、形式以及学习成果有一个清晰、明确的认识，而这些短小精悍的课程简介视频本身又是对这门慕课的一种宣传和营销。

（三）同伴评分与评估

学习者是重要的学习资源。慕课作为大规模开放在线课程，学习者人数众多，少则数千人，多则几万人，甚至几十万人。如果依照传统的作业批改和评估的方法，恐怕难以在规定时间内完成教学评价工作。

为此，同伴评分与评估是目前几乎所有慕课平台和课程在进行学习者学业评估与评分所采用的最常见的方法，这也是慕课教学组织的一项创造和创新之举。而这种同伴互评（Peer Assessment）在本质上是一种"同侪互助学习"（Peer Learning）。"同侪互助学习"是一种新型的合作学习模式。它是学习者在教师的安排指导下，被分配成互助小组，共同完成教师布置的任务。在非正式学习情境中，它是指学习者自发形成互助学习。它可以看作学习者之间相互请教问题、开展与学习相关的情感交流、进行头脑风暴彼此启迪智慧等。在几乎所有的慕课平台上，慕课平台管理者或课程组织者往往对学习者之间的同伴评分与评估有一些明

确的、具体的和基本的规定。

一门慕课可以吸引大批学生，其中不乏一些很有经验和有素质的学习者。这些学习者可以帮助和指导那些缺乏经验的学习者。在某些情况下，学习者之间展开的同伴互评，完全可以用来协助授课教师的课程教学，并使得作业的批改者和被批改者都能从这种同侪互助中受益。当然，对于慕课的同伴评分与评估，不同的人也有不同的理解和看法。一些学者认为，当慕课迎来了如此多的学生的时候，这种"退而求其次"的同伴互评方法似乎是不得不做出的无奈之举。在慕课中，同伴互评自然就不可避免地涉及不同文化中的人们如何对同伴进行文化假设的问题，而且与阅历丰富的教授相比，年轻的学生在文化上反而更趋保守。

（四）精熟学习

精熟学习是一种提供成功学习的"教"和"学"的方法，通过小步骤的教学、足够的练习机会、充裕的学习时间及补救教学，让学生精熟每一个学习步骤。学生学习成就上的差异，是因为我们对每一个学生提供了相同的教学及相同的学习时间，并且没有提供个别的补救教学，致使学生的学习成就差异随着年龄增长越来越大。因此，精熟学习是一种个性化的学习。

在基于精熟学习理论的教学实践中，教师通常必须把课程分为一些小单元，每个单元包含一些精熟的特定目标。教师会告知学生每个单元的目标及标准是什么。如果学生没有达到最低精熟程度，或者虽然达到了，但是想得到进一步提升，都可以重复学习这个单元。在准备好后，学生可以做这个单元的复本测验。精熟学习的三个步骤是选定教学目标、进行全班教学、施以测验。

慕课的学习是一种精熟学习。精熟学习可以说是慕课常见的教学法之一。作为一种远程教育与开放教育形式，慕课的教学组织形式往往包括学习者每周的阅读材料、镶嵌了测试题的视频的学习以及教师建议的其他学习活动；在许多慕课中，每周都有 2~3 场由特邀嘉宾进行的同步在线演讲，每周也都会有实时在线研讨活动。这些带有明确目标的小步骤的学习进程设计，其实就是精熟学习理论的实际应用。

五、慕课与我国体育教育的契合性分析

慕课在全世界范围的飞速发展，受到了世界各界人士的青睐，受到了广大学生的热烈追捧，这些都与慕课自身的特点紧密联系。网络化学习，打破时空界限；个性化学习，满足学员差异；共享性学习，达到资源合理配置；趣味性学习，激发学习热情。从慕课的特点中找到与我国体育教育相契合的因素，帮助我国体育教育改革达到最理想状态，发现我国体育教育中出现的不足，提升我国体育教育的整体水平。

（一）网络化学习，打破时空界限

对于我国体育教育而言，无论是理论知识的学习还是专业技能的学习，通过慕课吸引学生学习的注意力和积极性，成为我国体育教育改革建设的重中之重。慕课大规模网络化的特点顺应了网络时代潮流的发展，学习由班级授课制向单一学习发展，突破了时间和空间的局限，慕课对于时空的收缩将很大的自由性给予了学习者。教师通过慕课学习平台，将教学内容、讲学目标显示在网络平台，并通过慕课平台布置课堂或课后作业，学习者可以通过互联网进行预习，并完成教师布置的学习任务，还可以通过互联网对教学疑问、困惑等进行提

问，学员们可以利用手机平板等随时完成学习任务，极大地提高了学习实效性。

（二）个性化学习，满足学生的差异需求

学生个体之间是存在差异的，社会对学生的需要也不都是相同的。体育教育在其整个过程当中需要根据每个学生的不同需求，找到适合他们的学习资料、学习方法和学习步骤。分班级进行授课的制度只是解决了让大部分学生能够接受教育这一问题，想要在一个几十上百人的班级里满足所有学生个体的学习需求显然是不可能的，因材施教也始终只能是教育者的奢望。在学生都齐步走的教学步骤下，一部分学生能够跟上节奏，一部分学生勉强跟得上，还有一部分学生跟不上。能力较强的学生觉得这样的课程很无聊，能力较弱的学生会感到困惑甚至是迷茫。激发和发展不了学生的兴趣爱好、个体的潜力，那么他们的学习就会变得被动。慕课的个性化学习，颠覆了传统的封闭的课堂教育教学的模式，让课堂能够走进到网络当中去，面向全社会的学习者，公开解说教与学的形式，将教学内容与课程资源公布于网络平台上吸引学习需求较高的学习者，学习者的年龄、学历等都不受限制，只要注册慕课账户在互联网条件下都可以享受慕课平台的相关学习资源。教育资源的多元化能够让学生根据自身的情况和学习能力选择不同层次的课程，这就让学生能够充分地释放自己的个性，满足在各方面有差异的学生，提高其综合素质。

（三）共享性学习，资源合理配置

学习者的文化层次高低不一，加之现今社会的快速发展，导致人们的竞争意识强，人们掌握了一定优质的学习方法但却不愿意与他人分享，而且现在的关于体育教育的课程目标与体育课程的教学环境没有办法满足所有学生的学习需求。慕课的共享性是核心价值体现，随时随地将教学目标、教学内容与课程资源上传到网络平台，学生只要达到了上线的要求就可以不受时空限制，能够按照自己的学习节奏和学习方法去完成学习任务，并且在学习过程中遇到的疑问还能够得到及时的解决。慕课的共享性特点将优质的课程资源整合在一起，通过互联网平台将有效的资源进行共享。另外，慕课收集到很多优秀学习者的学习方法、学习技巧，将这些学习方法和技巧剪辑成视频放在网上，这就为学习者能够更好地学习知识提供了良好的学习途径。

（四）趣味性学习，激发学习热情

现今社会的生活压力加大，在高强度、大运动量的生活工作状态之下，学习者几乎已经精疲力竭，有时不得不放下体育运动的时间。在已经十分疲劳的状态下再次施加高强度的运动，这样的做法往往会让学习者对学习萌生厌倦情绪，对学习者学习兴趣的培养十分不利，加之传统教育单一的教学模式，让原本不活跃的学习氛围更加死板，导致学生与体育教育产生距离，对学习没有激情，甚至产生抵触情绪。慕课的趣味性使得"翻转课堂""闯关学习"替代了教师在课堂组织上的主导地位，突出了学习的趣味性，将教学内容进行改变强调重组。建立慕课交流平台，让学生通过互联网进行学习，把所学知识与困惑放在课堂进行交流，可以让学生和教师互换角色，师生之间的角色互换能够提高学生的学习兴趣，进而能够提高学习者在学习过程中的激情。通过趣味学习，学习者进行学习交流，激发学习兴趣，更有利于师生、生生之间形成学习的共同体，趣味性的学习方式能够为学习者打造一个良好的课堂学习氛围。

六、高校开展慕课的建议与实施内容

(一) 高校推动慕课开展的建议

1. 紧跟世界高等教育信息化发展趋势

就世界范围而言，普及化、国际化、信息化可谓当前高等教育的三大发展趋势。普及化使更多的人有接受高等教育的机会；国际化绝非单纯地吸收国际留学生、引进外籍教师、开展双语教学、提高教师出国比例等，它更多的是通过国际合作来提升大学知识创新和人才培养的质量；信息化则是从工具、资源、过程等系统的各个环节，以信息与通信技术来变革高等教育。世界高等教育的这三大趋势在慕课这里可以说是融于一身——它正好顺应了全球高等教育变革的普及化、国际化和信息化趋势。因此，大学校长理应紧跟世界高等教育的发展趋势，在自己的大学积极推动和发展慕课。

2. 选修一门慕课，体验尝试

常言道，要知道梨子的味道，你必须亲口尝一尝。大学校长要想知道慕课究竟会对大学教育教学变革产生怎样的影响，大学应该如何应对，应该怎样推动和发展慕课，首先要做的事情，恐怕就是选一门慕课进行学习。校长要亲自体验一下、尝试一下，哪怕因时间和精力问题无暇顾及而最后不得不辍学，也要选修一门课程。事实上，已经有一些校长在这么做了。北京大学的李晓明校长助理不仅自己修课体验，而且亲自授课，带领团队在 Coursera 上开设课程；复旦大学的陆昉副校长也亲力亲为，积极推动复旦大学的慕课发展。

3. 理性、冷静地看待慕课，既不盲从，也不漠视

其实，大学是否需要启动慕课计划，推动和发展慕课，以及为什么要推动和发展慕课，需要理性、冷静地进行思考。在如何对待慕课这个问题上，大学校长应该持一种理性、冷静的态度，既要避免盲目跟风、狂热鼓噪，也要避免麻木不仁、视而不见。校长要紧密地结合自己学校的实际，理性、有序地推动和发展慕课。

4. 深入研究在线学习、混合学习模式

大学校长不仅要了解和体验慕课，更要紧密结合全球高等教育发展的趋势，特别是在大学教学改革的新动向、新技术、新模式方面，要不断地深化大学课程与教学改革。今天的大学不仅要有全球眼光，还要不断努力，为学生提供更多的、个性化的选择。为此，大学应深入研究在线学习与混合学习模式，积极探索将开放教育资源运动、世界大学名校公开课、中国大学视频公开课以及慕课之类的课程与资源运用于大学内的课堂教学改革和人才培养过程之中。大学要推动和发展慕课，首先要积极探索和研究慕课。这是当务之急，也是推动和发展慕课的前提。

5. 制定教学信息化宏观战略与政策

与推进和发展高等教育信息化一样，大学应当审时度势，立足学校自身实际，在调查研究和分析的基础上，制定切实可行的大学教学信息化宏观战略与政策，尤其是要将慕课、微

课、信息技术与课程深度融合，大学课程数字化与信息化、技术支持的教师专业发展等紧密结合起来，整体布局，系统变革，循序渐进。

6. 立足校内人才培养，深化高校教学改革

高校推动和发展慕课，不应当是为了赶时髦，高校应当利用推动和发展慕课的这一契机和举措，紧密结合自身人才培养的实际，立足自身校内的人才培养现状，不断推动校内的课程改革，深化高校教学改革，践行高校的社会使命。为此，高校推动和发展慕课应当纳入大学的整体发展战略之中加以系统考量，整体规划，应当将慕课与学校课程建设、教学改革、教师队伍建设、教学模式创新、提高人才培养质量等"立校之本"的内容紧密结合起来，立足校内人才培养。例如，2014 年 1 月 16 日，复旦大学召开新闻发布会，正式宣布 2014 年 4 月 1 日复旦大学将登陆全球慕课平台 Coursera。

7. 积极试点，总结经验，稳步推进

在推动和发展慕课的过程中，不同的高校在心态、动机、目的和意图几个方面也许略有不同。一些高校积极推动慕课，另外有一些高校更多地着眼于深化大学课程改革，还有一些高校则着眼于践行大学的使命。无论是哪种心态动机、目的和意图，在推动和发展慕课的时候，高校都应当积极试点，不断总结经验教训，稳步推进，避免"一窝蜂""瞎折腾""搞运动"。

（二）高校实施慕课计划的内容

高校慕课计划的实施内容主要包括以下几方面：

第一，对高校管理者进行慕课相关知识普及。这一步的意义和价值是不言而喻的。因为在我们看来，高校推进慕课是一个系统工程，是全局变革，而不是局部调整。这就要求高校的管理者对慕课有比较系统的、整体的、充分的了解，否则，他就很难协调好高校的各个部门来协同作战，也就很难高水平、高效率地领导高校的慕课建设项目。

第二，慕课可以促进教师专业的发展。这是一个人人为师、人人为学的时代。今天，无论是大学的教授，还是刚刚入学的大学一年级学生，或者是其他任何人，所有人都有一个共同的身份，那就是终身学习者。高校要成为一个学习型组织，不仅高校的管理者要身先士卒，高校教师也必须身先士卒。慕课变革高校教学，首先得到实惠的应当是高校教师。借助慕课之类的在线学习资源来进行终身学习，不仅是今天大学教师专业发展的重要途径，也是每一个社会公民的发展之路。高校要推动慕课，高水平的教师队伍是最为重要的资源。而慕课对于高校而言，首先可以被用于高校的教师队伍建设。因此，高校在推动慕课的时候，最先要启动的项目就是慕课促进教师专业发展计划。

第三，开展教师混合学习工作坊。将慕课之类的在线学习资源用于高校的课程建设与教学改革，核心途径之一便是混合学习。因为混合学习将面对面的教学模式与在线的教学模式结合起来，实现两者优势互补，能提升人才培养的质量。许多教育研究表明，混合学习是未来相当长一段时期内包括基础教育、高等教育和职业技术教育在内的各种教育门类中最为重要的趋势。慕课这种发端于非正式学习的学习形式，要进入大学，必然要借助混合学习模式。因此，如果教师对混合学习不了解，就不可能将慕课之类的在线学习资源应用于自己的课堂教学之中。慕课是新生事物，支持在线教与学的教学法也是全新的东西，是一线教师在

接受教师教育的时候并没有学习过的全新的知识和技能。通过开展教师混合学习工作坊，可以帮助教师掌握在线学习的特点、方式方法、运作机制，也就等于将在线学习和混合学习教学法教授给了一线教师。

第四，对学生进行慕课培训。高校要将慕课应用于课堂教学，深化高校的人才培养模式，除了高校管理者和教师要了解慕课外，学生也必须了解慕课。而在这个过程中，学生的在线参与式学习的方法与技能，是大学整体、全面推进慕课面临的最大问题。学生必须了解慕课，学会在线学习，懂得在线参与式学习的方式方法。唯有如此，学生才可能适应在线学习和慕课这样的新的教学形式。因此，高校在推进慕课的时候，应当把学生的慕课培训放在优先发展的战略地位。

第五，开展混合学习课改试点。经过了前面几步，高校管理者了解了慕课，高校教师知道了如何用慕课组织教学，了解了混合学习教学法，大学生掌握了在线参与式学习的方法与技巧，高校推进慕课的工作才真正到了恰当的时机。因此，到了这个时候，高校可以开始在全校，或者是各个学院系科，有选择地开展混合学习试点，让已经做好充分准备的教师在自己的课堂中尝试开展为期半年到一年的混合学习试点工作。让高校自己的教师在教授课程的同时，选择其他大学在线开设的同名慕课，将面对面的课堂教学与慕课学习有机地结合起来，深化课堂教学改革，提升人才培养的质量。经过试点，总结经验和教训，为高校全面推进基于慕课之类的在线资源进行教学改革奠定坚实的基础。

第六，对通识公选课进行学分认证。通常，在高校的各种类型的课程结构中，最适合开展基于慕课的教学改革的课程，应当是通识教育课程和公共选修课，因为对于这些课程，学生的学习自由度比较大。学生可以在大学学习阶段的任何时候修读这些课程，获得学分。而慕课的个性化学习特色，正好可以满足通识课和公共选修课的学习。为此，高校可以由教学指导委员会对国内外著名的慕课平台以及上面开设的课程进行评估，为学生在线自主修读相关通识课和公共选修课开列清单，并进行官方的学分认证，告诉学生，若是他们修读这些平台上的课程，他们所在的大学是认可的。究竟是选修高校自己开设的面对面课程，还是选修国内外名校开设的慕课课程，学生可以自己选择；在什么时候修读，哪个学期来修，都可以由学生自己决定。只要学生能拿到学分，高校就认可他们所获得的学分。

第七，开展国际课程合作计划。与国际课程开展合作，对于将国际名校的慕课整合到国内的大学课堂教学之中，以及将非正式学习的慕课整合进正式学习之中，都是具有非常重要的作用的。因此，国内高校在推进慕课的时候，如果可以加入类似的国际课程合作计划，对于大学的教师专业发展、课程建设、课堂教学乃至科研工作都具有极为重要而深远的意义和价值。

一所地方高校的一位青年教师参与国际课程合作计划，等于这所高校免费为这位青年教师选择了一位世界名校教师作为导师。在协助开展慕课教学的过程中，对这位青年教师专业发展的影响是不仅仅如此的。这位青年教师参与了国际名校的慕课建设和教学组织，在这个过程中，他不断地积累，不断地将在国际名校慕课中收集整理的课程资源整合于自己的课程建设之中。这对于他所在高校的课程建设而言，自然也具有极为重要而深远的意义。如果这所地方高校有更多的青年教师参与了类似的国际课程合作计划，则这所地方高校的课程建设自然会有一个质的飞跃。可想而知，这位青年教师因为参与了国际课程合作计划，他边学边教，将在国际慕课中的教学资源、教学方法、教学策略、教学智慧直接应用于自己所在高校的课程教学之中，这对于推进这所高校的课堂教学的质量，也定会产生不可估量的作用。进一步讲，在参与国际课程合作计划的过程中，这位青年教师和世界名校慕课主讲教师在线沟通交流，与来自全国各地的其他合作教师切磋讨论，他由此加入了一个高水平的所教授科目与领域的教师实践社群，与来自海内外的教师同行沟通交流，甚至开展基于网络的国内外合作与协作研究计划，从而将大大提升这位教师的科学研究能力与水平。

从这个意义上说，高校加入国际课程合作计划，实属一举多得之举。它对于促进高校教师专业发展，加快高校课程建设，深化课堂教学质量，提升高校科研能力和水平，完成高校的社会文化传播使命，都具有极为重要的作用。

第八，慕课计划全面展开。慕课计划推进至此，高校全面推进慕课的所有流程就全部结束了，而高校全面推进慕课计划的时机也就完全成熟了。高校可以开设自己的慕课，也可以整合国内外名校的慕课。到这个时候，高校可以依据自己的课程发展战略，全面推进课程改革，整体深化课堂教学，提升人才培养的质量。

第二节　高校体育慕课教学方法应用的有利条件与意义

一、高校体育慕课教学方法应用的有利条件

（一）相关政策的扶持

《国家中长期教育改革和发展规划纲要（2010－2020年）》明确指出，信息技术已然成为推动教育改革的革命性因素，需要得到高度关注。

2012年，教育部开始将教育的侧重点放在信息化的探索与教育层面，旨在打破传统体育教育的发展瓶颈。在慕课风暴席卷全球的同时，我国教育部门也抓住这一教育进程改革升级的关键，尝试逐步用慕课进行体育教学改革。相关政策的扶持，为慕课的发展提供了广阔的发展空间。

（二）多维因素的推动

慕课教育体系的出现既可以说是对教育模式的一场全新变革，也可以说是远程教育发展到一定阶段的产物。究其原因，主要表现在以下几个方面：信息技术的快速发展使学生与教师之间的线上、线下交流更加便捷，体育慕课教学模式的拓展延伸为体育教学提供了有益补充，体育慕课的发展成为课程权利回归的必然。

自慕课教学模式出现之后，有关慕课教学模式的探究就从未停止，已经逐渐形成了诸多优秀体育慕课范例，指导着体育慕课教学的实践，为体育慕课教学理论的形成奠定了基础。

二、高校体育慕课教学方法应用的意义

（一）实现了体育教学资源的共享

体育教学和其他学科教学活动的区别之处在于：体育教师在进行和组织体育教学活动时，必须创设出一种不同于其他学科教学活动的独特环境，进而使学生可以在这种为体育教学而专门创设的教学环境中学习和发展体育技能。然而在现实中，由于各种主客观因素，体

育教学环境相对严肃，且受时间、地点的限制。因此，体育教学环境难以有效激发广大学生参与体育课堂学习的主动性。而慕课引入到体育传统教学模式之中则可以有效解决上述问题，学生借助互联网开展在线学习，不受任何外部因素的影响就可以学习到不同体育教学名师开设的体育特色课程。可以说，体育慕课以其独特的技术优势突破了传统体育教学在师资、器材、场地等方面的限制，从而使体育教学资源得到更加广泛的共享。

(二) 使体育学习过程更加个性化

体育慕课的主要优势在于其具有庞大的课程资源以及方便快捷的获取途径，一门优秀的体育慕课课程有可能会被成千上万的学生在线学习，这能使学生在体育自主学习中更好地体现其主体性。同时，体育慕课教学中倡导的是更具创新性和个性化的教学思维，因此每一个体育教师对于同一个教学内容的理解差异都会使体育教学过程和教学手段更具个性化，多样的体育教学手段有助于学生根据自己的兴趣爱好和接受程度自主选择适合于自己的体育课程。

(三) 丰富了体育教学课程

体育理论教学和其他学科理论知识教学面临着同样的问题，那就是教学形式枯燥乏味的问题。枯燥的教学形式难以激发学生的学习兴趣，而体育慕课则凭借先进的计算机技术和信息技术，将原本枯燥乏味的体育理论知识以生动活泼的形式展现给学生，从而使体育教学更加鲜活。

体育慕课教学视频让教师可以在一个十分钟左右的课程中集中讲解某一体育技术问题或者体育理论知识。同时，教师可以在教学中设置一些生动有趣的互动环节，从而在交流互动中提高学生的主动性和积极性。

学生通过慕课学习，可以将碰到的问题或困难在互动交流平台上向教师提出，教师则可以及时给予相应的解答，而且学生可以随时了解和调整学习进度，这样的新型学习方式有助于使原本相对枯燥乏味的体育理论知识变得更加生动有趣，也能激发学生的学习欲望。

第三节　基于慕课理念的高校体育教学方法的改革创新探索

一、高校体育中基于慕课理念教学改革的分析

在教学环境逐渐开放、注重素质教育的当下，慕课备受教师的重视，并被广泛应用。基于慕课理念精心设计的高校体育教学，能从其特征、模式等方面为学生提供开放、多元的高效学习环境。慕课理论教学的特征主要体现在开放性、微课等方面，录制的课程通过网络进行快速传播，课程多以微课的形式组成，视频主要围绕某一个重要的知识点进行阐述、演示。同时，慕课不是只有在线的模式，还可以通过线下的翻转课堂进行。完全在线能大幅降低师资等办学成本，而利用翻转课堂进行线下线上的联通学习，学生能充分实践慕课平台上所学到的知识，并通过课上多元的交流，加深对理论知识的理解，而不断提升技能的熟练度。

教师在体育教学中运用慕课，需要遵循一些教学原则。慕课由体系完整的微课组成，体育中微课教学的核心是演示关键动作，教师通过动态的运动讲解将运动技能数字化，慢放等技术能凸显运动技能的关键动作，帮助学生通过视频分析、学习，纠正自身动作中的问题。

交互式的测评方式则有助于进行全面的评估。慕课赋予了体育教学反馈测试较好的可操作性。传统的体育测评过于重视最终能力的测评，其测评内容不完善，而通过慕课进行反馈测试，通过图片观察判断与实操测评相结合的评估方式，能对学生掌握的知识、动作进行测试。

基于慕课理念构建体系化的体育教学模式，能从多方面促进高校体育教学的进步。首先，强化慕课教学，能引导体育教育有效整合自身的资源，加强与学生间的交流，利用名校、名师在慕课平台上的教学分享，能在一定程度上补充体育教学资源，为能力较弱的学生提供共享教学资源。国际间共享还能使学生了解各种不同的运动和文化，学生、师生间通过线上沟通解决问题。其次，慕课有利于学习个性化成长，以及综合能力的提高。慕课能创造一种自由、个性化的教学空间，学生能便捷、不受时间限制地学习，并根据自身需求规划个性化的学习模式。最后，慕课有利于学生形成终身体育的观念和坚持运动的习惯。学生通过慕课学习，在一定程度上延长了体育学习的时间、拓宽了内容，学生根据自身所需，能获取海量的资源和认知。而讲师优秀的讲解，能吸引学生形成终身体育的观念，而平台学生间的互动、监督，有利于学生养成坚持运动的习惯。

二、基于慕课理念的高校体育教育改革创新探索

（一）优化慕课平台的功能、教学内容，完善课程设计

根据教学的需求和不同运动的特点，优化慕课平台的功能，能为教师、学生等使用者提供更好的使用体验。在页面的布局方面，教师应按照学生的操作习惯，对不同的运动设置不同的专区，并结合学生的运动爱好，构建交流空间，或针对性推选体育课程和赛事，以提高学生对运动的热爱程度，促进学生进行自发探究。同时，教师应优化平台中的教学内容，保证内容的质量，避免给学生带来不好的体验。教师在设计和拍摄体育慕课视频时，需要结合教学大纲，根据所授学生的特点，系统、全面地制定教学目标。比如，在羽毛球等技术性较强的运动教学中，教师通过慕课进行动作示范，帮助学生通过动作分解，掌握握拍的技巧、四方球、小跳步伐等难点动作中的细节和要领。

（二）完善校园慕课平台，提高教师的信息化素养

当前，许多高校都在积极建设本校的网站。同时，高校应积极建设、完善校园慕课平台，为学生提供较好的网络学习、交流的平台。高校间应加强教学的互动或合作，引进优秀的慕课平台和资源。体育教师应积极提升自身的信息化素养和操作能力，这是现代教育对教师的必然要求。在体育慕课教育改革下，教师应当具备更高的信息专业能力，提升拍摄微课、使用慕课、开展翻转课堂等方面的能力。

（三）尊重学生的主体和个体差异，优化评价体系

大学生在身体素质、运动技能等方面存在一些差异。因此，教师在运用慕课教学时，需考虑个体的差异性，结合学生的不同基础，在尊重的前提下，合理调整教学目标、方案，以培养学生运动兴趣、综合素质为主要目标，不过分强求技能的准确度、熟练度。在体育选修课上，教师应充分考虑、尊重学生的兴趣，并留有足够的探究、调整空间，从而合理实施体育教学。

参考文献

著作类

［1］杨乃彤，王毅．高校体育教学创新及运动教育模式应用研究［M］．北京：九州出版社，2020.

［2］王晓文，高志军．用几何画板构建智慧课堂［M］．银川：宁夏人民教育出版社，2019.

［3］詹青龙，杨晶晶，曲萌．高校创客教育的智慧化发展研究［M］．北京：北京交通大学出版社，2019.

［4］庞洪伟，巩艳红．翻转课堂模式构建与高校经管专业教学改革研究［M］．长春：吉林大学出版社，2020.

［5］席宁．计算机教育移动网络课堂发展探究［M］．成都：电子科技大学出版社，2019.

硕博论文类

［6］李岩．吉林省高校大学体育课中运用体育游戏教学情况的调查研究［D］．吉林：延边大学，2021.

［7］刘婷．多元化教学模式对提高普通高校体育课教学效果的实验研究［D］．太原：山西师范大学，2015.

［8］张帅．翻转课堂引入高校体育教学的学理分析、价值透视及实践策略研究［D］．徐州：中国矿业大学，2021.

［9］朱文文．"合作学习"教学方法在普通高校体育教育专业排球教学中的实验研究［D］．济南：山东师范大学，2017.

［10］曲光华．领会教学法在体育院校排球必修课中教学效果的实验研究——以哈尔滨体育学院为例［D］．哈尔滨：哈尔滨体育学院，2019.

期刊论文类

［11］徐焕喆，赵勇军．新时代我国高校体育教学改革任务及措施［J］．体育文化导刊，2022（2）：98-103.

［12］李慧君．体育游戏在大学体育教学中的应用［J］．拳击与格斗，2021（16）：30-31.

［13］赵毅砥，廖偲，崔曼峰．创新性游戏教学法在普通高校篮球教学中的运用研究［J］．广州体育学院学报，2021（3）：104-107.

［14］王富珍．游戏教学法在高校体育田径教学中的应用研究［J］．当代体育科技，2021（23）：93-95.

［15］牟晖，郝卓凡，陈婧．中美案例教学法对比研究［J］．管理案例研究与评论，2021（4）：457-463.

［16］徐静，江雪冰．高校健美操课程中融合多媒体辅助教学方法的实验研究［J］．兰州文

理学院学报（自然科学版），2019（5）：120－125.

［17］董振．多媒体网络教学在体育教学中的优势研究［J］．文体用品与科技，2019（23）：
167－168.

［18］郝月蓉．竞赛教学法在高校篮球教学中的应用探究——评《运动竞赛理论与方法研究》
［J］．中国教育学刊，2020（2）：135.

［19］陈雅轲．合作学习模式在普通高校篮球训练中的应用［J］．文体用品与科技，2020
（12）：150－151.

［20］赵祚福，孙力．合作学习教学法在普通高校足球教学中应用的实验研究［J］．湖北工
程学院学报，2020（3）：117－121.

［21］张悦．高校体育教学方法创新路径研究［J］．灌篮，2020（25）：43－44.

［22］李青梅，杨言昆．高校体育教学"翻转课堂"模式构建策略研究［J］．湖北开放职业
学院学报，2021（11）：128－129.

［23］谭海龙．高校体育教学翻转课堂教学模式构建研究［J］．科教文汇，2020（29）：118－119.

［24］章建波．关于高校体育教学"翻转课堂"模式构建策略探讨［J］．当代体育科技，
2020（10）：132－133.

［25］王大珂，王小珂."互联网＋"背景下高校体育教学中翻转课堂的价值及应用研究
［J］．文体用品与科技，2020（17）：135－136，144.

［26］梁明．基于虚拟环境的高校体育翻转课堂模式设计研究［J］．中国电化教育，2018
（6）：141－146.

［27］田伟．慕课教学模式在高校体育教学中的应用［J］．传播力研究，2019（32）：256.

［28］温迪冉．"MOOC慕课"模式在高校体育教学中的应用研究［J］．北极光，2019
（1）：164－165.

［29］韦建林，黄继章．智慧体育和高校传统体育教学模式的融合与构建［J］．体育风尚，
2021（6）：211－213.

［30］窦丽，陈华卫，钱澄．高校"智慧体育课堂"的价值与模式研究［J］．体育文化导
刊，2018（11）：136－140，146.

［31］李英玲．大数据下高校体育智慧课堂与云教学模式研究［J］．北方文学，2019
（29）：167.

［32］杨若琳．多媒体网络教学平台在高校体育教学中的推广研究［J］．青春岁月，2021
（32）：140－141.

［33］卿凯丽．多媒体网络教学平台在高校体育教学中的应用分析［J］．各界，2019：
109，114.

［34］王家林．多媒体网络教学平台在高校体育教学中的应用［J］．文体用品与科技，2018
（22）：110－111.

［35］陈常增．高校体育教学中采用多媒体技术存在的问题及对策［J］．中国多媒体与网络
教学学报，2019（7）：5－6.

［36］许泽勇．高校体育课程多媒体及网络辅助教学现状与前景展望［J］．当代体育科技，
2018（19）：90，92.